# 模块化教学技能训练

# MOKUAIHUA JIAOXUE JINENG XUNLIAN

云 聪 王成德 董小平◎编著

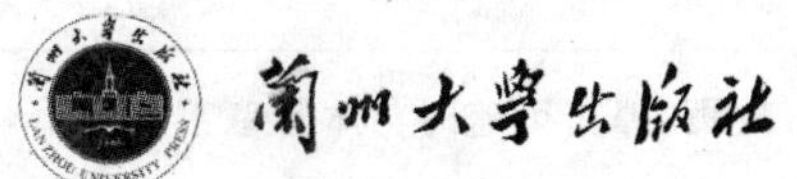

**图书在版编目(CIP)数据**

模块化教学技能训练 / 云聪,王成德,董小平编著. —兰州:兰州大学出版社,2013. 5

ISBN 978-7-311-04137-3

Ⅰ. ①模… Ⅱ. ①云… ②王… ③董… Ⅲ. ①中小学—教学技术 Ⅳ. ①G632. 4

中国版本图书馆 CIP 数据核字(2013)第 113015 号

策划编辑 田小梅
责任编辑 王曦莹
封面设计 刘 杰

---

书　　名 模块化教学技能训练
作　　者 云 聪 王成德 董小平 编著
出版发行 兰州大学出版社 (地址:兰州市天水南路 222 号 730000)
电　　话 0931-8912613(总编办公室) 0931-8617156(营销中心)
　　　　 0931-8914298(读者服务部)
网　　址 http://www.onbook.com.cn
电子信箱 press@lzu.edu.cn
印　　刷 兰州奥林印刷有限责任公司
开　　本 787 mm×1092 mm 1/16
印　　张 13.5
字　　数 374 千
版　　次 2013 年 5 月第 1 版
印　　次 2013 年 5 月第 1 次印刷
书　　号 ISBN 978-7-311-04137-3
定　　价 26.00 元

---

# 前 言

教学技能是从事教师职业必备的专业技能,是教师专业化的主要标志。本书是帮助对即将从事教师教育的人员进行专业技能训练的教程。内容按照中小学课堂教学活动的流程,把教学技能分为教学设计技能、教学实施技能和学习测评技能三个模块,每个模块包含若干相互联系、前后贯通的技能。本书对这些技能不是采用知识讲解的形式，而是提供一种系统的操作程序，指导学习者如何去掌握这些技能,从而形成驾驭课堂教学的能力。

本书内容包含三个部分:

第一部分为教学设计技能,包括教学内容、教学目标、课型和结构、教学方法、教学过程、教学板书和教学计划(教案)等设计技能,及每种技能的意义解读、训练目标、训练步骤和技术要领。

第二部分为教学实施技能,包括导入、组织、强化、变化、提问、结课、应变、反思、说课等技能,及每种技能的意义解读、训练目标、训练步骤和技术要领。

第三部分为学习测评技能,包括学业评价设计、试题编写、题目组合(试卷编制)、试题质量分析、测评分析与讲评、学习评价表的使用等技能,及每种技能的意义解读、训练目标、训练步骤和技术要领。

本书的特色与创新:

1.具备操作性。书中不仅有每种教学技能的导练步骤,还附有相对应的行动实例,便于规范从业人员的专业行为。

2.凸显实用性。书中所提供的教学技能训练方式,能够帮助即将从事教师教育的人员较快导入工作情境。

3.极具指导性。书中不仅有对教学技能的意义解读，还涉及对每种教学技能行为方式的描述，对施训教师开展教学技能训练具有较强的指导作用。

本书适用于教师教育院校开展实训时，施训教师组织学生进行教学技能训练，特别是科学教育学生的实训，也可适用于新教师入职培训。对在职教师提高教学技能也具有指导作用。

本书由云聪、王成德策划、编写和统稿，董小平组织进行实践检验和效果取证，为书稿内容修缮及定型提供支持。编写过程中得到兰州文理学院教务处、人事处、师范学院等单位和领导的大力支持。兰州大学出版社崔明社长、张爱民主任也给予悉心指导和诸多建议。在此，我们一并对他们表示感谢和敬意！不足之处，恳请有关学者、同行专家和学生朋友们不吝赐教。

最后，在这本书的完成过程中，我们参考、借鉴并引用了国内外学者的研究成果及文献。在此，谨对这些著作和文献的著作权人和作者表示我们最诚挚的感谢和敬意！同时，也请专家、学者及广大读者，提出批评和指正！

编　者

2013年2月

# 目　录

## 模块一　教学设计技能



## 模块二　教学实施技能

## 模块三 学习测评技能

# 模块一　教学设计技能

## 教学设计技能训练指南

教学技能是指教师运用已有的教学理论知识,通过练习而形成的稳固、复杂的教学行为系统。它包括在教学理论基础上,按照一定方式进行反复练习或由于模仿而形成的初级教学技能,也包括在教学理论基础上因多次练习而形成的,达到自动化水平的高级教学技能,即教学技巧。它对提升教师的专业水平,取得良好的教学效果,实现教学的创新,具有积极的作用。师范生的职业定向是教师,教学技能是师范生从事教师职业必备的专业技能,教学技能训练与实践是师范生在校期间必须接受的专业任务,也是师范院校教育改革的一项十分重要而迫切的任务。从现实情况来看,教学技能是教育教学的职业技能,是教师岗位的职业能力,也是师范毕业生就业的核心竞争力。

教学技能包括教学设计技能、教学实施技能和学习测评技能三类,本书分为三个模块,分三个学段进行训练。本学段的任务是对师范生进行教学设计技能训练。

教学设计是对资源和程序作出有利于学习的安排。它是根据教学对象和教学目标,确定合适的教学起点与终点,将教学诸要素有序、优化地安排,形成教学方案的过程。具体而言它是面对教学对象,对教学什么(任务、内容、目标),怎样教学(结构、程序、方法、手段),获得什么成效(优化程度的教学效果)等问题,设想解决方案,并做出决定和定出实施计划的过程。好的教学开始于好的设计,而好的设计,决定于好的设计行为,教学设计的行为方式,称为教学设计技能。教学设计技能是教师最基本的一种教学能力。促进教学设计技能的发展是推动教师整体专业发展的重要组成部分，是师范学校实训工作的重要内容之一。

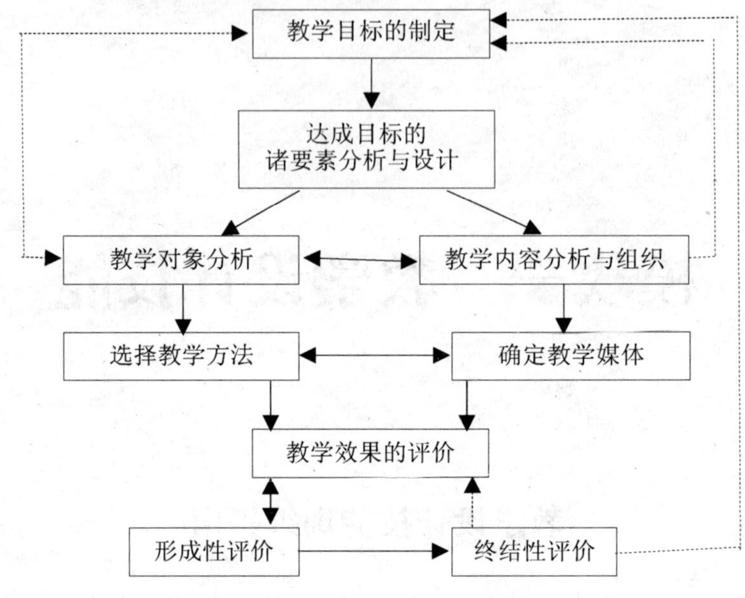


**图1　教学设计流程图***

## 一、课程目标

通过课堂教学使师范生获得从事中学教学(备课、上课)所必需的教学设计技能。课程结束后做到，所有师范生都能综合课堂教学各要素就中学教材内容熟练写出2个单元的教学计划及同单元3—4课节的教学方案。

## 二、实训对象

教师教育专业学生。

## 三、训练时限

10天，每天平均5课时。

## 四、课程内容

1.教学内容设计；
2.教学目标设计；
3.课型和结构设计；
4.教学方法设计；
5.教学过程设计；
6.教学板书设计；

*图1引自张大均主编《教育心理学》，人民教育出版社，2001。

7.教学计划(教案)设计。

## 五、训练要领(方式)

1.以课堂教学要素的整体构成为统领,在学生熟悉教学方案整体构成基础上,按整体—部分—整体的顺序进行训练。

2.在教师指导下围绕学生应掌握的教学设计技能,按照讲解—讨论—练习—反馈—作业的模式进行训练。训练按教—学互动方式进行。

3.训练以课堂教学的形式,进行有考勤、有管理的训练。

4.对学生学习成果及时给予反馈评价。反馈以正反馈为主,使学生有成就感,以维持学习状态和兴趣。

5.在考核上,训练纳入相关课程的考核,以学生的出勤、作业作为考核的依据。考核成绩占相关课程考试的50%,训练不达标,相关课程不及格,专业实习不合格。

## 六、承训教师

教师教育专业专任教师。

## 七、教学组织

在教学负责人领导下,教材教法教师负责训练指导。

## 八、训练安排(见表1)

表1　教学设计训练课程及安排

| 课　程 | 要　领 | 时间 | 课时 | 承训教师 |
|---|---|---|---|---|
| 1.教学内容设计 | 练习分析梳理教材知识点;编写一章(一个单元)2 节课的上课提要。 | | | |
| 2.教学目标设计 | 以教材为对象,练习按三维度、五要素结构陈述教学目标。从教材中选择一章(单元)写出 3~5 个教学目标。 | | | |
| 3.课型及结构设计 | 从教材中选择一章内容,根据教学目标,确定并写出 3 节课的课型及实施结构。 | | | |
| 4.教学方法设计 | 根据教学内容、目标和对象,确定 2 节课的教学方法,并写出实施步骤。 | | | |
| 5.教学过程设计 | 从教材中选择内容,练习按教学过程的顺序呈现教学内容。写出 1 节课的教学内容随教学事件呈现的教学过程要点。 | | | |
| 6.板书或媒体设计 | 练习教学内容在黑板上或媒体片上呈现的样式。从教材中选择一个单元(一章)写出 3 个纲要式板书。 | | | |
| 7.教学方案设计 | 从教材中选择章节内容，练习按教学计划式样综合课堂教学各要素的设计,编写单元教学计划和课时计划(教案)。写出一个单元的教学计划及同单元的 2~3 节课的教学方案。 | | | |
| 备注 | | | | |

# 教学内容设计　课目1

教学内容设计是教师认真分析教材、合理选择和组织教学内容以及合理安排教学内容的表达或呈现的过程。它是教学设计最关键的环节,是教学设计的主体部分,其质量高低直接影响教学活动的成败。

## 一、训练实施

【教学目标】

通过教师讲、学生练的教学,学会分析梳理教材的知识点(基本概念、原理、方法),从教材选出一章(一个单元),确定教学重点、难点,写出围绕重点排列的内容要点纲要。

【学习时间】

6学时。

【支持材料】

中学教材、黑板或媒体课件、纸笔。

【活动过程】

1.训练分组。循环报数,数字相同者为一组,将全体学生分为若干组,每组5~6人,各组确定1名组长,1名执笔人。组长主持讨论,并负责报告讨论结果,记录人负责记录讨论发言。

2.告知目标。教师告知本课教学目标。(见本课目教学目标)

3.教师讲解。教师讲解教学内容设计的知识。(讲解内容附后)

4.分组练习。各组根据教师讲解的设计要领从教材中选择一章内容并讨论:本章的知识点有几个? 重点、难点是什么?

在分析梳理的基础上,执笔人写出本章的内容提纲。讨论时教师巡回指导。

5.汇报交流。各组组长报告本组教学内容设计的要点纲要。教师适时点评指导,并控制发言时间。

6.反馈总结。教师从知识点的完整性、重点的突出性、难点的可靠性几个方面进行评价,肯定成绩,指出不足。强调确定教学内容的重要性在于学生获得知识、形成能力、完成学习任务都要靠对教材内容的掌握。

7.布置作业。教师板书：写出教材章和节的课节教学内容提要（每一要点写出关键词即可）。

## 二、导练讲解材料

（一）什么是教学内容

所谓教学内容，是指为实现教学目标而要求学生系统学习的知识、技能和行为经验（如怎样解决问题、怎样完成任务活动的经历）的总和，也就是学生应知应会的内容。如初中数学教材《一元二次方程》一章中，一元二次方程的定义及一般形式，二次项系数、一次项系数和常数，形如$x^2=p\,(p\geqslant0)$或$(nx+n)^2=p\,(p\geqslant0)$的解法，$ax^2+bx+c=0$在$\Delta=b^2-4ac\geqslant0$的条件下的求根公式，$x=-b\pm\frac{\sqrt{b^2-4ac}}{2}$等知识点就是教学内容。初中物理《欧姆定律》一章中，电阻上的电流跟两端电压的关系，欧姆定律及其应用，导体电阻的测量，欧姆定律和安全用电，以及各章（单元）中的实验、概念及事实等知识点就是教学内容。初中物理《牛顿第一定理》一节中，物体运动的实验方式及程序、力的概念、力和运动的关系、阻力的概念、匀速直线运动形式及规律，规律的运用等知识点就是教学内容。初中（七年级）语文教材《闻一多先生的说和做》一课中，闻一多先生是一个怎样的人？作为学者闻一多是怎样说的？作为学者闻一多做了哪些主要成就？目的是什么？作为革命家的闻一多做了哪些？目的是什么？以及文章朗读要领、组织结构、写作方式、语言特点、人物的品格和精神、重点语句中的关键词语、语句的内涵等知识点就是教学内容。

（二）怎样进行教学内容设计

教学内容的设计是指把教材中要求学生学习的知识点分析梳理出来加以确定、编排的活动。

所谓知识点就是教材中要求学生应知应会的基本概念、原理（公式、规则）、方法以及应用和实例。例如初中物理教材《电压、电阻》一章中，电压的概念和单位，电压表及使用，串并联电路中各个部分电压与总电压的关系及电压规律；电阻的概念和单位，变阻器的结构和使用等就是知识点。初中数学教材《实数》一章中，无理数的概念及计算，平方根的概念、性质及计算，立方根的概念、性质及计算，无理数、实数的概念等就是这一章的知识点。语文教材《故宫博物院》（人教版八年级上册第三单元）一课中，故宫的建筑布局及特点，按照空间顺序说明故宫及故宫博物院的宏伟艺术魅力等，就是这一章的知识点。

教学内容设计就是把教材中的知识点分析确定下来的过程。设计的成果是所学知识点按一定逻辑顺序排列的教材内容提纲。其设计有以下几个要领：

1.分析确定教材中要求学生学习的知识点(或教学内容要点)

一般主要把教材章节目录及子目录中包含的知识性概念词句确定下来，列出即可。例如初中物理教材“电压、电阻”一章中,章的目录:“电压、电阻”,节的目录:“串并联电路中各个部分电压与总电压的关系及电压规律”、“电压表及使用”等就是知识点。初中数学教材“实数”一章中,章的目录:“实数”,节的目录:“无理数的概念及判别”、“平方根的概念、性质及计算”、“立方根的概念、性质及计算”等就是知识点。语文教材(人教版八年级上)《云南的歌会》一课中,“云南歌会的特点”、“课文中重点句段所描绘的云南歌会魅力”“文章精妙的语言”等就是知识点。

2.分析确定知识点中的重点和难点

教学重点是指教学内容知识点中,概括性、理论性高的基本概念、原理、法则、命题等。教学重点一般可按同一教学内容范围中不同知识点之间的类属或整部关系进行确定。那些具有统领特点的类概念或一般原理,具有集合特点的集合概念、关系概念或集合命题都是教学重点。例如初中物理教材“欧姆定律”一章中说明“电阻上的电流跟电压之间关系”的规律及其应用,相对其他知识点,就是教学重点。初中数学教材《实数》一章中,实数概念的定义,相对于立方根、平方根等知识点,就是重点。初中数学教材“勾股定理”一章中,表示直角三角形三边关系的公式及应用,相对其他各节知识点就是重点。初中语文教材《云南的歌会》一课中,歌会特点、语言特色,相对于其他知识点就是重点。在教学内容设计中,重要知识点的呈现需在知识点的排列中标上记号,以备在备课、上课时给予关注,并加以强调和强化。

教学难点主要是指教学内容知识点中,学生因缺乏已有知识或经验支持,理解起来较为困难的知识点。一般来说,知识点中那些抽象的、离学生生活实际太远的、太过复杂的概念、性质、关系、公式、定理、程序、词句等就是难解知识点。在教学内容设计中,难点的呈现也应在知识点的排列中标上记号，以备在备课、上课时通过举例、分解等处理方式予以化解。

3.按一定的逻辑结构将知识点进行有序排列

在分析教材时要按照人们的思维习惯模式有条理地完整安排教学内容。一般是按“一般—个别”或“整体—部分”的逻辑结构来对各知识点进行编排,写出教学内容纲目。在编写内容纲目时表现为按教材的章节目录的顺序把各个知识点分层次排列出来。下面是设计教学内容时对教材的分析梳理及知识点编排的三个具体实例。

## 示例1

### 数学(八年级上册)"第一章　勾股定理"内容提纲

1.勾股定理的形成及内容

1.1 勾股定理的来源——求直角三角形的边长的需要

1.2 勾股定理的探究方法

1.3 勾股定理的内容——直角三角形两直角边的平方和等于斜边的平方,即$a^2+b^2=c^2$※

1.4 勾股定理的验证——用拼图方法⊿

1.5 勾股定理应用——求直角三角形的边长;求三角形的面积※

2. 勾股定理的逆定理及应用

2.1 勾股定理逆定理 (直角三角形的判别条件)——如果三角形的三边长$a$、$b$、$c$满足$a^2+b^2=c^2$,那么这个三角形是直角三角形。※

2.2 直角三角形的判定

2.3 勾股数的判定⊿

3.用勾股定理及逆定理解决实际问题

"※"表示知识点中的重点。"⊿"表示知识点中的难点。

## 示例2

### 物理(八年级下册)"第六章　电压　电阻"内容提纲

1.电压及其测量

1.1 电压的概念和单位(伏特V)※

1.2 电压表的使用

1.3 电压的测量

2.串、并联电路电压的规律※⊿

2.1 串联电路中各部分的电压与总电压的关系(通过实验来认识)

2.3 并联电路中各部分的电压与总电压的关系(通过实验来认识)

3.电阻及其单位※

3.1 电阻的概念(导体对电流的阻碍作用)

3.2 电阻的单位(欧姆Ω)

3.3 影响电阻大小的因素

4.变阻器及其使用

4.1 变阻器的结构

4.2 变阻器的用途

4.3 变阻器的使用

“※”表示知识点中的重点。“⊿”表示知识点中的难点。

注意:“电阻”、“电压”和“电流”等都是导体的性质,而不是实体,很难被直接感知到,因而对于初中生来说都是理解起来比较困难的知识点。

## 示例3

### 语文《奇妙的克隆》(人教版初中语文八年级上册)内容提纲

1.克隆的含义及说明方法(举例子、下定义、做诠释)※⊿

2.克隆实验和发展及说明方法(举例子、列数据)

3.克隆技术对人类的好处及说明方法(举例子、打比方)

4.人类对克隆技术的思考

5.文章的说明顺序,作者说明的技巧※

“※”表示知识点中的重点。“⊿”表示知识点中的难点。

# 教学目标设计　　课目2

所谓"教学目标"就是通过教学使学生发生行为变化的期望。这里说的行为变化是指在教学后,学生可以做以前不能做的事情,也就是说,教学如果能促使学生出现某一种学习行为,也就意味着某个教学目标已经实现。教学目标在教学中有很重要的作用。课程专家崔允漷教授说:"它既是教学的出发点,也是归宿,或者说,它是教学的灵魂,支配着教学的全过程,并规定教与学的方向。"

## 一、训练实施

【教学目标】

通过教师讲、学生练的教学,要求学生做到:

1.学会对教材内容进行三维教学目标设计,即能确定教学的知识技能目标、过程与方法目标、情感态度与价值观目标。

2.学会对课堂教学目标按五要素进行表述,即能从行为主体、行为方式、行为内容、行为条件、行为标准五个方面表述教学目标。

【学习时间】

8课时。

【支持材料】

中学教材、课程标准文本、纸笔、黑板或演示媒体。

【活动过程】

1. 训练分组。循环报数,数字相同者为一组,将全班学生分为若干组,每组6~7人,各组确定1名组长,1名执笔人。组长主持讨论,并负责报告讨论结果,记录人负责记录讨论发言。

2.告知目标。(见本课目训练目标)

3.引导讲解。教师讲解教学目标的意义、结构形式、设计要领等。(讲解内容附后)

4.分组活动。教师给出三条教学目标实例(实例见后),请各组找出其中的五个要素。

5.讨论练习。教师在教材中选取一个单元(一章),请各组学生讨论:

(1)教学的知识技能目标、过程与方法目标、情感态度与价值观目标;

(2)写出"三维五要素"目标。

讨论时要求每个学生都要参与,并进行试写。教师进行巡回指导。

6.汇报交流。各组组长报告本组写出的三维目标。一个组发言时,其他各组进行点评建言。

7.反馈总结。教师从教学目标结构形式的完整性、内容的正确性、实施的可操作性等方面进行评价,肯定成绩,指出不足,并再次强调确定教学目标的重要性。同时指出同学们一定要学会教学目标的设计。

8.布置作业。教师板书作业题:"从所持初中教材中选择一个单元(一章),写出3—4节课的三维教学目标。"

## 二、导练讲解材料

### (一)教学目标的意义

教学目标是师生教学活动预期达到的学习结果及标准。它表现为教学结束后对学生行为结果的具体描述。如,"理解了……"、"掌握了……"、"能分析……"、"能解决……"、"能运用……"、"会使用……"、"会操作……"等,都是对学习结果性行为的描述。

教学目标是教学的根本指向,对教学过程具有指引作用,能使教学中师生的活动有明确的方向;教学目标能引起学生的注意,诱发学生对学习内容的期待,从而调动学生学习的积极性和主动性,激励学生学习;教学目标是教学的指南,教学目标一旦确定,整个教学活动就被置于教学目标的控制或制约之中,指导教学沿着正确方向前进;教学目标是评价教学效果的标准,教学开展得是否有效,效果好不好,所看的就是教学达到教学目标的状态及程度。总之,教学目标对教学活动的有效展开,保证教学正确有效具有极为重要的意义。因此,从事教学活动,包括备课、说课、上课、评课都要明确教学目标。

### (二)教学目标的种类和层次

1.教学目标的种类

教育部于2002年7月颁布了九年义务教育各学科新的课程标准(试行),取代了原先实行了半个多世纪的教学大纲。在多数学科课程标准中,把课程目标划分为三类:

(1)知识与技能目标。这是要求学生掌握各门学科的基本知识和基本技能。

(2)过程与方法目标。这是新课程标准中增加的一类目标。这类目标是让学生经历、体验 、感受学习和探究的过程。如初中物理教学中让学生体验发现问题、提出假设、设计实施方案的过程;经历操作实验、搜集和分析、归纳处理、得出结论的过程。初中数学中让学生经历探究物体的形状、大小、位置关系和变换的过程,并感受其中的思想方法;让学生经历运用数据描述信息并做出推断的过程,以建立统计观念;让学生经历观察、实验、猜想、证明的数学活动过程,以培养学生的认识能力。语文课让学生掌握读、写、说的方法,仿写文章,感受课文中的情景等。

(3)情感态度与价值观目标。这也是新课程标准中增加的一类目标。这类目标表现为让学生喜欢、同意、感兴趣、接受、关注、拥护、支持、赞成、感悟、同意、拥护、抵制、坚持、追求、具有等教学内容中记述的一些事物、事件和人物。例如,物理教学中通过理想实验推理过程,让学生感悟透过现象看本质的科学思想;让学生有认识电压表和正确使用电压表的愿望;通过探究,揭示物体运动规律,使学生获得探索未知世界的乐趣;通过对欧姆定律应用的学习,让学生重视对物理规律的认识,等等。在数学教学中,让学生积极参与数学学习,对数学问题具有好奇心和求知欲;在几何证明学习过程中让学生获得成功的体验,具有把证明进行到底的坚持性(意志)和自信心等。在语文课中,让学生感知、领悟课文,形成自己的观点和认识等。上述这些目标就是情感态度与价值观目标。

上述三类目标在同一教学内容的一节课的备课中被确定出来的过程,称为教学目标的“三维设计”。在当今中小学教学的改革中,教师备每节课都被要求从三个方面(维度)来设定教学目标。

2.教学目标的层次

在教学目标设计时还要特别注意教学目标的层次。我国中小学的教学目标在内容上表现为不同学科教学目标各不相同,但同一学科的教学目标则有层次上的差别。一般分为三个层次:课程目标(学科目标)、单元目标(课题目标)和课堂目标(课时目标)。三级目标的差别在于概括程度和指导范围不同。

(1)课程目标。一般由国家课程标准以非常概括的语言进行描述,对整个学科课程教学起导向作用。教学工作者必须通过学习课程标准,把握课程教学目标,以作为一门课程教学设计和实施的依据。

(2)单元目标。通常是构成一门学科各组成部分(即各章)的教学目标。这一层次的教学目标要根据课程目标,在分析教材和学生学习需要的基础上由课程标准规定出来。

例如:

初中物理第九章“电与磁”中的教学目标(要求)是:a.能用实验证实电磁相互作用;b.通过实验探究通电螺线管外部磁场的方向;c.通过实验了解通电导线在磁场中会受到力的作用,力的方向与电流及磁场的方向都有关系;d.通过实验探究导体在磁场中运动时产生感应电流的条件。

初中数学(八年级上册)第四章“四边形性质探索”的教学目标是:a.掌握平行四边形、矩形、菱形、正方形、梯形的概念和性质,了解它们之间的关系;了解四边形的不稳定性。b.探索并掌握平行四边形的有关性质和四边形是平行四边形的条件。c.探索并掌握矩形、菱形、正方形、梯形的有关性质和四边形是矩形、菱形、正方形、梯形的条件。d.探索并了解等腰梯形的有关性质和四边形是腰梯梯形的条件。e.探索并了解多边形的内角和与外角和公式,了解正多边形的概念。f.知道中心对称图形的有关概念,掌握中心对称图形的基本性质;知道平行四边形是中心对称图形。

初中语文《我的叔叔于勒》单元教学目标是:从小说三要素入手,把握小说的主题,理解作者的写作意图;把握小说的写作方法和技巧;体会人物的思想感情。

教师必须通过学习课程标准加以明确单元目标,使之在备课时写明,在上课时落实。

(3)课堂目标。也叫课节目标或课时目标。课程单元都是由若干知识点组成,需要通过若干时段,一节课一节课的分课节完成。这时,在每节课上要达成的具体知识、技能、能力、目标,就是课堂教学目标。课堂教学目标要求用非常具体的行为动词(如说出、辨认、解释、证明、安装、绘制、感受、关注、确立等)进行描述,以保证反映学生学习结果的教学目标具有可观测性。

例如:

初中物理教材中“串、并联电路电压的规律”的两种目标表述如下。目标1:会从实验数据中归纳说出串、并联电路电压的规律。目标2:使学生掌握串、并联电路电压的规律。相比而言,目标1比目标2更容易从学生行为中观测到,因而实现目标的教学活动也更具有操作性。

初中数学教材中“三角形三边关系定理及其推论”的两种目标表述如下。目标1:使学生理解三角形三边关系定理及其推论。目标2:学生能用自己的话说出或举例说明三角形三边关系定理及其推论。相比而言,目标2的实施及实现容易操作和测量。

初中语文《我的叔叔于勒》第一课时“课文的故事情节”的两种目标表述如下。目标1:用“______于勒”的动宾短语,分别给小说的开端、发展、高潮、结局等四个阶段列一个小标题。目标2:了解课文的故事情节。相比而言,目标1的实施及实现容易操作和测量。

用行为动词表述教学目标是新课程改革特别推行的一种教学目标设计方法。中小学教师要具有教学设计技能,课堂教学目标设计技能的掌握是一项必不可少的基本功。

(三)教学目标的表述

在教学目标设计中,教学目标的表述是教师必须掌握的基本技能。为了使教学目标具有可观察性、可操作性和可测量性。我国对教学目标陈述的方法是“五要素方法”,即从行为主体、行为方式、行为内容、行为条件、行为标准五个方面来表述教学目标:

(1)行为主体。指明教学中谁来完成学习任务。教学的主体不言而喻是学生,而不是教师。

(2)行为方式。指明期望学生形成知识、技能、能力、态度、观念时所采取的行为方式。要求用行为动词表述学生做什么及能做什么,如复述、描述、写出、运用、比较、辨别、解释等。使用行为动词表述教学目标是行为目标的一个重要标志。我国义务教育课程标准中建议使用的行为动词分为结果性与过程性两类:

结果性行为动词包括:说出、背诵、辨认、回忆、选出、举例、列举、复述、描述、识别、再认、解释、说明、阐明、比较、分类、归纳、概述、概括、判断、区别、提供、转换、猜测、预测、估汁、推断、检索、收集、整理、使用、置疑、辩护、设计、解决、撰写、拟定、检验、计划、总结、推广、证明、评价、模拟、重复、再现、模仿、举例、临摹、扩展、缩写、完成、表现、制定、解决、拟定、安装、绘制、测量、尝试、试验等。

过程性行为动词包括:经历、感受、参加、参与、尝试、寻找、讨论、交流、合作、分享、参观、访问、考察、接触、体验、遵守、拒绝、认可、认同、承认、接受、同意、反对、愿意、欣赏、称赞、喜欢、讨厌、感兴趣、关心、关注、重视、采用、采纳、支持、尊重、爱护、珍惜、蔑视、怀疑、摒弃、抵制、克服、拥护、帮助、形成、养成、具有、热爱、建立、坚持、保持、确立、追求等。

(3)行为内容。指明学生行为运用的领域或对象。具体表现为教材中要求学生学习的基本知识、技能和行动经验。

(4)行为条件。指明学生用行为完成任务时所需要或允许的条件,即影响行为表现的特定限制或因素。如,“通过教师讲解或示范”、“通过实验”、“通过观察分析”、 “根据概念……能”、“根据式子……能”、“借助参考书”、“借助实例”、“如图所示”、“在……情境中”等。

(5)行为标准。说明行为的表现程度。即学生行为表现达到要求的最低水准,用以评估学习表现或学习结果所达到的程度。如,“能”、“会”、“至少”、“熟练地”、“准确地”、“百分之”等。

(四)教学目标的水平

教学目标的水平指通过教学要求学生达到的学习水平。国家新课程标准将其划分为三级:了解、理解、掌握。过去老师也常用这些心理行为术语表述教学目标,如,“使学生理解……”“使学生掌握……”等。但由于这些术语比较抽象,因而难以对学生在这些学习状态上的表现进行确认，如，通过教学学生是不是理解了、是不是掌握了，教师常常不能把握。现在对这些学习状态要求用可识别的行为动词进行表述，说明如下：

(1)了解。定义了解水平的常用行为动词是：能记住、能识别、能说出、能写出、能画出等。

(2)理解。一般是指能用已知或经验过的事物、事理来说明、解释当前不了解或意义不清楚的事物、概念、命题等，是比了解高一个层次的认识状态。定义了解水平的常用行为动词有：能举例、能概述、能解释、会转换(如换另一种说法、用自己的话说出)等。

(3)掌握。指能支配和运用知识解决问题。定义掌握水平的常用行为动词有：能(会)运算、会证明、能选择、能分类、能分析、能综合、能评价等。

(五)教学目标设计要领

教师在备课时，必须在熟悉教材的基础上，首先把教学目标确定(即设计)下来。其教学目标的确定(即设计)主要包括以下要领：

(1)根据教材内容确定学生学习要达到的三维目标。即从知识与技能、过程与方法、情感态度与价值观三个方面提出课堂教学目标。

(2)按照可测性要求，用“条件—主体—行为—内容—标准”的结构形式，具体表述三维目标。

下面给出一些课堂教学目标表述的实例。

## 示例1

### 物理(八年级下册)“第六章　电压、电阻　第一节　电压”教学目标

1.知识与技能目标

通过对日常生活中干电池、电灯、电视机的电压的考察(条件)，使学生(主体)了解(行为)“要在一段电路中产生电流，它的两端就要有电压”(内容)。要达到记住的程度。(标准)

通过实际测量(条件)，学生(主体)会(标准)同时使用(行为)电压表和电流表(内容)测量(行为)一段导体两端的电压和电阻(内容)。

提供滑动变阻器(条件)学生(主体)会(标准)使用滑动变阻器(内容)改变(行为)部分电路两端的电压(内容)。

2.过程和方法目标

通过探究过程(条件)学生(主体)能够(标准)体会出来(行为)科学探究方法(内容)。

学生(主体)能够(标准)体会出来(行为)用“控制变量”方法研究物理规律(内容),学习(行为)用图像研究物理问题(内容)。

通过实验、分析和探索的过程(条件),提高(行为)学生(主体)根据实验数据归纳物理规律的能力(内容)。

3.情感态度与价值观

在收集、处理数据的过程中(条件),培养(行为)学生(主体)实事求是的科学态度(内容)。

通过研究、揭示物理规律的过程(条件),使学生(主体)获得(行为)探索未知世界的乐趣(内容)。

## 示例2

### 《古诗二首》(苏教版八年级上册)教学目标

1.知识与能力目标

①通过反复诵读(条件),体会(行为)诗歌的思想感情(内容)。②对诗歌语言推敲品味(行为),培养学生(主体)一定的(标准)阅读能力。

2.过程与方法目标

①反复吟咏诵读,当堂背诵这首诗歌。②采用点拨式疏通大意,不必面面俱到,着重讲一两个可以提挚全诗的词,着重讲诗人的思想感情。

3.情感态度和价值观目标

培养学生爱国主义思想感情。

## 示例3

### 数学(八年级上册)“第一章　勾股定理　第一节　探索勾股定理”教学目标

1.知识与技能目标

通过对日常生活中的一些呈直角三角图形求一边长度的实例(条件),使学生(主体)知道(行为)勾股定理源于求直角三角形的边长的需要(内容)。

在纸上作出若干由三个正方形的边围成的直角三角形(条件),让学生(主体)分别测量(行为)它们的三条边(内容),找出(行为)三边长之间的数量关系(内容)。至少作出三个直角三角形(标准)。

学生(主体)能准确(标准)叙述(行为)勾股定理——直角三角形两直角边的平方和等于斜边的平方,即$a^2+b^2=c^2$(内容)。

2.过程与方法目标

通过实际测量和数格子的方法(条件),使学生(主体)经历和体验(行为)数学探索的过程(内容)。

通过拼图法验证勾股定理和应用勾股定理的过程(条件),使学生(主体)感受(行为)数形转化思想、方程思想、数形结合等数学思想方法(内容)。

通过用勾股定理计算日常生活中三角形边长和面积以及证明勾股定理的过程(条件),使学生(主体)感受(行为)问题解决的过程和方法(内容)。

3.情感态度与价值观目标

在探索和运用勾股定理的不同问题情境中(条件),让学生(主体)体验(行为)数学探究的乐趣、用处和严谨、认真、理论联系实际的科学态度和学风(内容)。要让学生说出来(标准)。

# 课型及结构设计　　课目3

课型是重要的课堂教学模式之一，一般指根据教学任务而划分出来的课堂教学的类型。也可这样说：课型就是由一节课的教学内容、教学目标、教学方式、师生双方在教学中的地位所决定的一种课堂教学结构。

## 一、训练实施

【教学目标】

对教材中选择的单元，根据教学内容和目标，确定并写出2节课的课型及实施结构。

【学习时间】

4学时。

【支持材料】

中学教材、课程标准文本、纸笔、黑板或演示媒体。

【教学过程】

1.训练分组。循环报数，数字相同者为一组，将全班学生分为若干组，每组6~7人，各组确定1名组长，1名执笔人。组长主持讨论，并负责报告讨论结果，记录人负责记录讨论发言。

2.告知目标。教师告知本课教学目标。（见本课目教学目标）

3.教师讲解。教师讲解教学课型及结构设计的知识。（讲解内容附后）

4.分组练习。各组根据教师讲解的设计要领从教材中选择一个课节的内容，讨论：这节课的教学采用何种课型为宜？并写出课型结构。

讨论时教师巡回指导。执笔人写出讨论结果。

5.汇报交流。各组组长报告本组讨论结果。教师适时点评指导，并控制发言时间。

6.反馈总结。教师从教学课型的适合性方面进行评价，肯定成绩，指出不足。强调确定课型和结构的意义在于：能够帮助教师明确教学任务和模式，梳理完成任务的思路，帮助教师有效地完成教学任务。因为课型确定后，教什么、怎样教，大体也就清楚了。

7.布置作业。教师板书：从教材中选择两节课的内容，确定课型，写出实施结构。

## 二、导练讲解材料

(一)什么是课型和结构

课型是课的类型的简称。课是教学工作的任务单位，而课型就是区分教学任务及其完成方式的类型。课型的作用在于指示一节课要完成什么性质的任务，是进行新知识传授，还是进行技能培养，等等。因此明确了课型也就知道了一节课要做什么。

课型有两种分类：

一是根据完成教学任务的性质分，可分为：新知识传授课(新授课)，知识巩固课(巩固课)，技能培养课(技能课)，知识检查课(检查课)。但在实际的教学中有时一节课只完成一个任务，有时一节课需要完成多项任务，所以根据一节课所完成任务的种类，又可分为单一课和综合课。

二是根据完成教学任务的方法分，可分为：讲授课，演示课(演示实验或放映幻灯、录像)，练习课，复习课。当一节课主要采用一种方法进行教学活动时，用方法命名课的类型对教学有指导意义，可以通过充分发挥某一方法的作用来为完成教学任务服务。

上述两种分类有着对应关系，具体表现为：新授课—讲授课；巩固课—复习课；技能课—练习课或实验课，等等。这种对应说明，课型不同，课的实施方式或结构也不同。

课的结构指某种课型所包含的各组成部分以及各部分的先后顺序、时间分配和相互关系。其实质是某种课型的实施方式，指示一节课怎么上。

课的结构是由课型决定的，不同课型的课有不同的结构。

几种常用课型的结构：

(1)新授课的结构：组织教学(1~2分钟)——检查复习(2~3分钟)——新课导入(提出新课目的、内容要点和学习要求，3~4分钟)——教学新课(30~35分钟)——教学小结(2~3分钟)——布置作业(1~2分钟)。

(2)技能课的结构：组织教学(1~2分钟)——任务导入(提出技能技巧培养的目的和要求，1~2分钟)——实施教学(教师讲解原理、范例或做示范操作，在教师指导下学生独立进行练习，30~35分钟)——练习巩固(2~3分钟)—布置作业(1~2分钟)。

(3)复习课的结构:组织教学(1~2分钟)——任务导入(提出复习目的和要求,1~2分钟)——指导复习(30~35分钟)——教学小结(2~3分钟)——布置作业(1~2分钟)。

以上都是单一课的结构。单一课的时间分配,主要部分约占70%~90%。

(4)综合课的结构:组织教学(1~2分钟)——检查复习(5~10分钟)——实施教学(提出教学目的并讲授新课,15~25分钟)——巩固新课(10~15分钟)——布置作业(1~2分钟)。

掌握课的类型和结构有助于掌握每种课的任务、性能和操作过程,有助于发挥各种课的教学作用。因此教师在备课时都要将其确定下来。

(二)课型及结构设计

课型及结构设计就是将要教学之课的类型和实施结构预先加以确定并予以安排。主要有以下要领:

(1)根据教材内容对学生的目标要求,选择课型。如果教学目标是要求学生掌握概念、原理,就用"新授课—讲授课";如果教学目标是要求学生形成某种技能、能运用某种程序或方法,就用"技能课—练习课或实验课";如果教学目标是要求学生巩固所学知识技能,就用"巩固课—复习课",等等。在备课时,课型选定后,不必对所选课型进行描述,写出课型名称即可。因为课型名称已提示了要做什么。

(2)根据课型提示的教学任务,确定相应的实施结构,安排具体教学内容。例如,课型是新授课,就按新授课的结构安排教学内容,落实教学新知识的任务;如果课型是技能课,就按技能课的实施结构安排教学内容,落实培养技能的任务,等等。

(3)将所确定的课型及实施结构用文字以提纲形式予以呈现。

下面是4节课的课型及实施结构的设计方案。

**示例1**

**"探索欧姆定理"(初中物理教材第二册)课型及结构**

课型:新授课

教学时数:1学时

实施结构:

1.组织教学(2分钟)。(1)告知:开始上课,集中注意。(2)提出本节课的任务:学习欧姆定理。

2.复习检查(5分钟)。提问:(1)什么是导体中的电阻和电压?(2)导体形成电流的原因?(3)什么是导体中的电流?

3.新课导入(3分钟)。电流强度、电压和电阻之间有什么关系?欧姆定律就是研究这三者的关系。

4.教学新课(30分钟)。(1)指导学生思考发现欧姆定律的方法。(2)实验演示,分析数据,得出反映电流强度、电压和电阻之间关系的欧姆定律。

5. 练习巩固(3分钟)。给出电阻两端电压数据,求通过电阻的电流强度。

6.布置作业(2分钟)。

## 示例2

### "探索勾股定理"(初二数学教材上册)课型及结构

课型:新授课

教学时数:1学时

实施结构:

1.组织教学(2分钟)。(1)告知:开始上课,集中注意。(2)提出本节课的任务:学习勾股定理。

2.复习检查(5分钟)。(1)怎样的三角形是直角三角形?(2)直角三角形的三边是怎样定义的?(3)画出3—4个学过的直角三角形,并回答:这几个直角三角形共同特点是什么?

3.新课导入(2分钟)。呈现生活中想知道直角三角形边长是多少的情境,引导进入要学习的勾股定理。

4.教学新课(20分钟)。(1)测量纸作直角三角形边长。探讨:三边长的平方之间有什么关系。(2)数格子纸上直角三角形边长所占的格子,证明三边长的平方之间的关系。(3)给出结论:直角三角形两直角边的平方和等于斜边的平方,即$a^2+b^2=c^2$(勾股定理)。

5. 练习巩固(15分钟)。用勾股定理求直角三角形边长和任意三角形面积。

6.布置作业(1分钟)。

## 示例3

### "二元一次方程组"(初二数学教材上册)课型及结构

课型:复习课

教学时数:15分钟

实施结构:

1. 组织教学(1分钟)。

2.任务导入(1分钟)。提出本节课的任务:复习二元一次方程组解的概念和解法。

3.指导复习(10分钟)。师问生答:(1)什么是二元一次方程组解?有几种解法?解法的思路和步骤什么?(2)做运用概念及解题方法习题(题略)。

4.教学小结(2分钟)。(1)用代入法或用加减法解方程组都要设法消去一个未知数,化二元为一元。(2)每个方程组都可以用代入法或用加减法求解,所得解相同。(3)要分析题目特点,灵活选用解法。

5.布置作业(1分钟)。

## 示例4

### 《闻一多先生的说和做》(初一语文教材上册)课型及结构

课型:新授课

教学时数:1学时

实施结构:

1.组织教学(2分钟)。(1)告知:开始上课,集中注意。(2)提出本节课的任务:阅读《闻一多先生的说和做》。

2.复习检查(10分钟)。检查锲而不舍、兀兀穷年、沥尽心血、潜心贯注、目不窥园、迥乎不同、气冲斗牛、慷慨淋漓等词语的掌握。

3.新课导入(2分钟)。日常生活中的说话和做事最能看出一个人的品行,闻一多是什么样的人?他的品行是怎么通过说和做来体现的?

4.教学新课(20分钟)。

(1)指导朗读:在放录音、教师范读、个读、齐读基础上互评、纠正。

(2)合作探究:

文章从哪些方面写闻一多先生的"说"和"做"?以此为脉络,文章可分为几部分?每个部分是怎样衔接连缀的?

说明:从学者的方面和革命家的方面来写的。第一部分(1~7段)记述前期闻先生作为学者方面的"说"和"做"。第二部分(8~20段)记述后期闻一多先生作为革命家方面的"说"和"做"。两部分之间用了第7、8、9段三个段落过渡。第7段承接上文小结,第8、9段开启下文。这样连缀紧密,脉络清楚,过渡自然,把两个方面的情况简明地并列提出,给读者以深刻印象。

综合这两个方面来看,闻一多先生是一个怎样的人?(用课文原话回答)

说明:"是卓越的学者,大勇的革命烈士。"

作为学者闻一多是怎样说的?(引用原文)

明确:"人家是说了再做,我是做了再说""人家说了也不一定做,我是做了也不一定说”。

作为学者闻一多做了哪些主要成就？目的是什么？(引用原文)

说明:三部著作:《唐诗杂论》、《楚辞校补》《古典新义》。目的:“给我们衰微的民族开一剂救济的文化药方”。

作为革命家的闻一多做了哪些？目的是什么？

说明:起稿政治传单、群众大会演说、参加游行示威。

目的:争取民主。

5.小结(2分钟)。

这篇文章写得十分精彩,突出地表现了闻一多先生思想品格的最本质特征。文章精选的典型事例,精致严谨的结构,充满了感人的力量。

6.布置作业(1分钟)。

读一读,写一写;完成练习二。

# 教学方法设计　　课目4

在教学过程中,教学方法的设计是关键。因为教学方法的设计,既要考虑用什么方法讲课,又要针对课程特点来教会学生用什么方法进行学习。教学方法设计的好坏,直接关系到课堂教学的成败。而教学方法的选择与运用要受到教学目标和教学内容的制约。

## 一、训练实施

【教学目标】

学会根据教学内容、目标和对象,确定所开课的教学方法,并写出运用要领。

【学习时间】

6学时。

【支持材料】

中学教材、课程标准文本、纸笔、黑板或演示媒体。

【教学过程】

1.训练分组。循环报数,数字相同者为一组,将全班学生分为若干组,每组6~7人,各组确定1名组长,1名执笔人。组长主持讨论,并负责报告讨论结果,记录人负责记录讨论发言。

2.告知目标。教师告知本课教学目标。(见本课目教学目标)

3.教师讲解。教师讲解教学课型及结构设计的知识。(讲解内容附后)

4.分组练习。各组根据教师讲解的设计要领从教材中选择一个课节的内容,讨论:这节课的教学采用何种方法为宜?并写出方法的运用过程(步骤)。

讨论时教师巡回指导。执笔人写出讨论结果。

5.汇报交流。各组组长报告本组讨论结果。教师适时点评指导,并控制发言时间。

6.反馈总结。教师所选方法的有效性、得当性、合理性(有效是指方法是否能够达成教学目标;得当是指方法是否适合教学内容和对象;合理是指方法是否合乎教学规律和教学原则)方面进行评价,肯定成绩,指出不足。强调确定教学方法的意义在于:能够帮助教师有效地完成教学任务,达成教学目标。因为方法确定后,怎样实现目标也就清楚了。

7.布置作业。教师板书：从教材中选择两节课的内容，确定这2节课的教学方法，并写出操作步骤。

## 二、导练讲解材料

(一)教学方法的含义、种类和操作

1.教学方法的含义

教学方法，是教学过程中师生为完成教学任务，实现教学目的要求，所采用的行为方式。例如，在实现教学目标过程中经常进行的讲授、谈话、讨论、读书指导、演示、练习、实验等行为方式，都是教学方法。

关于教学方法，日常人们习惯于将其理解为某种行动方式，其实这是就教学方法。为了掌握并正确地运用教学方法，我们应该准确地理解教学方法的概念。具体而言教学方法具有以下几个含义：

第一，教学方法是一类教学行为方式的总称。教学方法不是某种单一的行为动作。因此教学方法在数量上有无限多的可能性。从今天来看，教学方法多样化的趋势正在进一步显现，一些新的教学方法正在随着教育教学改革的推进而涌现出来，原来的一些教学方法也正在被赋予新的含义和光彩。

第二，教学方法是由教学目标所规定的。一种教学行为(如，讲授、讨论、实验、练习)等本身并不具有方法的性质，只有当它为实现教学目标服务时，它才是教学方法。教学方法自始至终是围绕着教学目标展开的，应根据教学目标选择教学行为方式(方法)。

第三，教学方法是在教学过程中展开的。教学方法是与教学的实际进程对应的，例如，讲授法在教学中实际就是讲授的过程，演示法在教学中实际就是演示的过程，离开了教学过程，方法也就不成其为教学方法了。教学方法只有存在于教学过程中才有意义。

第四，教学方法是教师和学生之间相互联系的方式。例如，教师教授，学生接受，就构成了讲授法；教师示范，学生观察照做，就构成了演示法；教师引导说明，学生按说明重复作业，就构成了练习法；教师提出问题，学生互动探讨，就构成讨论法；教师发问，学生回答，就构成了问题教学法，等等。教学是教师教和学生学的双边互动活动过程，所以任何教学方法都是教法和学法的统一。

2.教学方法分类

按照教学活动安排中主体因素的构成进行区分，教学方法可以分成三类：

(1)以教为主的方法。主要有：讲授法、演示法和练习法。

(2)教学并重的方法。主要有：角色扮演法、讨论法和问题教学法。

(3)以学为主的方法。主要有:以学生自定学习目标、计划,自我安排学习进程为特征的自主学习;采取小组学习形式、师生合作及生生合作为特征的合作学习;以提出问题、分析问题、解决问题为特征的探究学习。

3.常用教学方法的操作过程

任何教学活动相对教学目的都具有方法的性质，掌握一种教学方法的操作过程,实际上就学会了进行一种教学活动。下面介绍四种中小学常用教学方法的操作过程。

(1)讲授法是指教师运用语言向学生传递知识、思想观念等信息的过程。一般分为讲述、讲解和演讲三种。讲述是用语言或符号对事物、事件或事态进行描述或陈述。讲解是用语言或符号对事物或事件的概念、原理或思想进行分析、解释和论证。讲演是就一个主题进行描述、分析、概括,并作出评论和表达观点。讲授是最为常用的教学方法,可以说学校培养学生70%~80%的时间都是通过教师讲授进行的。学生知识技能的获得主要靠讲授,学生能力和品德的形成也离不开讲授。我们常评价一个教师课上得好不好,在很大程度上是看他(她)的课讲得好不好。虽然现在学校有了许多新方法可供选用,但教师善于运用、乐于运用的仍然是讲授法。

讲授法的基本步骤及操作要领:

第一,教学导入。即展开新课前借助一定方式引导学生进入学习任务。有学习任务导入、内容概要导入、教学目标导入、知识作用导入、提出问题导入、复习已知导入、实验演示导入、生活事例导入、呈现图表导入、聊天说笑导入等多种导入方法。导入的作用在于引起注意,明确任务,激活思维,引发动机(求知欲和兴趣)。导入时间一般不会超过5分钟。

第二,内容讲授。即按授课提纲开列的内容序列逐一讲解。讲解中可不断提出问题并解决问题,使讲解带有启发性,以维持听讲状态;讲解过程中要辅以其他教学方法,以支持和强化讲授的培养作用。

第三,讲授总结。即综述讲解内容要点,将主要内容或结论再次展示给学生,使学生形成对讲解内容的完整印象。

第四,课后反思。即以自己的讲解行为为思考对象,从讲解内容的层次条理性、系统完整性、目标的达成度、学生的反应状、手段的运用状、语言的表达状等方面进行自我评价,为改进教学提供依据。

讲授法在设计阶段的关键是要编写出能够涵盖教学内容的讲授提纲，条理清楚地列出知识点。下面是讲授提纲的三个实例。

## 示例1

### 数学(八年级上册)“第一章　勾股定理”讲授提纲

1.勾股定理的形成及内容

1.1勾股定理的来源——求直角三角形的边长的需要

1.2勾股定理的探究方法——拼图法：拼出图形—找出图形面积表达式—求等量关系—恒等变形—导出勾股定理

1.3勾股定理的内容——直角三角形两直角边的平方和等于斜边的平方，即$a^2+b^2=c^2$※

1.4勾股定理的验证——用拼图方法进行验证⊿

1.5勾股定理应用——求直角三角形的边长；求三角形的面积※

2. 勾股定理的逆定理及应用

2.1勾股定理逆定理(直角三角形的判别条件)——如果三角形的三边长$a$、$b$、$c$满足$a^2+b^2=c^2$，那么这个三角形是直角三角形※

2.2直角三角形的判定

2.3勾股数的判定⊿

3.用勾股定理及逆定理解决实际问题

“※”表示知识点中的重点。“⊿”表示知识点中的难点。

## 示例2

### 物理(八年级下册)“第六章　电压　电阻”授课提纲

1.电压及其测量

1.1电压的概念和单位(伏特V)※

1.2电压表的使用

1.3电压的测量

2.串、并联电路电压的规律※⊿

2.1串联电路中各部分的电压与总电压的关系(通过实验来认识)

2.3并联电路中各部分的电压与总电压的关系(通过实验来认识)

3.电阻及其单位※

3.1电阻的概念(导体对电流的阻碍作用)

3.2电阻的单位(欧姆Ω)

3.3影响电阻大小的因素

4.变阻器及其使用

4.1变阻器的结构

4.2变阻器的用途

4.3变阻器的使用

“※”表示知识点中的重点。“⊿”表示知识点中的难点。

## 示例3

### 语文《出师表》第一课时讲授提纲

一、导入新课

诸葛亮是中国人民智慧的化身。“三顾茅庐”“火烧赤壁”“六出祁山”等脍炙人口的故事在中国是家喻户晓的。诸葛亮的文才韬略令人倾倒。他撰写的《出师表》是汉末以来表的第一流杰作,文章质朴诚挚,志尽文畅,为后人所钦仰,正所谓“出师一表真名世,千载谁堪伯仲间”(陆游《书愤》),“或为出师表,鬼神泣壮烈”(文天祥《正气歌》)。今天,我们就来学习这篇杰作。(板书)

二、范读全文(最好能背诵)

读得要抑扬顿挫,感情充沛,使学生产生激情。

三、解题

1 什么叫“表”?这种文体有什么特点?

说明:表,古代向帝王上书言事的一种文体。我国古代臣子写给君主的呈文有各种不同的名称。战国时期统称为“书”,如李斯《谏逐客书》。到了汉代,这类文字分成章、奏、表、议四小类。“章以谢恩,奏以按劾,表以陈情,议以执异”(《文心雕龙》)。此外,还有一种专议朝政的文章,又统称“表”。“表”的基本特征是“动之以情”。《出师表》是诸葛亮在出师北伐前向刘禅(刘后主)的言事呈文。

2 诸葛亮是在什么心情下写《出师表》的?

说明:实现国家统一是刘备的遗志,诸葛亮为了实现先帝遗志,在战略后方日益巩固的情况下决定出师伐魏。但刘后主却昏庸无能,听信奸佞,成了北伐的后顾之忧。诸葛亮在出师前写下这篇文章,以恳切的言辞劝说后主广开言路,严明赏罚,亲贤远佞,以修明政治,完成“兴复汉室”的大业;也表达了诸葛亮报答先主知遇之恩的真挚感情和“北定中原”的决心。

四、分析结构,归纳段落

关于本文的结构,要着眼于“出师”二字。具体地说,一是要看作者对出师后国内政事的安排;二是要看作者说明出师的理由。这两个问题弄清楚了,全文的脉络也就清晰地显示出来。

说明:可将本文分为三个部分。

第一部分(1~5段),从当前形势出发劝说后主继承先帝遗志,提出广开言路、严明赏罚、亲贤远佞三条建议。

第二部分(6、7段)追述以往经历,表达"报先帝而忠陛下"的真挚感情和"北定中原""兴复汉室"的决心。

第三部分(8、9段),明确各方面的责任,向后主提出恳切的期望,总结全文。

五、讲读第1段

1.注释

疲弊:疲弱困乏。诚:的确、确实。危急存亡:形势危机,决定存亡。宜:应该。不懈:毫不懈怠,忠于职守。侍卫之臣:陪侍、保卫皇帝的近臣。忠志之士:忠心的将士。志:士心。忘身:奋不顾身。盖:副词,原来,表示解释原因。追:追念。报:报答。圣:古时臣下对帝王的尊称。恢宏:使志士之气发扬光大。妄自菲薄:过分看轻自己。谏:臣下给皇帝提意见。

2.讲述大意

3.讨论问题

(1)为什么说当时是"危急存亡之秋"? 为什么说"益州疲弊"?

说明:说是"危急存亡之秋",是因为:①先帝中道崩殂;②天下三分;③益州疲弊。诸葛亮的战略思想是联吴抗曹。但吴国在猇(xiāo)亭(今湖北宜都)战役(即《三国演义》)中讲的"大意失荆州""火烧连营八百里"故事)夺走了荆州全部地区,益州的豪强和南方的夷族统治者也乘机发动叛乱。这时,魏已牢固地控制着全国的中心地区,即黄河流域,在政治、经济、军事等方面占有明显的优势;吴控制长江中下游,经济力量也比较雄厚;只有蜀偏安于西南一隅,处于不利地位。所以说"益州疲弊"。

(2)诸葛亮为什么向后主提出"开张圣听"?

说明:一为发扬光大先帝遗德,激励振奋忠心为国的臣下士气;二为避免阻塞"忠谏之路"。"以光先帝遗德"的"以"表示目的,可译成"来";"咨臣以当世之事"的"以"表凭借,可译成"用"。

4 分析本段的层次板书

六、布置作业

1.熟读、背诵第1段。

2.预习2~5段。

(2)演示法是指通过呈现实物、模型、图片或通过音像展示、电子模拟、示范性操作等工具或手段,显示事物的存在形式、运动变化的过程、做事的原理及方式,使学生以感性方式获得知识技能,形成知识的方法。演示法是一种古老方法,人类祖先的早期教育,主要表现为通过演示传递生产生活经验,引导下一代掌握必需的生存技能。演示方法常与讲授法配合使用。演示法比较多地用于理科教学,语文教学也常用演示法配合文本文字材料。演示法的主要用途在于为学生提供大量事物事态的感性直观材料,为学生理解文字或符号表述的概念、原理、法则、公式、程序予以必要的感性支持。演示法很少单独使用,常配合其他方法使用。

演示法的基本步骤及操作要领:

第一,提出问题。教师提出演示的主题,告知演示主题重要性。

第二,说明要求。教师说明演示主题内容要达到的观察目标,讲解演示内容要用的相关知识,布置观察时学生要做的事情,制定出观察内容随时间顺序呈现的步骤。

第三,实施演示。教师在教具上按步骤呈现教学内容(如技能动作,事物的组成,事物运动变化过程等),边显示边讲解或边示范边说明;学生观察演示材料,边观察边思考或边看边做。一个主题材料的演示,可以进行第一次第二次演示,直到学生把演示材料看明白为止。

第四,总结或练习。如果演示观察的是知识性材料,教师提出问题,引导学生从中分析、归纳,得出知识性结论,如概念、定理、命题、公式等。如果是技能性操作,教师提出任务要求,指导学生进行操作练习,即重复操作的各部分动作。

(3)谈话法,也称问答法,是师生之间就教学(教材)内容通过问答形式进行教学的方法。谈话法由来已久,我国古代的"孔子启发式"以及古希腊的"苏格拉底产婆术"就是谈话法的早期典型,建构主义教学理论所倡导的师生间的协商、对话,是谈话法的现代发展。在今天的教学中谈话法的运用范围非常广泛,凡是以问题为核心组织教学的过程,大体都可以归于谈话法的范畴。谈话法是启发教学的具体形式,它的作用表现为能调动学生思考,促进学生表达思想,激发学生学习兴趣,维持学生注意力等。谈话法与讲授法常常结合使用。

谈话法的基本步骤及操作要领:

第一,知识准备。教师讲授或学生自学教学内容,为问答提供前提。

第二,告知目标。教师提出课节要达到的知识、情感教学目标。

第三,实施问答。将教学内容的各知识点以问题形式呈现,采用一定提问方式,在教师讲解提问与学生思考回答中展开教学过程。

第四,归纳总结。对回答进行归纳梳理,总结出关于学生应知应会的结论。

谈话法的关键是把教学内容的知识点设计成在每个教学环节中提出的问题。下面是问题设计的三个实例。

**示例1**

**探究欧姆定律(一课时)**

课型:新授课

方法:谈话法(问答法)

过程:

1.复习已知

问题1:什么是电流?如何测量?

问题2:什么是电压?如何测量?

问题3:什么是电阻?如何测量?

2.演示导入

演示:调节调光灯的亮度,学生观察灯的亮度变化。

问题4:灯的亮度变化的原因是通过灯的电流强弱发生了变化,那么电流的大小可能与那些因素有关?

3.教学新课

问题5:电阻的大小与导体的长度、横截面积、材料有关,因此电流与导体的长度、横截面积、材料的关系可以归纳为与电阻的关系。那么电流的大小可能与电压、电阻有什么关系?(观察实验演示后回答)

问题6:实验证明,电流的大小与电压、电阻有关,电压越大,电流越大,电阻越大,电流越小,这是它们的定性关系。它们之间有什么定量关系?如何探究?(利用学过的“控制变量法”实验,回答三者的关系)

4.教学小结

电流与电压、电阻的定量关系是电学中的一个重要定律——欧姆定律,定律的总结和有关应用,下节课继续学习。

## 示例2

### 复习“二元一次方程组”

课型:复习课

教学方法:谈话法

过程:

1.组织教学

2.任务导入

提出本节课的任务:复习二元一次方程组解的概念和解法。

3.师问生答

问题1:什么是二元一次方程组的解?

问题2:有几种解法?解法的思路和步骤什么?

问题3:应用解的概念回答三个填空题:①②③(题略)

问题4:用多种方法解一个方程组(题略)

4.教学小结

(1)用代入法或用加减法解方程组都要设法消去一个未知数,化二元为一元。(2)每个方程组都可以用代入法或用加减法求解,所得解相同。(3)要分析题目特点,灵活选用解法。

## 示例3

### 语文《我的叔叔于勒》(一课时)

课型:新授课

教学方法:谈话法

一、学习目标

从小说三要素入手,把握小说的主题,理解作者的写作意图。

二、导入新课

题解、简介作者。

三、师问生答

问题 1:课文中有哪些生字新词?指名学生板演生字新词。

问题 2:指名学生口头回答小说的主要人物(称呼和名字)、次要人物。

问题 3:故事及情节所表现的深刻主题。

(1)用“于勒”的动宾短语,分别给小说的开端、发展、高潮、结局等四个阶段列一个小标题。

(2)菲利普夫妇为什么要盼于勒?见到于勒后又为什么躲呢?这前后态度的变化说明了什么?

问题 4:从人物形象、性格感悟小说主题。

(1)根据遇到于勒的前后为界限,在文中找出人们对他的称呼究竟有哪些?

(2)于勒来信前对他的称呼是斥骂的,来信后则是赞叹,而真的遇到后又是怨恨加斥骂的,为什么会有如此大的变化?

(3)遇到于勒时,菲利普夫妇与儿子若瑟夫对于勒的不同称呼,在文中起什么作用?

(4)船长斥骂于勒为“法国老流氓”,对小说的主题有作用吗?

问题5:从菲利普夫妇的神态、语言、动作等方面入手,揣摩人物性格,感悟小说主题。

(1) 当父亲菲利普从船长那里证实卖牡蛎的老水手就是于勒时,他的反应如何?属于什么描写?表现他怎样的心情?

(2)当母亲克拉丽丝从菲利普那里得知卖牡蛎的老水手就是于勒时，她的反应如何？属于什么描写？表现她怎样的心情？

(3)菲利普夫妇的表现反映了他们怎样的性格？与小说主题有什么关系？

问题6：理解环境描写对衬托人物心情，表现小说主题的作用。

文中有两处景物描写，请找出来，读一读。这两处景物描写衬托人物的什么心情？

四、小结(略)

(4)讨论法是指在教师指导下，学生就某个问题通过语言交流，发表见解，相互学习以达到教学目标。讨论的作用在于调动大家共同思考、相互启发、相互补充，共同完成学习任务，实现学习目标。讨论的另一目的是使学生在讨论中学会倾听、表达、交流、合作。可以说教学三维目标中，过程与方法目标、态度情感与价值观目标，主要通过讨论途径达成。

讨论法的基本步骤及操作要领

第一，讨论分组。一般以前后二人配对、相邻四人组合形式建组。

第二，明确任务。提出讨论要做的事情、要探讨的事物。

第三，告知目标。告知学生，任务完成后能知道什么，能做什么。即学生在认知、能力、经验、情意等方面达到什么结果。

第四，引题讨论。一般从教学内容中引出问题，各组学生围绕问题进行思考、发表见解，并把讨论产生的答案记录下来。分组讨论时，教师巡回指导。

第五，汇报交流。各组代言人向其他各组汇报本组讨论结果。

第六，归纳总结。教师梳理出讨论中的基本知识点和主要观点，提炼讨论的精华，纠正不当的看法或做法，对讨论中学生参与的情况进行评价。

下面是讨论法运用的四个实例。

### 示例1

#### 一元二次方程的运用

课题：列公式方程解应用题

教学方法：讨论法

过程：

1.问题导入

爸爸今年41岁，5年前，爸爸的年龄是儿子年龄的若干倍，这个倍数恰好等于儿子今年的年龄，求儿子今年的年龄。

2.讨论分组

前后桌4~6人为一小组，各组推荐出一名发言人。

3.分组讨论

(1)方程建立的条件

①设儿子今年____岁；②5年前，爸爸是______岁；③5年前，儿子是______岁；④5年前，爸爸年龄与儿子年龄之比是______。

(2)分析条件关系列出可能的公式方程。

(3)确定符合题意的方程并解方程，回答儿子今年多少岁。

各组就上述问题进行研究、讨论，将讨论结果写出来。教师巡回指导。

4.汇报交流

各组代言人向全班报告讨论结果，教师点评建言，并板书达成共识的解答。

5.教学总结

(1)本课所学是列分式方程解应用题。

(2)列分式方程解应用题的方法、步骤与一元二次方程解应用题基本相同。不同的是列分式方程解应用题的最后多一个关口——对列分式方程验根。

(还要对同学们的学习状态，探讨问题所表现出的合作精神、探索精神给予评价。)

## 示例2

### 电阻的探究

课题：电阻的概念及成因

教学方法：讨论法

过程：

1.活动分组

前后桌4~6人为一小组，各组推荐出一名发言人。

2.任务导入

探索电阻现象。

3.分组讨论1

游戏导入：每组利用桌上盒子里的物品(两节干电池，一根比干电池短的导线，一个小灯泡，一支铅笔芯，也可用身边的物品，如回形针、钥匙、圆规等等)，比一比哪一组同学可以使小灯泡亮起来。请各小组示范自己的办法，组间互相观察比较其他组的办法。

讨论问题：(1)用什么物品做导体小灯泡更亮？(2)不同导体导电的能力强弱是否不同？(3)是否同类导体的导电能力强弱也不同？为什么(是否与导体长度有关)？

(4)导体的导电能力与什么因素有关？

每组讨论后，报告发现，教师小结。

归纳小结：导体的导电能力有强弱之分，不同导体导电能力不一定相同，是因为它们对电流的阻碍作用可能有所不同。物理学中把导体对电流的阻碍作用称作"电阻"，用字母"R"表示。(解决对什么是电阻的认识问题)

4. 分组讨论2

讨论：(1)导体为什么对电流有阻碍作用？(2)猜想导体的电阻大小可能与什么因素有关？并证明猜想。

各小组讨论交流，设计实验验证猜想，教师巡回指导，并参与讨论。

5.汇报总结

各组汇报讨论结果。教师筛选、归纳、总结。

总结：导体的电阻大小与导体的材料、长度、横截面积、温度有关，并且长度越长，电阻越大，横截面积越大，电阻越小。对影响导体电阻大小因素猜想可用"控制变量法"实验进行验证。

## 示例3

### 语文《绿色蝈蝈》

课题：蝈蝈的外表特征和生活习性

教学方法：讨论法

过程：

1.活动分组

前后桌4~6人为一小组，各组推荐出一名发言人

2.任务导入

猜谜：(课件展示)谜一："小小诸葛亮，稳坐中军帐；布下八卦阵，捉拿飞来将。"谜二："耳朵像蒲扇，身子像小山，鼻子长又长，帮人把活干。"谜三："头小颈长四脚短，硬壳壳里把身安，别看胆小又怕事，要论寿命大无边。"(学生猜谜后课件展示动物的画面)

大家说说，你是根据什么把谜底给猜出来的呢？(引导得出结论：根据谜语中讲的特点以及自己平时的观察)，介绍事物，必须抓住事物特点进行说明。今天，我们来学习法国著名的昆虫学家法布尔的一篇科学观察随笔——《绿色蝈蝈》，看看他是如何发现蝈蝈特点的，他又是如何来介绍蝈蝈这些特点的。

3.讨论1

(1)绿色蝈蝈外表有哪些特征

“这种昆虫非常漂亮，浑身嫩绿，侧面有两条淡白色的丝带，身材优美，苗条匀称，两片大翼轻盈如纱。”

(2)作者主要写了绿色蝈蝈的哪些习性？

蝈蝈的叫声和食性。主要写的是食物习性。从第4段到结尾，这是文章的主体，其中8、9、10三段是对蝈蝈食性的补充说明。11段是写蝈蝈彼此十分和睦地共居一起，从不争吵。

(3)编写谜语

用课件展示蝈蝈图片，学生交流、讨论：请根据蝈蝈外形、色彩、声音、食性等方面的特点合作编写一个以“蝈蝈”为谜底的谜语。

4.讨论2

主问题：鲁迅称法布尔为“讲昆虫故事的楷模”，“没有哪位昆虫学家具备如此高明的文学表达才能”。你能从文中看出这样的特点吗？（独立研读、小组合作、全班交流）

交流研讨重点：

(1)不断变换对蝈蝈的称呼

夜间捕蝉的蝈蝈——夜间狂热的狩猎者

入夜鸣唱的蝈蝈——夜晚的艺术家/歌手

入笼喂养的蝈蝈——“我”笼里的囚犯

饱餐蝉肉的蝈蝈——蝉的屠夫

(2)用拟人手法倾注对蝈蝈的喜爱之情

①耳朵灵敏的人，能听到弱肉强食处四周的绿叶丛中，蝈蝈在窃窃私语。

②绿色的蝈蝈啊，如果你拉的琴再响亮一点儿，那你就是比蝉更胜一筹的歌手了。

③这种昆虫非常漂亮，浑身嫩绿，侧面有两条淡白色的丝带，身材优美，苗条匀称，两片大翼轻盈如纱。

④它们对这道菜吃得津津有味……

⑤嗉囊装满后，它用喙尖抓抓脚底，用沾着唾液的爪擦擦脸和眼睛，然后闭者双眼或者躺在沙上消化食物……

(3)通过比较来写蝈蝈

比如在写蝈蝈的叫声时，拿蝉的叫声来做比较；写它喜欢吃肉食时，拿螽斯来做比较；写它追捕蝉时，拿鹰来做比较；写它同类相食时，拿螳螂来做比较。这些比较，既突出了蝈蝈的习性，又说明了作者对各种昆虫的习性了如指掌。

5.讨论3

通过这节课的学习，说说看，你从这篇课文学到了什么？

6.小结

热爱生活的人应该看《昆虫记》,因为可以更加了解世界,也让自己充满爱心。不热爱生活的人也可以看看,就算你厌烦了人世,对虫子也可能心怀好感,通过对它们的认识来唤回热情。

## 示例4

### 语文《云南的歌会》

课题:云南歌会的特点、魅力和语言特色

方法:讨论法

过程:

1. 新课导入

"同学们,今天我们共同来学习《云南的歌会》,作者沈从文。原文的标题是"记忆中的云南跑马节",选中的课文有删节。而在删节中有这样一段话:"参加云南跑马节,我其实另有所会心,但过不多久,更新的发现就把我引诱过……"这句话是什么意思呢?""这一年,正在历史博物馆工作的沈从文先生到云南参加跑马节,目的是为了从马鞍鞯油漆的工艺中找到中国漆器加工工艺的相关资料,但没过多久,他的注意力就被云南的歌会吸引了。沈先生究竟发现了什么?让我们一起到课文中寻找答案。"

2. 初读感知

(1)教师范读课文(学生拿笔圈点勾画,标注字音并找出云南歌会的特点);

(2)教师提问:"云南的歌会与我们平时通过电视或其他途径听过的演唱会、音乐会相比,有什么不同呢?"

(3)学生交流讨论;

(4)教师总结。

| 场合 | 形式 |
|---|---|
| 山野 | 对歌 |
| 山路 | 漫歌 |
| 村寨 | 传歌 |

"沈从文先生发现在云南的村村寨寨、山山水水中都能听到这形式多样、内容丰富的歌声,云南的人民就是这样在美妙的歌声中生活着,这一点,我们也从课文中发现了。"(板书:生活)

"那么,沈先生在前面所说的"更新的发现"仅仅是指这些吗?沈先生还发现了什么?"

3.再读研析

(1)研析“活人”二字(重点研析对歌的年轻女人)

(2)教师提问:“这是怎样的女子?你从何得知?”

(3)学生交流讨论

(4)教师点拨分析

A.重点研读年轻女子外貌一段文字,尤其关注有关色彩的词语。

B.重点研读年轻女子荡秋千一段文字,尤其关注数词及描写女子状态词。

C.重点研读年轻女子唱赢后的表现一段,尤其关注下列加线词语,这些取得胜利后的“反常”表现了云南女子的淳朴本色的美。

“那次听到一个年轻妇女一连唱败了三个对手,逼得对方哑口无言,于是轻轻地打了个吆喝,表示胜利结束,从荆条丛中站起身子,理理发,拍拍绣花围裙上的灰土,向大家笑笑,意思像是说,“你们看,我唱赢了”,显得轻松快乐,拉着同行女伴,走过江米酒担子边解口渴去了。”

(5)教师总结

活泼开朗(打吆喝、荡秋千)、聪明有智慧(对手强、一连唱败三个对手)、漂亮健康(脸色、衣着、装饰等)、大胆(荡秋千的表现)、淳朴本色(年轻女子唱赢后的动作)

“在这里,作者通过细腻的描写,写出了云南的歌会中年轻女子的活泼开朗、聪明智慧、淳朴本色。此外还有山路漫歌中的赶马女孩、山寨传歌中活跃的人们,一个个鲜活的生命就这样展现在我们眼前。”

“那么,在云南的歌会中,鲜活的仅仅是人吗?”

4.研析“写景”一段

(1)学生朗读

(2)教师提问:“我发现刚才同学们读的这段文字里出现的景物都很普通啊,无非是云南当地常见的花鸟。这样常见的景物在沈从文先生的笔下是怎样变得鲜活起来的呢?”

(3)学生交流讨论

(4)教师总结点拨

“报春花虽然常见,但拟人修辞的运用却让它不普通了,一个充满情趣的鲜活生命就这样跃然纸上。”

“这一段景物描写有动有静、有声有色、美妙有情。在这个连鸟都忍不住唱歌的美好景致中,谁不想放开歌喉唱几声呢。”

“沈从文先生在这里发现了美好的景是可以催发美好的情感的,而带着美好情感唱出的歌即使声音沙哑、即使没有经过专业训练,也依然悦耳动听。云南这块充满生机的土地就这样孕育了一个个鲜活的生命。”(板书:生命)

5.品读感悟

(1)教师提问:“沈从文先生的这次云南之行发现了云南人民每天都生活在美妙的歌声中,发现了这块美丽的土地上每一个生命都是那样的鲜活。那么,它还有别的发现吗?”

(2)学生讨论交流

(3)重点分析文章结尾中“原来如此”的含义

提问:“日常生活中,我们在什么样的情境下会用到这个词?它通常表达一种怎样的心理状态?”

——恍然大悟、惊喜发现。

提问:“这一次看金满斗会,沈先生有哪些惊喜地发现,又悟到什么呢?”

——日常辛苦劳作的平头百姓打扮得光鲜亮丽,似乎全然忘却了平日的辛劳。

——最活跃的反而是老人,他们不因年老、牙齿脱光而沮丧,而是快乐、热情地承担起传承民族文化的重任。

(4)教师总结

“沈从文先生的这次云南之行不仅发现了云南人民生活在美妙的歌声中,也不仅发现在云南这片美丽的土地上每一个生命都那么鲜活,更发现了云南人民乐观积极的生命状态。”(板书:云南的歌会、发现、原生态)

6.结束点拨

“这一次的云南之行,沈从文先生在云南的歌会中完成了他的发现之旅,而我们也跟随沈先生的笔触完成了我们的发现之旅。”

“然而,沈先生为什么如此关注云南人民积极快乐的生命状态呢?《记忆中的云南跑马节》在创作时有怎样特殊的背景呢?云南人民的这种乐观心境又给处于人生特殊时期的沈从文先生以怎样的启示呢?”

“同学们,去阅读一些沈从文先生的传记及代表作品,相信你一定会有更多、更精彩的发现。”

(二)教学方法设计

教学方法的设计包括两项内容:一是选择采用何种教学方法进行教学;二是安排什么样的教学过程进行教学方法操作。

1.教学方法的选择

教学方法是一种行为方式,设计教学方法就是确定用何种行为完成教学任务,实现教学目标。其确定或选择包括如下要领:

一是根据教学目标选择教学方法。一般来说,教学目标包括认知、情感和技能三个领域,每个领域又分为若干层次,如布鲁姆认知领域的目标从低级到高级分为知识、理解、应用、分析、综合、评价六个层次。不同目标的有效达成,要借助相应的教学方法。如果所设计的教学目标是对概念、原理等知识的记忆、理解,则采用讲述讲解的方法;如果教学目标是对概念、原理等知识的运用,则宜采用讲解加练习的方法;如果教学目标是要学生掌握动作技能(如操作仪器、绘制图表、搜集处理数据等),则可采用演示、练习等训练实际操作技能为主的方法。实际上具体的教学目标中已提示了完成要求的行为方式,这种行为方式就具有方法的性质。

二是根据教学内容选择教学方法。例如,概念、原理等为内容的教学,可采用讲解、讨论、读书指导等方法;以应用、过程、方法为内容的教学,则采用演示、参观、练习、实验等方法。以内容定方法的大体思路是:教学内容—内容对学习行为的要求—由行为导出方法。例如,概念的教学,教学内容是概念,要求的行为是理解,达到理解的方法主要是讲解。再如,做事方法的教学,教学内容是方法,要求的行为是操作或运用,达到操作运用的方法主要是演示观察和实际练习。

三是根据学生特点选择教学方法。如,初一学生认知能力尚处在发展之中,对抽象概念常常不明所指,也不善应用,故而学习教学内容宜采用讲解或示范;初二学生认知、理解能力有了较多经验的支持,故而在采用讲授方法的同时,也可采用自学辅导、讨论、谈话等方法。

四是注意在教学过程中多种教学方法的综合运用。在主要运用一种方法时要辅以其他方法。如在运用演示、练习等教学方法教学时,必要的讲解予以支持,会使演示、练习更有成效。一般原则是对所选择的方法进行优化组合、相互配合和综合运用。

五是无论选择何种教学方法都必须贯彻启发式。例如在确定运用讲授法时应尽可能的设计一些有助于思考、探索的问题,以分析问题、解决问题的思路安排讲授内容。

2.教学方法的过程设计

教学方法是达成教学目标,完成教学任务的行为方式。教学目标只有通过教与学的活动才能实现。因此当教学方法确定后,就必须把它表达为相应的教师教与学生学的过程。将教学方法转换为教学操作过程的设计,称为方法的过程设计。如,把讲授法设计成教师教授,学生接受的过程;将演示方法设计成教师演示,学生观察的过程;将讨论法设计成教师组织,学生交流探讨的过程;将练习法设计成教师指导,学生动作的过程;将谈话法设计成教师提问,学生回答的过程,等等,都属于教学方法的过程设计。

教学方法的过程设计要领是:(1)编制所定教学方法操作步骤的结构顺序;(2)确定并写出在每一个具体步骤要呈现的教材内容(知识点)及教或学的方式。

具体设计形式参见前述教学方法运用设计示例。

# 教学过程设计　课目5

教学过程指教学活动的展开过程，是教师根据一定的社会要求和学生身心发展的特点，借助一定的教学条件，指导学生主要通过认识教学内容从而认识客观世界，并在此基础之上发展自身的过程。教学过程设计是整个教学设计的核心，是将所有教学素材进行统筹安排的一项系统工程。

## 一、训练实施

【教学目标】

从教材中选择1节课，学会按教学过程的顺序呈现教学内容。写出1节课的教学内容随教学事件呈现的教学过程要点。

【学习时间】

8学时。

【支持材料】

中学教材、课程标准文本、纸笔、黑板或演示媒体。

【教学过程】

1.训练分组。循环报数，数字相同者为一组，将全班学生分为若干组，每组6~7人，各组确定1名组长，1名执笔人。组长主持讨论，并负责报告讨论结果，记录人负责记录讨论发言。

2.告知目标。教师告知本课教学目标。（见本课目教学目标）

3.教师讲解。教师讲解教学过程设计的知识。（讲解内容附后）

4.讨论练习。各组根据教师讲解的设计要领从教材中选择1节课的内容，通过讨论，写出这1节课的教学内容随教学事件呈现的教学过程。（步骤）

讨论时教师巡回指导。执笔人写出讨论结果。

5.汇报交流。各组组长报告本组讨论结果。教师适时点评指导，并控制发言时间。

6.反馈总结。教师对各组设计的教学过程，从教学事件数量的完整性、事件顺序安排的正确性、各教学事件活动内容的实在性和可操作性等方面进行评价，肯定成绩，指出不足。强调确定教学过程设计的意义在于：能够为教师完成教学任务，达成教学目标提供有效的、可操作的实施途径。因为教师在一节课做哪些事？怎样做？主要取决于有无可照着做（可遵循）的教学过程设计。

7.布置作业。教师板书：从教材中选择两节课的内容，确定并写出这两节课的教学过程。

## 二、导练讲解材料

（一）教学过程的形式、性质和展形

1.教学过程的形式定义

教学从形式说，是教师指导学生学习的活动。它的进行表现为各种教学事件在不同时间的相继发生并展开。例如，组织教学、指导学习、讲解知识、讨论问答、演示观察、巩固知识、检查评价、操作练习等，都是可在教学中发生的事件，这些事件在教学的不同时间相继发生并展开，就形成了教学过程。所谓教学过程就是构成教学的各种事件在时间中相继展开的序列。如前述一个课堂教学进行的事件序列：组织教学—复习检查—新课导入—教学新课—教学小结—布置作业，就是一个教学过程。

2.教学过程的性质

对于教学过程属于什么过程？有三种影响较大的说法：

（1）教学过程是一种教师指导学生获得知识、形成技能，发展智能的认识过程。有四个要点：教学任务（使学生获得知识、形成技能、发展智能）、完成任务的过程（由感知教材、理解知识、巩固知识、运用知识的认识序列组成）、教学内容（教材）、认识的条件（教师指导）。

（2）教学过程是交往的过程。有四个要点：教学任务（使学生得到多方面发展）、完成任务的过程（由学习分组、提出问题、讨论交流、归纳总结等活动事件或步骤组成）、教学内容（有教育意义的材料，如教材、师生开发的材料）、教学条件（教师的组织，以学生为主体，平等的师生关系，学生积极合作）。

（3）教学过程是系统的运行过程。有四个要点：教学任务（发展学生多方面能力）、教学过程（强调教学过程是由教师、学生、内容、方法、手段等诸要素之间相互联系、相互作用的过程，但尚无明确的教学事件序列形式的步骤）、教学内容（有教育意义的材料，如教材、生活经验等）、教学条件（教师的组织，以学生为主体，平等的师生关系，学生的积极合作，现代教育技术的运用，与社会系统的期待与要求保持一致，适应变革的自我创新能力）。

对教学过程的性质目前无统一的认识，但从我国一线中小学教师说课、备课、上课的实践看，按认识过程进行教学的占绝大多数，而且是课堂教学的常规；按照交往过程教学的，在课程改革的背景下，一些教师(主要是城镇学校的教师)在个别单课上有所实践，但不普遍；按照系统过程教学的则尚无记载。这种情况说明，按认识过程设计教学过程依然是我国中小学教学的惯常做法和普遍倾向。

认识教学过程的性质很重要，因为它决定着一个教师把教学过程设计成什么样的过程，以及以什么过程完成教学任务。

3.教学过程的展形

教学过程的展形，即教学过程的展开形式，表现为构成课堂教学的各项事件(要素)的顺序安排。在教学过程的展开形式方面，我国中小学实际运用的有两种，一种是传统的，以新授课或综合课为课型的“五环节(步骤)教学过程”。一种是现代的，由美国教育心理学家加涅研发的“九要素教学过程”。

“五环节教学过程”的事件展开及顺序是：组织教学—复习检查—学习新内容—巩固新内容—布置作业。

“九要素教学过程”的事件展开及顺序是：引起学生注意—告知教学目标—唤起已有经验—呈现教材内容—提供学习指导—引发学习行为—提供行为反馈—评价学习结果—促进保持迁移。

“五环节教学过程”的内容在前面课的结构设计和教学方法设计中已有较多解释。这里只对“九要素教学过程”的内容做些说明。“九要素教学过程”的各教学事件(步骤)及顺序是：

(1)引起学生注意。是教学过程的首要事件或步骤。相当于“五环节教学过程”的组织教学。引起学生注意就是教师采用一定方式引导学生把思想、意识和行为指向和集中到课业中来。常采用下达注意指令、提出能激发思考的问题、演示学习材料、变化教学情境、甚至说笑逗趣、拍手敲打等做法引起注意。

(2)告知教学目标。即在学生注意课业内容之后，陈述教学目标，告诉学生学了课业内容后能知道什么、能理解什么、会说什么、会做什么。告知教学目标时，要用学生能够理解的语言。

(3)唤起已有经验。相当于“五环节教学过程”的复习已知。即通过提问、做题等方式让学生回忆或再现先前学过的知识技能，为学习掌握新知识准备前提条件。

(4)呈现教材内容。相当于教学导入。指教师通过讲述、解读、演示等方式将教学内容提供给学生，让学生感知、识记、思考和操作。

(5)提供学习指导。指对学生理解、应用教学内容以及学习方法上给予指导。

(6)引发学习行为。指通过出示或提出若干与教学内容有关的刺激材料(题目)，让学生做出反应或进行行为表现，如，说出、解释、识别、选择、判断、演示等。

(7)提供行为反馈。指在学生作出反应、表现行为之后，用肯定或否定方式让学生知道自己的行为(学习)结果。对正确行为，通过肯定的言行加以强化巩固；对于不正确的反应,用否定的言行予以停止或纠正。

(8)评估学习结果。指一节课结束时,出示或提出一些反映教学目标要求的问题(测题),让学生回答,来评估学生的学习结果是否达到教学目标。如果某些学生没有达到,给予个别指导。

(9)促进保持和迁移。相当于"五环节教学过程"的布置作业。内容包括:提供练习材料(练习题),让学生进行书面或实际的练习,以巩固所学知识技能和解决问题的方法;提供新的实际问题情境,让学生将所学的概念、原理、规则、方法等,应用到实际,促进知识的迁移。

"九要素教学过程"与"五环节教学过程"相比而言,前者比较具体,每个教学事件比较单一,操作较为确定,后者比较概括,每个教学事件比较综合,操作起来弹性较大。实际上两种教学过程的事件序列有一定对应关系。如表2所示:

**表2 "九要素教学过程"与"五环节教学过程"对应表**

| "五环节教学过程" | "九要素教学过程" |
|---|---|
| 1.组织教学 | 1.引起学生注意。2. 告知教学目标。 |
| 2.复习检查 | 3.唤起已有经验。 |
| 3.学习新内容 | 4.呈现教材内容。5.提供学习指导。6.引发学习行为 |
| 4.巩固新内容 | 7.提供行为反馈。8.评估学习结果 |
| 5.布置作业 | 9.促进保持和迁移。 |

(二)教学过程设计要领

教学过程设计简单说,就是对课堂教学要做的事情及其顺序进行安排,形成一个达成教学目标能够实际操作的教学流程。前述"九要素教学过程"与"五环节教学过程"都是教师上课通用的教学流程,但由于按"九要素教学过程"实施教学操作性较强,因此我们推荐"九要素教学过程"设计。其设计有两个要领:

(1)列出教学事件(步骤)及顺序

(2)将实际教学内容及活动安排到教学事件上。

教学过程设计是教学方案的主体部分,关于它的内容在后面课目中还要涉及,这里举四个例子,供大家练习时参照。

## 示例1

表3 《温度换算》一课教学过程设计

| 教学事件 | 课堂活动(内容)设计 |
|---|---|
| 1.引起学生注意 | 出示几幅天气炎热和寒冷的图片,在图中标有温度计,让学生观察温度计数。 |
| 2. 告知教学目标 | 告诉学生本课的目标是:使大家能进行摄氏温标与华氏温标的换算规则。例如,有人告诉你气温是 770F,你应该知道 C=?。 |
| 3.唤起已有经验 | 复习以下计算:a.13×2 b.13–4 c. 13÷3 d.13–2 e. 2/3×(13–4) f. 2/3×(13+2) |
| 4.呈现教材内容 | 呈现要求学生作出反应的刺激材料。如,当你得知气温是 F=410,用换算公式 C=5/9×(F–32)得出这个气温的摄氏温标度数。 |
| 5.提供学习指导 | 例如告诉学生:已知气温是华氏 410。首先,确认 F=410,然后,回忆换算公式 C=5/9×(F–32),最后,将 F=410 带入,求出 C=50。 |
| 6.引发学习表现 | 提出 3 个问题,要求学生运用规则回答。例:a.已知 F=1050,求 C=? ;b. 已知 F=900,求 C=? ;c. 已知 F=1200,求 C=?(摄氏温度取整数) |
| 7.提供学情反馈 | 对学生的回答给予判定(肯定或否定)。如果答错,查明原因,进行不同方式指导。 |
| 8.评估学习结果 | 当堂测评达成目标情况:a.已知 F=50,求 C=? ;b. 已知 F=70,求 C=? ;c. 已知 F=120,求 C=? ;d. 已知 F=00,求 C=? ;e. 已知 F=30,求 C=?。如果都通过,评价为:达成目标。 |
| 9.促进保持迁移 | 提供 3~5 个有实际情境、需要运用规则的问题。如假设你 7 月份将去南非看世界杯足球赛,那儿的气温是 520F,那么气温是摄氏多少度? |

## 例2

表4 《三角形三边关系》一课教学过程设计

| 教学事件 | 教学活动设计 |
| --- | --- |
| 1.引起学生注意 | 这里有三个三角形,请同学们以边的大小关系观察它们有什么区别。 |
| 2.告知教学目标 | 通过本堂课的学习,会按边的关系对三角形进行分类,能理解三角形三边关系定理及推论,并会初步应用它们解决问题。 |
| 3.唤起已有经验 | 请同学们回忆见过的三角形,若以三边关系不同(如有的三角形三边相等)划分,都有哪些不一样的三角形? |
| 4.呈现学习材料 | (1)对三角形分类要按分类原则进行,其原则是:一次分类只能采用一个标准;每次所分类别不能重复,不能缺漏。<br>(2)按分类原则,以三边关系为标准进行分类,得出三种边的关系不同的三角形:两边相等的三角形;三边都相等的三角形;三边各不相等的三角形。<br>(3)实验演示,研究各三角形三边关系得出构成三角形的条件(定理):<br>①三角形的两边之和大于第三边;<br>②三角形的两边之差小于第三边;<br>③三角形第三边大于另两边之差的绝对值,且小于另两边之和。<br>(3)问题:如何利用上面的结论判断三条线段是否能组成三角形?<br>(4)应用定理推导边的不等关系。 |
| 5.提供学习指导 | (1)提供练习题,让学生对比等边三角形与不等边三角形的概念,纠正三角形分类时的习惯性错误。<br>(2)通过例题,说明如何利用上面三边关系定理及推论判断三条线段能否组成三角形,如何推导边的不等关系。 |
| 6.引发学习行为 | (1)呈现要求学生作出行为反应的刺激材料——三个事先准备好的三角形纸板,让学生学习按边的关系区分它们各是什么三角形。<br>(2)用事先准备好的三根木棍,让学生拼三角形,量出各边的长度,并回答三角形的定义。<br>(3)提供运用定理判断、推导的练习题,引发学生进行判断、推导。 |
| 7.提供学情反馈 | 对学生分类、判断、推导行为产生的结果进行正误判定。 |
| 8.评估学习结果 | 再出几个练习题,当堂测评三角形按边分类原则的运用情况,当堂测评对三边关系定理的应用情况。 |
| 9.促进保持迁移 | 布置作业,让学生在新的情境中运用三角形按边分类原则和三边关系定理解决一些新问题。 |

## 示例3

表5 《济南的冬天》教学过程设计

| 教学事件 | 教学活动设计 |
| --- | --- |
| 1.引起学生注意 | 说到冬天,北方的人们一般习惯在它前面加上修饰词——“冰冷”或“严寒”;说到冬天,人们会想到那肆虐的北风,骇人的寒流,千里冰封,万里雪飘。北方的冬天,给人的印象是“肃杀”的,可能会令习惯于温暖的南方的人们惧怕而却步。可是在老舍先生的笔下,“济南的冬天”却完全没有了那种寒冷,那种肆虐,那种肃杀,而是一个“温暖”的宝地。让我们走进老舍先生的《济南的冬天》,感知济南冬天的温馨,观看济南冬天的美景,体味文章的意境之美,品味文章的语言之美。 |
| 2.告知教学目标 | 1.知识与技能:有感情地朗读课文,感知内容,体味济南的冬之美。<br>2.过程与方法:理清思路,体会比喻、拟人手法对突出景物特点的作用。<br>3.情感态度价值观:体会作者对景物独特的感受,以及对其寄予的深情。 |
| 3.唤起已有经验 | 为什么作者对济南的冬天如此了解,为什么文中的情那么浓。老舍于1929年离英回国,1930年前后来到山东,先后在济南齐鲁大学和青岛山东大学任教7年之久,对山东产生了深厚的感情,山东被称为他的“第二故乡”。《济南的冬天》是老舍1931年春天在济南齐鲁大学任教时写成的。可见作者是怀着对“故乡”的深情来写的。 |
| 4.呈现学习材料 | 查预习,掌握字词(多媒体):镶、响晴、安适、肌肤、秀气、绿萍、水藻、澄清、空灵、水墨画、蓝汪汪。 |
| 5.提供学习指导 | 学生听老师配乐朗读(也可放录音),学生自己反复阅读、体验并思考。 |
| 6.引发学习行为 | 1.济南的冬天总的特点是什么?<br>2.课文写了济南的冬天哪些景物?<br>3.表达了作者怎样的思想感情? |
| 7.提供学情反馈 | 济南冬天总的特点是无风、响晴、温暖的宝地。写对济南的总体感受:“暖和安适”的“理想境界”。写阳光朗照下的山,勾画出一幅淡雅的水墨画;写薄雪覆盖下的山,再写城外的远山,最后写冬天的水色——写水藻之绿,衬托水的清澈、透明。作者绘山景,描水色,寓情于景,既表现济南冬天之美,又寄寓对祖国山河真挚的爱。 |
| 8.评估学习结果 | 在听读中思考,然后讨论,互相补充。 |
| 9.促进保持迁移 | 课外阅读老舍的其他作品,体会他的写作风格。<br>仔细观察北京冬天的景物,倾注你的无限热爱之情,借鉴课文中的某些写法,将最有特点的景物写出来,自拟题目,字数不限。 |

## 示例4

**表6 电器电流计算一课教学过程设计**

| 教学事件 | 教学活动设计 |
| --- | --- |
| 1.引起学生注意 | 录像片播出：一个家庭在早晨，爸爸正在煮牛奶，妈妈插上烫发钳，女儿插上吹风机。电视机正在播放早间新闻，突然电视机屏幕一片空白。提问学生发生了什么事情。（答案：女儿的电吹风使电路超载，烧坏了保险丝。） |
| 2.告知教学目标 | 告诉学生：本课的学习目标是学会计算家用电器的电流是多少安培，明了用电器全部启用时的总电流是否超过保险丝能承载的电流。 |
| 3.唤起已有经验 | 让学生回忆家庭电路中的电压为220伏特（用公式时可近似看作200伏）。电器的功率一般印在它的标签上。电路中的保险丝是根据它能承载的电流来划分规格的，如果超过它能承载的电流量，保险丝就熔断。 |
| 4.呈现学习材料 | 材料1：计算通过某一电器的电流的规则：电流=功率÷电压。<br>材料2：例如，女儿的电吹风机的功率为800W，通过它的电流大约就是4A（800÷200=4）。 |
| 5.提供学习指导 | 提供几个不同的例子说明电流计算规则（电流=功率÷电压）的用法。如：<br>(1)女儿的电吹风是否会使一个5A的保险丝烧断？（不会，因为电吹风只需800÷200=4A的电流）。<br>(2)如果妈妈把电熨斗插在电路中，结果会怎样？（保险丝会烧断。为什么？因为电熨斗的功率为1000W，算出的通过电流为1000÷200=5A，这时，电路总电流为：4+5=9A，所以保险丝会烧断。） |
| 6.引发学习行为 | 呈现大量需要学生运用规则计算电流的刺激材料，引发计算行为。如，假定电压为200V，算出通过下例电器的电流：<br>灯泡，100W；电视机，300W；吸尘器，600W；烫发钳，1200W；电暖气，1350W；电冰箱，启动1500W，运行800W。 |
| 7.提供学情反馈 | 告诉正确答案，纠正错误答案。 |
| 8.评估学习结果 | 给出一组评价是否达标的测试题。 |
| 9.促进保持迁移 | 图示或描述几个需要计算电流的实际情景，让学生完成；布置课后作业。 |

根据这些案例，教学过程设计的关键：一是熟记教学过程的各项事件及先后顺序；二是把要教学的具体内容及活动，安排进已知教学过程中的各项教学事件下。

# 教学板书设计　　课目6

随着科学技术的发展，许多现代化的教学手段已经走入课堂，但是板书在教学中仍起着不可替代的作用。板书是教学中所应用的一种主要的教学媒体，板书艺术则是教学艺术的有机组成部分。板书可长时间地向学生传递信息，有较大的灵活性及示范和审美作用。

## 一、训练实施

【教学目标】

练习教学内容在黑板上或投放影片上呈现的样式。从教材中选择一个单元(一章)写出三个纲要式板书。

【学习时间】

4学时。

【支持材料】

中学教材、课程标准文本、纸笔、黑板或演示媒体。

【教学过程】

1.训练分组。循环报数，数字相同者为一组，将全班学生分为若干组，每组6~7人，各组确定1名组长，1名执笔人。组长主持讨论，并负责报告讨论结果，记录人负责记录讨论发言。

2.告知目标。教师告知本课教学目标。(见本课目教学目标)

3.教师讲解。教师讲解教学过程设计的知识。(讲解内容附后)

4.讨论练习。各组根据教师讲解的设计要领从教材中选择一个课节的内容，通过讨论，写出一节课的纲要式板书。

讨论时教师巡回指导。执笔人写出讨论结果。

5.汇报交流。各组组长在黑板上展示并说明本组设计的板书。

6.反馈总结。教师对各组设计的教学板书，从知识点呈现的完整性，内容的简洁明了性，结构的严谨性，提纲要目的提示性等方面进行评价，肯定成绩，指出不足。指出教学板书的作用在于：体现教学意图，揭示教材的结构，理清教学思路，突出教学的重点，解决教学的难点，简化教学过程，增强记忆效果，提高教学效率。

7.布置作业。教师板书：从教材中选择一个单元(一章)写出三个纲要式板书。

## 二、导练讲解材料

教学板书是教师在黑板或投放影片上运用文字、符号、线条、图表、图画、图像等向学生传递教学信息的形式。板书设计就是上课前对黑板上或投放影片上要呈现(书写)的内容所做的安排。板书的形式多种多样，有纲要式、表格式、表解式、示意式、情节式等板书式样。本节课只对中小学教学最常用的纲要式板书式样做些介绍，其他板书在下一个课目穿插学习。

纲要式板书是运用简洁明了的语言文字把教学的主要内容概括成提纲要目，以备随教学过程顺序依次呈现的板书形式。设计有两个要领：

(1)分析教材的主要内容，将主要内容以纲目列出。

(2)排定各纲目在黑板上呈现的先后顺序(顺序一般和教学的内容结构及学习过程设计结果一致)，以备上课时随教学的进行顺次写出。

以下是四个板书示例。

### 示例1

**数学(义务教育学校八年级上册)“第四章　四边形性质探索平行四边形的性质”一课的板书**

第四章　四边形性质探索

1.平行四边形的性质

(1)定义、表示方法及相关概念

例1：

(2)平行四边形的性质

例2：

(3)平行线之间的距离

例3：

### 示例2

**物理(义务教育学校八年级下册)“第八章　电功率　第二节课”的板书**

第八章　电功率　2.电功率

(1)电功率的定义、定义式、单位

(2)实验及额定电压与额定功率

(3)电功率的测量

(4)课堂练习(测量用电器功率)

## 示例3

### 语文《背影》(北师大七年级上册)第一课时板书

| | | | |
|---|---|---|---|
| 一、怀念父亲 | 惦记背影 | | 父 |
| 二、望父买橘 | 刻画背影 | 父疼子 | 子 |
| 三、父子分手 | 惜别背影 | 子爱父 | 情 |
| 四、别后思念 | 再现背影 | | 深 |

| | |
|---|---|
| 亲自送行 | 照看行李 |
| 讲定价钱 | 送子上车 |
| 拣定座位 | 叮嘱儿子 |
| 嘱咐茶房 | 为子买橘 |
| 细心关照 | 周到入微 |

## 示例4

### 语文《故宫博物院》(人教版八年级上册第三单元的第四课)板书

| 总说 | 地理位置,历史年代、总体布局、艺术风格 | 说明顺序 |
|---|---|---|
| 分别具体说明 | 天安门、端门、午门、太和门<br>太和殿(重点介绍)中和殿、保和殿(前三殿)　　详说<br>乾清宫、交泰宫、坤宁宫(后三宫)　　略说<br>御花园 | 空间顺序 |
| 总说 | 回望故宫、建筑宏伟、布局和谐 | |

# 教学活动计划设计　　课目7

教学活动计划可以帮助教师有计划地实施自己的想法，合理完成教学任务，同时也便于以后总结自己的教学情况，提高自己的教学能力，积累经验，发现不足提供可能条件，制订教学计划有必要。

## 一、训练实施

【教学目标】

练习单元教学计划（方案）和课时教学计划（方案）的设计。从教材中选择章节内容，学会按教学计划式样综合课堂教学各要素的设计，编写单元教学计划和课时计划（教案）。写出一个单元的教学计划及同单元2—3节课的课时教学计划（方案）。

【学习时间】

10学时。

【支持材料】

中学教材、课程标准文本、纸笔、黑板或演示媒体。

【教学过程】

1.训练分组。循环报数，数字相同者为一组，将全班学生分为若干组，每组6~7人，各组确定1名组长，1名执笔人。组长主持讨论，并负责报告讨论结果，记录人负责记录讨论发言。

2.告知目标。教师告知本课教学目标。（见本课目教学目标）

3.教师讲解。教师讲解教学方案设计的方法。（讲解内容附后）

4.讨论练习。各组根据教师讲解的设计要领从教材中选择一章的内容，通过讨论，写出一章单元教学方案和同单元一节的课时计划（教案）。

讨论时教师巡回指导。执笔人写出讨论结果。

5.汇报交流。各组组长在黑板上展示并说明本组设计的单元教学方案和同单元一节的课时计划（教案）。

6.反馈总结。教师对各组设计的教学方案，从结构的完整性、内容的实在性、实施的可操作性等进行评价，肯定成绩，指出不足。指出教学方案的作用在于：它是上课的依据，课上得好不好，在很大程度上取决于课设计得好不好。

7.布置作业。教师板书：写出教材某章的教学计划及同单元（章）各课节的课时教学计划（方案）。

## 二、导练讲解材料

（一）教学计划的含义、种类及格式

1.教学计划的含义

教学计划是教师进行教学活动，具体落实教学目标、教学思想的行动方案。它是在了解学生，对教学目标、教学内容、教学方法、教学结构、教学过程等教学要素进行了具体设计基础上，由各教学要素综合而成的一类方案文本。

2.教学计划的种类

教学计划不是某个单一的教学方案，我们通常所说的教案，只是教学计划的一种。就教师课堂教学要制定的教学计划而言，按一定的教学时间来划分，可分为学期教学计划、单元教学计划和课时教学计划（即教案）。

3.教学计划的格式

（1）学期教学计划及格式

学期教学计划是对所设课程完成一个学期教学任务、实现教学目的所确定的教学内容各单元（课题）进度安排。学期教学计划一般由教研组集体协商制定，内容包括学期教学要求、学生情况分析、章节与课题顺序、教学手段与方法、教学时数、复习、考试和其他活动时间安排等。计划内容及式样可参考表7格式：

**表7　学期教学活动计划示例**

科目：

| 教学要求： | | | | | | |
|---|---|---|---|---|---|---|
| 学生情况： | | | | | | |
| 质量目标及措施： | | | | | | |
| 活动事项 | 上课 | 复习 | 考试 | 节假日 | 社会活动 | 其他 |
| 时间分配 | | | | | | |
| 进度安排及教学事项（分周安排） | | | | | | |
| 周次 | 时数 | 教学内容（章节和题目名称） | | | | 方法和手段 |
| | | | | | | |
| 备注： | | | | | | |

(2)单元(课题或课章)教学计划及格式

是在学期教学计划确定后,对学期教学计划中每个课题(单元)教学活动分别进行的安排。内容包括课题(单元)名称、教学目标、课的类型、教学方法、各课节课及课时分配等,计划式样可参考表8格式:

**表8 单元教学活动计划示例**

| 单元名称:第章 □□□□□□□ |
| --- |
| 教学目标:1.…… 2.…… 3.…… 4.…… |
| 教学重点、难点: |
| 教学进程:共 8 课时<br>课节 1:课时______ 内容要点________ 基本课型________ 基本教法<br>课节 2:课时______ 内容要点________ 基本课型________ 基本教法<br>课节 3:课时______ 内容要点________ 基本课型________ 基本教法<br>…… 课时______ 内容要点________ 基本课型________ 基本教法 |
| 备注: |

(3)课时教学计划及格式

课时教学计划又称教案,它是在综合教学内容、目标、方法等各项局部设计的基础上,编制的关于课堂教学的具体实施方案,是教师上课的直接依据,是保证教师上好课的必要手段。

一份完整的教案由四部分组成:一是概况,包括教学课题、教学班级、教学目标、课的类型、教学方法、教学手段等;二是教学进程或过程,它是运用教学方法使教学内容按课的结构实施的过程,是教案的主体部分;三是板书或媒体设计,一般随教学过程呈现;四是教学反思,即教师课后对自己所教课的评价小结和教学心得。教案格式多种多样,推荐如表9:

表9 教案格式

| 班级 | | 学科 | | 教师 | |
|---|---|---|---|---|---|
| 课题 | | | | | |
| 目标 | | | | | |
| 课型 | | | | 教学时数 | |
| 教学过程 | | | | 板书或媒体设计 | |
| 1.<br>2:<br>.<br>.<br>.<br>.<br>.<br>.<br>8.<br>9. | | | | | |
| 教学反思 | | | | | |

(二)单元教学计划和教案设计及实例

在教学计划设计中，一般由教师个人直接承担设计的计划主要是单元教学计划和课时教学计划(教案)。下面介绍这两种计划(方案)的设计。

1.单元教学计划设计及实例

设计要领：

(1)阅读教材后,写出单元名称。

(2)依据课程标准,陈述单元教学目标。

(3)阅读教材各知识点,列出并写明重点和难点。

(4)依次列出每一课节的教学课时、内容要点、课的类型和教学方法。

以下是单元教学计划的三个实例：

## 示例1

表10 数学(义务教育学校八年级上册)第四章《四边形性质探索》单元教学计划

| 单元名称:第四章 四边形性质探索 |
| --- |
| 教学目标:<br>1.掌握平行四边形、矩形、菱形、正方形、梯形的概念和性质,了解它们之间的关系;了解四边形的不稳定性。<br>2.探索并掌握平行四边形的有关性质和四边形是平行四边形的条件。<br>3.探索并掌握矩形、菱形、正方形、梯形的有关性质和四边形是矩形、菱形、正方形、梯形的条件。<br>4.探索并了解等腰梯形的有关性质和四边形是等腰梯形的条件。<br>5.探索并了解多边形的内角和与外角和公式,了解正多边形的概念。<br>6.知道中心对称图形的有关概念,掌握中心对称图形的基本性质;知道平行四边形是中心对称图形。 |
| 教学重点:<br>平行四边形、菱形、矩形、正方形、梯形等四边形的性质和常用判别方法,并进行简单推理。<br>教学难点:<br>平行四边形与特殊平行四边形之间的联系与区别,以及这些图形的性质与判别方法的运用。 |
| 教学进程:共10课时<br>课节1 课时:2课时。课题:平行四边形的性质。课型:新授课。教法:讲解法。<br>课节2 课时:1课时。课题:平行四边形的判别。课型:综合课。教法:讲练法。<br>课节3 课时:1课时。课题:菱形的性质和判别。课型:综合课。教法:讲练法。<br>课节4 课时:1课时。课题:矩形、正方形的性质和判别。课型:综合课。教法:讲练法。<br>课节5 课时:1课时。课题:梯形的性质和判别。课型:综合课。教法:讲练法。<br>课节6 课时:2课时。课题:多边形的内角和与外角和。课型:综合课。教法:讲练法。<br>课节7 课时:1课时。课题:中心对称图形。课型:综合课。教法:讲练法。<br>总结8 课时:1课时。课题:复习总结。课型:复习课。教法:导学法。 |
| 备注: |

## 示例2

表11 物理(义务教育学校八年级下册)第七章《欧姆定律》单元教学计划

| 单元名称:第七章 欧姆定律 |
| --- |
| 教学目标:<br>1.通过实验,探究电流、电压和电阻的关系。<br>2.理解欧姆定律,并能进行简单计算。<br>3.能连接简单的串、并联电路。能说出生活、生产中采用简单串联或并联电路的实例。<br>4.了解家庭电路和安全用电知识。形成安全用电意识。 |
| 教学重点:电流、电压和电阻的关系。欧姆定律的应用。<br>教学难点:欧姆定律的应用中电阻的串联与并联规律。 |
| 教学进程:共6课时<br>课节1 课时:1课时。课题:电阻上的电流跟两端电压的关系。课型:新授课。教法:实验+讨论。<br>课节2 课时:2课时。课题:欧姆定律及其应用。课型:综合课。教法:讲解+实验。<br>课节3 课时:1课时。课题:测量小灯泡的电阻。课型:实验课。教法:演示法。<br>课节4 课时:1课时。课题:欧姆定律与安全用电。课型:综合课。教法:讲解+实验。<br>总结5 课时:1课时。课题:复习总结。课型:复习课。教法:讲解法。 |
| 备注: |

2.教案设计及实例

设计要领:

(1)写出基本情况。包括教学课题、教学班级、学科类别、课的类型、教学方法等。

(2)陈述教学目标。

(3)列出教学过程的各个教学事件(环节或步骤)。

(4)写出每一教学事件的活动内容、方式及教师的作用。

(5)列出每一教学事件的板书或媒体呈现形式。

以下是教案设计的三个示例:

## 示例1

表12 物理(义务教育学校八年级下册)第七章《欧姆定律及其应用》第二节教案设计

<table>
<tr><td>班级</td><td>初二(2)班</td><td>学科</td><td>物理</td><td>教师</td><td>马×</td></tr>
<tr><td>课题</td><td colspan="5">第二节 欧姆定律及其应用</td></tr>
<tr><td>目标</td><td colspan="5">1.知识与技能<br>能说出电路中电流强度与电压以及电流强度与电阻的关系。<br>用自己的话陈述欧姆定律,能运用欧姆定律计算电路中的电流、电压与电阻。<br>2.过程与方法<br>通过计算,学会解答电学中计算题的一般方法,培养学生逻辑思维能力和解答电学问题的良好习惯。<br>3.情感态度与价值观<br>通过对欧姆生平介绍,学习科学家献身科学、用于探索真理的精神,激发学习的积极性。</td></tr>
<tr><td>课型</td><td colspan="3">综合课</td><td>教学时数</td><td>1 学时</td></tr>
</table>

<table>
<tr><td colspan="3">教学过程</td></tr>
<tr><td>教学事件</td><td>教学内容及活动</td><td>板书或媒体设计</td></tr>
<tr><td>1.引起学生注意</td><td>上节课我们学习了……现在问：在同一电路中电流、电压和电阻有什么关系？</td><td></td></tr>
<tr><td>2.告知教学目标</td><td>教学目标是:掌握揭示电路中电流、电压和电阻关系的欧姆定律,学会用欧姆定律进行计算。</td><td></td></tr>
<tr><td>3.唤起已有经验(含导入)</td><td>根据学过的知识,即电阻上电流跟两端电压、电阻上电流跟电阻阻值关系,填出黑板上或投影片上表格1、2的结果。(表格见板书栏)<br>分析计算结果可以看出,电压对电流起促进作用,而电阻对电流起阻碍作用。但这只是定性描述,那么,电路中电流、电压和电阻有什么定量关系？<br>德国有一个叫欧姆的学者,他19世纪初(1871—1827)任中学物理教师10年,在实验条件差,没有现成仪器的情况下,付出10年心血,终于发现电流、电压和电阻之间数量上的关系,总结出它们之间的关系规律——欧姆定律。<br>这节课我们就来学习欧姆定律。</td><td>表 1<br>
<table>
<tr><td>$U$(V)</td><td>1</td><td>2</td><td></td></tr>
<tr><td>$I$(A)</td><td>0.2</td><td></td><td>0.6</td></tr>
</table>
表 2<br>
<table>
<tr><td>$R$(Ω)</td><td>5</td><td>10</td><td></td></tr>
<tr><td>$I$(A)</td><td>0.6</td><td></td><td>0.2</td></tr>
</table>
板书:<br>欧姆定律研究电流强度、电压和电阻之间的数量关系。</td></tr>
</table>

<table>
<tr><td>4.呈现学习材料</td><td>提问:怎样运用电流、电压和电阻之间的数量关系测定电流、电压或电阻?</td><td></td></tr>
<tr><td>5. 提供学习指导</td><td>1.发现欧姆定律的方法<br>电流、电压和电阻三者之间的关系不能同时考虑,即一次只能研究两个变量的关系。怎么办?使其中一个量固定不变。<br>2.实验演示<br>(1)先固定电阻不变,研究电流与电压的关系。<br>取 $R$=10Ω,得到:<br>$U_R$(V)　　$I_R$(A)<br>2　　0.2<br>3　　0.3<br>4　　0.4<br>分析实验数据得出结论:<br>当电阻不变时,电流强度与电压成正比。<br>(2)再固定电压不变,研究电流强度与电阻的关系。<br>取 $U$=3V,得到:<br>$R_R$(Ω)　　$I_R$(A)<br>5　　0.6<br>10　　0.3<br>15　　0.2<br>分析实验数据得出结论:<br>当电压不变时,电流强度与电阻成反比。<br>归纳小结:综合以上两种情况就是揭示电流、电压和电阻三者之间数量关系的定律——欧姆定律。<br>即,电流强度=电压÷电阻。<br>要想知道同一电路中其他两个电学物理量:电阻或电压,可对此公式变形,得出两个变换式:<br>电压=电流×电阻<br>电阻=电压÷电流</td><td>板书:<br>当电阻不变时,电流强度与电压成正比<br><br>板书:<br>当电压不变时,电流强度与电阻成反比。<br><br>板书:<br>$I=U/R$。<br>变换式:$U = IR$。$R = U/I$。<br>单位:<br>$U$—电压—伏特(V)<br>$I$—电流—安培(A)<br>$R$—电阻—欧姆(Ω)</td></tr>
</table>

| | | |
|---|---|---|
| 6.引发学习行为 | 提出 3—4 个运用欧姆定律计算物理量的问题。例：<br>在实验中 20Ω 电阻两端的电压为 6V,电流强度是多少？<br>测得通过的电阻为 880kΩ 的试电笔的电流是 0.25mA，试电笔两端的电压是多少？<br>已知有个用电器接在电压为 4V 的电源上,测得通过用电器的电流为 0.2A，用电器的电阻有多大？ | |
| 7.提供学习反馈 | 告知正确答案,说明计算过程,或学生自己核对答案,检查计算过程,同时,纠正错误回答。告知运用定律要注意的问题。如,欧姆定律中的电流、电压、电阻是针对“同一电路”和“同一时刻”而言的；在运用欧姆定律及变形公式计算不同电学性质量时,要注意选择正确的物理量单位等。 | 板书：<br>参考答案<br>1.……<br>2.……<br>3.…… |
| 8. 评估学习结果 | 出几道能够说明达到教学目标的测题或思考题。如,什么是欧姆定律?如果测得 30Ω 的电阻两端的电压是 6V,求通过电阻的电流强度(I)等。 | |
| 9.促进保持和迁移(布置作业) | 出几道课后思考题和练习题。 | 板书：<br>《物理》第×页，第×题 |
| 教学反思 | | |

## 示例2

表13　数学(义务教育学校八年级上册)第六章《一次函数》中第二节教案设计

<table>
<tr><td>班级</td><td>初二(1)班</td><td>学科</td><td>数学</td><td>教师</td><td>王×</td></tr>
<tr><td>课题</td><td colspan="5">第二节　一次函数</td></tr>
<tr><td>目标</td><td colspan="5">1.知识与技能<br>理解(即用自己的话说出)一次函数和正比函数概念,能根据所给条件写出简单的一次函数表达式。<br>2.过程与方法<br>经历一般规律的探索过程,发展自己的抽象思维能力和数学应用能力。<br>3.情感态度与价值观<br>感受一次函数在生活中的广泛应用,体验生活中处处有数学,在探索过程中获得成功的经验。</td></tr>
<tr><td>课型</td><td colspan="3">综合课</td><td>教学时数</td><td>1 学时</td></tr>
<tr><td colspan="6">教学过程</td></tr>
<tr><td colspan="2">教学事件</td><td colspan="3">教学内容及活动</td><td>板书或媒体设计</td></tr>
<tr><td colspan="2">1.引起学生注意</td><td colspan="3">同学们上课了！上节课我们学习了函数的概念及和表达形式。下面大家想一个生活情境中的问题：<br>中国电信公司曾经推出无限市话小灵通,在某市的通话费为:前 3 分钟(不足 3 分钟按 3 分钟计)为 0.2 元;3 分钟后每分钟收 0.1 元。你能写出一次通话时间 $x$ 分($x$>3)与这次通话费 y 元之间的函数关系式吗?</td><td>板书：<br>写出一次通话时间 $x$ 分($x$>3) 与这次通话费 $y$ 元之间的函数关系式。</td></tr>
<tr><td colspan="2">2.告知教学目标</td><td colspan="3">若能写出一次通话时间 $x$ 分($x$>3)与这次通话费 y 元之间的函数关系式，说清楚它们之间函数关系的特点,并能运用这种函数关系解决问题,我们这节课的目标就达到了。</td><td></td></tr>
<tr><td colspan="2">3. 唤起已有经验</td><td colspan="3">大家回忆一下上节课学过的函数知识：<br>什么是函数？它有那些表现形式？</td><td></td></tr>
</table>

| | | |
|---|---|---|
| 4. 呈现学习材料(讲解加问题) | 1.根据上节课学过的函数知识，上例两个变量的关系式可以一般地表示成 $y=kx+b$ （$k,b$ 为常数，$k\neq0$），可知 $y$ 是 $x$ 的函数。这是什么函数？答：一次函数。<br>2.一次函数的特点：<br>(1)一次函数是一个等式，其左边是因变量 $y$，右边是关于自变量 $x$ 的整式；<br>(2)自变量 $x$ 的次数为 1，系数 $k\neq0$；<br>(3)当 $b=0$，而 $k\neq0$ 时，$y=kx$ 仍是一次函数，但当 $k=0$ 时，它不是一次函数。<br>3. 一次函数 $y=kx+b(k\neq0)$，当 $b=0$ 时，变为 $y=kx$，这时把 $y$ 叫做 $x$ 的正比函数。正比函数是一次函数的特例。<br>4.列一次函数关系式(数学模型)的方法：<br>(1)认真分析实际问题的有关信息，理解题意；<br>(2)找出等量关系，这和列方程解应用题的思路一样；<br>(3)写成一次函数的表达式形式，即函数 $y$ 等于含 $x$ 的整式；<br>(4)注意 $x$ 的取值范围要考虑实际问题，取值范围改变，函数关系式也随之改变。<br>5.教材例题：<br>(1)下例函数中，那些是一次函数？(根据定义和特点判别)<br>A. $y=3x$；B. $y=-3/x$；<br>C. $y=-3x=1$；D. $y=x^2$.<br>(2)当 $m$ 取何值时，$y=xm-3+(m+2)$ 是正比函数？<br>(3)写出下例各题 $x$ 与 $y$ 之间的关系式，并判断 $y$ 是否为 $x$ 的一次函数？正比函数？<br>A.汽车以每小时 60 公里的速度匀速行驶，行驶路程 $y$ 公里与行驶时间 $x$ 小时之间的关系。($y=60x$)<br>B.园面积 $y^2$ 与它的半径 $x$ 之间的关系。($y=\pi x^2$)<br>C.一棵树现在的高度为 50 厘米，每月长高 2 厘米，$x$ 月后这棵树高度为 $y$ 厘米。($y=50+2x$) | 板书：<br>一次函数的定义：若两个变量的关系式可以表示成 $y=kx+b$（$k,b$ 为常数，$k\neq0$），则称 $y$ 是 $x$ 的函数。<br><br>板书：<br>一次函数 $y=kx+b$（$k\neq0$），当 $b=0$ 时，$y=kx$，则 $y$ 叫做 $x$ 的正比函数。<br><br>板书：<br>根据条件列一次函数关系式的方法：分析理解题意；找出等量关系；写成一次函数的表达式形式。 |

| | | |
|---|---|---|
| 5. 提供学习指导 | 指导学生根据学习材料的三个知识点，完成例题，或教师板演例题。 | 板书：<br>例 1.……解：……<br>例 2.……解：……<br>例 3.……解：…… |
| 6.引发学习行为 | 请同学们完成课本 184 页随堂练习题：1、2 两题。 | |
| 7.提供学习反馈 | 告知正确答案，说明计算过程，或学生自己核对答案，并检查计算过程，同时纠正错误回答。 | |
| 8. 评估学习结果 | 出一组列一次函数式求解的测评题。如上课开始时，要大家做的：写出一次通话时间 $x$ 分($x>3$)与这次通话费 $y$ 元之间的函数关系式。 | |
| 9.促进保持与迁移 | 提供几个需要列一次函数式求解的实际情景，或布置几道课本上的作业题。 | 板书：<br>《数学》第×页，第×题 |
| 教学反思 | | |

## 示例3

表14　初中(七年级)语文《闻一多先生的说和做》教学设计

<table>
<tr><td>教师</td><td>张×</td><td>年级</td><td>七年级</td><td>科目</td><td>语文</td><td>课时</td><td>2课时</td></tr>
<tr><td>课题名称</td><td>授课课题</td><td colspan="6">《闻一多先生的说和做》</td></tr>
<tr><td>学生分析</td><td colspan="7">初一学生已经有初步的阅读能力,可以通过预习领会课文内容,把握课文大意。但学生还没有形成良好的学习语文的习惯和方法,摄人的信息量比较狭窄,不能主动地、积极地合作探究学习。个别学生对语文缺乏兴趣,依赖性较强,学习较为被动。</td></tr>
<tr><td>教材分析</td><td colspan="7">这是一个名人单元,课文的事迹生动感人,广为流传。初一学生,正处于人生观、价值观形成的时期,应对他们进行理想教育,帮助他们确立人生目标并拥有坚定的信念。学习本文可以让学生认识到闻一多先生伟大的人格魅力,以此确立自己的人生目标并坚定自己的人生信念。<br>本文语言优美,语句精炼,具有很强的感染力,适合初一学生阅读,教学时应加强朗读,在通读课文的基础上,理清思路,理解主要内容并在熏陶感染中培养中学生积极的人生态度。</td></tr>
<tr><td rowspan="3">教学目标</td><td>知识与技能</td><td colspan="6">通过朗读,理清课文结构,把握人物的品格和精神。品味重点语句中的关键词语,探究语句的内涵,体会语句饱含的感情。</td></tr>
<tr><td>过程与方法</td><td colspan="6">通过质疑、互动合作、开展小组讨论、信息整理归纳的方法进行探究性学习。<br>自主搜集、整理、交流课文有关的背景资料。</td></tr>
<tr><td>情感态度与价值观</td><td colspan="6">学习闻一多严谨、谦逊的治学态度,言行一致的做人原则,建全自己的人格,做一个正直的人。</td></tr>
<tr><td>教学过程</td><td colspan="7">第一课时<br>一、引起注意<br>二、唤起已有经验、告知学习目标<br>1.同学们,日常生活中的说话和做事最能看出一个人的品行。很多时候,我们往往容易忽视这一点。在日常生活中,你是怎样处理说和做的呢?请你说给大家听听。今天我们走进一位文化名人——闻一多,看他是怎样说和做的。<br>2.了解闻一多:闻一多(1899—1946),1922年赴美国芝加哥美术学院学习,后来研究文学。1925年回国,历任青岛大学、清华大学教授。诗集有《红烛》《死水》,表现出深沉的爱国激情。1943年后,目睹蒋介石反动政府的腐败,愤然而起,积极参加反对独裁、争取民主的斗争。“一二一”惨案发生后,他更英勇地投身爱国民主运动,最后献出宝贵的生命。集诗人、学者、民主战士“三重人格”于一身。郭沫若称其是“前无古人,后无来者”。<br>3.检查预习词语:<br>锲而不舍　兀兀穷年<br>沥尽心血　潜心贯注<br>目不窥园　迥乎不同<br>气冲斗牛　慷慨淋漓</td></tr>
</table>

<table>
<tr><td>教学过程</td><td>三、组织学习（呈现材料、学习指导、引发学习行为、学情反馈）<br>1.指导学生朗读<br>放录音<br>教师范读<br>个读<br>齐读<br>互评、纠正<br>2.合作探究<br>(1) 文章从哪些方面写闻一多先生的“说”和“做”?以此为脉络,文章可分为几部分?每个部分是怎样衔接连缀的?<br>明确:从学者的方面和革命家的方面来写的。<br>第一部分(1~7段)记述前期闻先生作为学者方面的“说”和“做”。<br>第二部分(8~20段)记述后期闻先生作为革命家方面的“说”和“做”。<br>两部分之间用了7、8、9三个段落过渡。第7段承接上文小结,第8、9段开启下文。这样连缀紧密,脉络清楚,过渡自然,把两个方面的情况简明地并列提出,给读者以深刻印象。<br>(2) 综合这两个方面来看,闻一多先生是一个怎样的人？(用课文原话回答)<br>明确:“是卓越的学者,大勇的革命烈士”。<br>(3) 作为学者闻一多是怎样说的？(引用原文)<br>“人家是说了再做,我是做了再说。”<br>“人家说了也不一定做,我是做了也不一定说。”<br>(4) 作为学者闻一多做了哪些主要成就？目的是什么？(引用原文)<br>三部著作:《唐诗杂论》、《楚辞校补》《古典新义》<br>目的:“给我们衰微的民族开一剂救济的文化药方”。<br>(5) 作为革命家的闻一多做了哪些？目的是什么？<br>明确:起稿政治传单、群众大会演说、参加游行示威。<br>目的:争取民主。<br>四、促进保持与迁移<br>1.小结:这篇文章写得十分精彩,突出地表现了闻一多先生思想品格的最本质特征。文章精选的典型事例,精致严谨的结构,充满了感人的力量。<br>2.作业布置<br>读一读,写一写;完成练习二。<br>第二课时<br>一、复习导入(引起注意)<br>闻一多先生前期和后期思想品格上的主要特点是什么？又有什么共同的地方？前后期为什么有这种变化？<br>明确:前期为探索救国救民的出路而潜心学术,取得累累硕果。后期投身民主运动,做争取民主的战士,无所畏惧视死如归。原因:对社会认识的变化。但作为一名卓越的学者,一名伟大的爱国者,他却是始终言行一致。</td></tr>
</table>

<table>
<tr><td>教学过程</td><td>二、组织学习(研读第一部分,赏析生动形象,精炼含蓄的语言。)<br>1.先让学生找出自己最喜欢的句子读一读,再讲一讲喜欢的理由。(教师大力鼓励、引导、赏识评价)<br>2.学生圈点勾画提出不懂的句子或词语,讨论解决。<br>3.教师提出如下句子或词语让学生讨论:(说说下列句子的含义,注意其中画线部分的意思。)<br>(1)那时候,他已经诗兴不作而研究志趣正浓。("诗兴不作"是文言说法。"作",起。"诗兴不作"就是写诗的兴致减少了。20年代,闻一多写了许多爱国诗篇。从20年代末起,转入对我国古典文化的深入研究。)<br>(2)他要给我们衰微的民族开一剂救济的文化药方。("开一剂救济的文化药方"是比喻的说法,指寻找使我国民族文化繁荣昌盛起来的方法。自20年代末起,闻先生过了十多年"书斋生活",企图从文化上寻找振兴民族的途径。)<br>(3)1930年到1932年,"望闻问切"也还只是在"望"的初级阶段。("望闻问切"是比拟的说法,把我们的民族比成一个病人,说明闻一多当时从文化研究上来探求救国的方法,也还仅仅是走出了第一步。)<br>(4)深宵灯火是他的伴侣,因它大开光明之路,"漂白了的四壁"。("它"指深夜灯火。深夜只有孤灯相伴,本来应感到寂寞,但闻一多则不然,他在一盏孤灯的照耀下,全力进行学术研究,成绩斐然。"漂白了的四壁"引自闻一多诗《静夜》,这首诗表现了诗人对祖国前途和人民命运的关切。课文中引用"漂白了的四壁",意在表现闻先生深夜从事学术研究那种怡然自适的情景,与"大开光明之路"的意趣一脉相承。)<br>(5)他潜心贯注,心会神凝,成了"何妨一下楼"的主人。("潜心贯注"和"心会神凝"意思相近,都是说用心极专极深,除学术研究外,没有别的任何事情使他分心。)<br>4."深宵灯火是他的伴侣,因它大开光明之路,漂白了四壁。"请展开想象,写一段话描写闻一多挑灯夜读的情景。<br>5.归纳本文语言特点<br>明确:语言生动形象,富于感情和诗意;有记叙、描写、抒情、议论。<br>三、内容总结<br>闻一多既是卓越的学者,热情澎湃的优秀诗人,又是大勇的民主战士。他是口的巨人,他是行的高标。我们要学习闻一多先生为了探索救国救民的出路而潜心学术,不畏艰辛,废寝忘食的精神,学习他为了民主革命事业无所畏惧,视死如归的精神。<br>四、促进保持与迁移<br>1.课外拓展<br>(1)学习本文后,闻一多的说和做给你留下了深刻印象,其实,古人也认为说和做对做人来说是很重要的,你能说出称赞"说"或"做"的词语吗?<br>一言九鼎、一诺千金、一言既出、驷马难追、言出必行、言必行、行必果等。</td></tr>
</table>

<table>
<tr><td>教学过程</td><td>(2)闻一多先生的事迹很多,试为本文补充一两个事例。<br>(3)请你为自己写一句有关说和做的座右铭。<br>2.作业布置<br>赏析闻一多《最后一次讲演》,感悟闻一多先生作为卓越学者的精彩语言和作为大勇的革命家的风范。<br>附板书:<br>闻一多先生的　　说和做<br>卓越的学者　　做了再说,做了不说<br>大勇的革命烈士　　“说”了就“做”</td></tr>
<tr><td>课后反思</td><td></td></tr>
</table>

# 模块二　教学实施技能

## 教学实施技能训练指南

本学段的任务是对师范生进行教学实施技能训练。

教学实施就是教师按照设计好的教学方案,在课堂上,以教材为中介,组织、引导和促进学生学习教学内容,以实现教学目标的过程。教学实施是实现教学目标的中心阶段,是教学最主要的环节。怎样实施教学,才能把教学内容变成学生个体的精神财富及说和做的行为,需要教师具备一系列影响学生学习的教学实施技能。

教学实施技能是教学成功与否的关键。有效地实施教学,要求教师要做到教学语言精练、生动,运用表情、手势等体态语加强信息传达的效果。熟练运用板书,字体端正,大小合宜,有一定书写速度。恰当运用多媒体等教学工具,熟练进行实物教具的演示或操作。恰当地提问与有效追问,鼓励学生提出问题,重视培养学生的问题意识。运用重复、板书、提问、语音变化、手势表情、身姿体位等多种手段,对教学重点难点进行强化。合理调控课堂节奏,灵活调整教学设计。尽量关注每一个学生,针对学生的个体差异,运用面谈、笔谈等形式,进行有效地个别化指导。唯有如此,方能提高教学实效。

### 一、课程目标

通过课堂教学使师范生获得从事初中教学所必需的教学实施技能。课程结束后,所有师范生都能做到:

1.能就所授课程从教学目标、教学内容、教学过程、教学方法等方面进行解说。

2.能按照自己编写的教案完成一课时的教学。

3.会对自己所授的课进行评价并写出教学反思。

## 二、实训对象

教师教育专业学生。

## 三、训练时限

8周,每天平均4课时。

## 四、课程内容

1.说课。

2.授课。

3.评课与反思。

## 五、训练要领(方式)

1.在教师指导下围绕学生应掌握的教学实施技能,按照观摩—备课—说课—授课—反思的模式进行训练。训练按教—学互动方式进行。

2.训练以课堂教学的形式,进行有考勤、有管理的训练。

3.对学生学习成果及时给予反馈评价。反馈以正反馈为主,使学生有成就感,以维持学习状态和兴趣。

4.在考核上,训练纳入相关课程的考核,以学生的出勤、作业作为考核的依据。考核成绩占相关课程考试的50%,训练不达标,相关课程不及格,专业实习无成绩。

## 六、承训教师

教师教育专业专任教师。

## 七、教学组织

在教学专家领导下,教材教法教师负责训练指导。

## 八、训练安排(见表15)

## 九、训练步骤

1.告知教学任务。教师告知学生各自的教学任务。

2.学生试讲。以本班为假想课堂,就自己所备课进行试讲。要求教学过程完整。

3.教师点评。教师对学生所讲的课,从教学目标的明确性、教学内容的准确性、教学方法的恰当性、学生活动的充分性、教学过程的完整性、教学态度的端正性、教学结果的有效性等方面进行点评。

4.教学反思。根据教师点评的内容,从教学目标的达成、存在的问题及改进的措施等方面写出教学反思。

**表15 教学评价训练科目及安排**

| 课 程 | 要 领 | 时间 | 课时 | 承训教师 |
|---|---|---|---|---|
| 1.教学观摩 | 看优秀教师的教学录像,了解主要的授课技能并写观后感。 | | | |
| 2.授课技能讲解 | 教师讲解上课中常用的导入技能、提问技能、讲解技能、变化技能、强化技能、板书技能、结束技能、说课技能等要点。学生就每一技能写出实施案例。 | | | |
| 3.说课 | 就教材中选一节内容从教学目标、教学内容、教学过程、教学方法等方面进行解说。 | | | |
| 4.备课 | 就教材中选一节内容按教学设计的要求写出一份完整的教案。 | | | |
| 5.试讲 | 每个学生试讲自己所备的课,老师进行点评的时间不少于25分钟。 | | | |
| 6.教学反思 | 结合老师点评学生就自己所授课写出教学反思。 | | | |
| 备 注 | | | | |

# 导入技能学习　课目1

导入技能是指教师在课堂教学中处理导入这一教学环节时，利用各种教学媒体创设学习情境、激发学生学习兴趣、启迪学生思维、集中学生注意力，使其主动学习新知的一种教学行为方式。课堂导入是教师引导学生参与学习的过程和手段，它是课堂教学的必需环节，也是教师必备的一项教学技能。

## 一、训练实施

【教学目标】

通过教师讲、学生练的教学，知道并学会课堂教学教材内容的导入方法。

【学习时间】

4学时。

【支持材料】

中学教材、黑板或媒体课件、纸笔。

【导练步骤】

1.训练分组。循环报数，数字相同者为一组，将全班学生分为若干组，每组5~6人，各组确定1名组长，1名执笔人。组长主持讨论，并负责报告讨论结果，记录人负责记录讨论发言。(也可不分组)

2.告知目标。教师告知本课教学目标。(见本课目教学目标)

3.教师讲解。教师讲解相关练习内容的知识。(讲解内容附后)

4.学生练习。学生根据教师讲解的内容要领从教材中任选一节内容，设计一段导入程序。

5.汇报演示。学生面向全体演示教学导入。演示时，可由教师指定几个学生分别演示，也可由各组推荐出学生分别演示。

6.反馈总结。教师用评价表(表16)对演示给予评价，并总结本次教学。

7.布置作业。教师板书课后练习。

表16 导入技能评价表

讲课人__________ 时间__________

| 序号 | 评价标准 | 权重 | A(1.0) | B(0.8) | C(0.6) | D(0.4) | E(0.2) | 得分 |
|---|---|---|---|---|---|---|---|---|
| 1 | 导入能创设良好的学习情景 | 15 | | | | | | |
| 2 | 导入方式选择正确 | 10 | | | | | | |
| 3 | 导入能激发学生学习兴趣和积极性 | 15 | | | | | | |
| 4 | 导入有利发展学生的能力 | 10 | | | | | | |
| 5 | 导入与新知识联系紧密 | 10 | | | | | | |
| 6 | 能自然引入课题,衔接恰当 | 10 | | | | | | |
| 7 | 导入富有启发性 | 10 | | | | | | |
| 8 | 导入语言清晰简练准确 | 10 | | | | | | |
| 9 | 导入时间掌握恰当 | 10 | | | | | | |
| 合计 | | | | | | | | |
| 评价意见 | | | | | | | | |

## 二、导练材料

(一)什么是教学导入

“导”就是引导,“入”就是进入学习。导入技能就是在一个新的教学内容或教学活动开始时,引导学生进入到课堂所学内容上来的教学行为。通过导入,在于把学生引导入一个特定的学习内容中来,因而又叫定向导入。

导入能够引起学生注意,激发学生的学习兴趣,引起学习动机,明确学习目的和建立知识间联系。

(二)导入技能要遵循的原则

1.要具有针对性和目的性

导入要针对教材内容,明确教学目标,抓住教学内容的重点、难点和关键,从学生实际出发抓住学生年龄特点、知识基础、学习心理、兴趣爱好等特征,做到有的放矢。"导"是辅助,"入"才是根本。所以,导入要考虑教学内容的整体,要服从全局,不可舍本求末。

2.要具有科学系统性

导入设计应该建立在科学的教学理论系统基础之上,要确保导入内容本身的科学性,即做到导入内容准确无误。导入的科学系统要素包括人的要素(教师和学生)、物的要素(导入材料)和操作要素。导入材料与教学内容之间存在的逻辑关系是联系以上各要素的主线,是决定整个导入设计的关键因素。因此导入要具有科学系统性。

3.要具有启发趣味性

积极的思维活动是课堂教学成功的关键。富有启发趣味性的导入能引导学生发现问题,能激发学生解决问题,能创造愉快的学习情景,促使学生自主进入探求知识的境界,起到抛砖引玉的作用。前苏联著名教育学家巴班斯基认为:"一堂课之所以必须有趣味性,并非为了引起笑声或耗费精力,趣味性应该使课堂上掌握所学材料的认识活动积极化。"孔子也说:"知之者不如好之者,好之者不如乐之者。"可见兴趣是最好的老师。

4.要具有操作简洁性

导入要精心设计,要确保教学内容符合学生的认知水平和接受能力,在一定的时间范围内,力争用最精练的语言,集中学生注意力,使学生接受或掌握,并在课堂教学中行之有效。可操作性是联系师生与导入内容的桥梁,是课堂导入设计的重点部分。

5.要有关联时效性

事物之间是互相联系的,导入要善于以旧拓新,温故知新。导入内容要与新课内容紧密相连,能揭示新旧知识联系的交点,使学生认识系统化,同时要注意课堂导入只是盛宴前的"小餐",而不是一堂课的"正传",所以时间应该紧凑得当,一般控制在2~5分钟之内,如超过则可能喧宾夺主。

(三)导入主要类型及范例

1.原知识导入

原知识导入主要是利用新旧知识间的逻辑联系,即原知识是新知识的基础,新知识是原知识的发展与延伸,从而找出新旧知识联结的交点,由原知识的复习迁移到新知识的学习上来导入新课。教育学家苏霍姆林斯基说:“教给学生能借助已有知识去获取新知,这是最高的教学技巧。”孔子也说:“温故而知新,可以为师也”。我们通常所说的复习导入、练习导入、类比旧知识导入等均可归入原知识导入。这种导入类型也是最常用的新课导入方法。

**范例:**

数学课“等比数列的概念及计算公式”可以类比“等差数列”导入:由角度制的复习导入弧度制的学习;又如,学习“双曲线的定义及标准方程”时的导入:先复习椭圆的定义及其标准方程,然后将椭圆定义中的平面上到两个定点的距离之和的“和”改为“差”,问学生动点的轨迹是怎样的曲线,然后导入新课,等等。

物理课“实验:研究液体的压强”的导入:先用提问的形式复习压强的定义、公式和单位,让学生进一步巩固学过的知识。然后教师提出:放在水平面的固体,由于受到重力的作用,对支持它的物体表面有压强。液体也受到重力作用,液体没有固定的形状,能流动,盛在容器内对容器底部、侧壁和内部有没有压强?如果有压强,会有哪些特点呢?然后导入新课。又如上“电功率”时,可先用提问的形式复习机械功率的公式、定义和单位,再现一学期前学过的知识。然后教师提出问题:怎样比较电流做功的快慢呢?接着导入新课告诉学生,电流做功的快慢,仅从它做功的多少来考虑是不行的,必须看它们在相同的时间里哪个做的功多,这就跟比较运动快慢和物体做功的快慢相似。

语文课《故都的秋》的导入:现在已是秋天了,秋天来临之际,你感受到了什么,中国历代文人骚客笔下的“秋”又是怎样的情景?中国历代诗文写“秋”,似乎总是“却道天凉好个秋”,或者“秋风秋雨愁煞人”。凄清悲愁是主流:如杜甫《月》的“天上秋期近,人间月影清”,柳永《八声甘州》的“渐霜风凄紧,关河冷落,残照当楼”,马致远《秋思》的“枯藤老树昏鸦,小桥流水人家,古道西风瘦马,断肠人在天涯”;也有些欣喜欢快的调子:如刘禹锡《秋词一首》“自古逢秋悲寂寥,我言秋日胜春朝……”;而毛泽东《沁园春·长沙》则把秋色写得生机勃勃:“万类霜天竞自由”。而郁达夫笔下故都的秋天,又是怎样一番情致……

2.事例导入

事例导入是选取与所受内容有关的生活实例或某种经历,通过对其分析、引申、演绎归纳出从特殊到一般、从具体到抽象的规律来导入新知识,这种导入强调了实践性,能使学生产生亲切感,起到触类旁通之功效。同时让学生感觉到现实世界中处处充满科学。这种导入类型也是导入新课的常用方法,尤其对于抽象概念的讲解,采用这种方法更显得优越。

**范例:**

数学课对“数概念”的导入:请同学们思考这样一个问题，我国政府在1980年提出要使我国工农业生产总值到本世纪末翻两番，因此平均每年的增长率为3.25%。同学们,你们知道这个增长率是怎样算出来的吗？你们想知道其中的秘密吗？本节课我就来和大家共同讨论这个问题。

物理课“向心力”的导入:在大型游乐场中,一般都有过山车,过山车是在两个几十米高的滑梯中间接着一个十几米高的环行轨道,当你通过环行轨道的最高点,头向下时是否担心过安全问题?其实你是安然无恙的,这是为什么呢?再如讲“摩擦力”时的导入:穿旧鞋为什么比穿新鞋容易滑倒？讲“光的折射”时的导入:插入水中的筷子为何看起来向上偏折？讲“压强”时的导入:宽书包带比窄书包带背在身上舒服等实例。又如讲“光的色散”时的导入:晴朗的天空为什么像蓝色的海洋？早晨的太阳为什么比中午更红火？

语文课《就英法联军远征中国致巴特勒上尉的信》的导入:上课之前,先给大家讲一个故事,从前,有两个强盗,为了共同的利益,进入一个富贵的大户人家中去抢劫。由于他们事先勾结了那个大户人家中的仆人,所以一夜之间,将能带走的东西洗劫一空。不能带走的全被毁坏了。顷刻间,昔日富丽堂皇的景象在瞬间化为一片乌有,映入眼中的只是一片断瓦残垣。这个家庭的许多财物都流落在外。几百口人都被杀了,可是唯有一个刚出生的婴儿存活了下来。他长大后,被告知了家中当年的惨况。于是,他发愤图强,终于有一天,他打败了那两个强盗。夺回了本该属于他们家应有的尊严与地位。我们现在只知道,那两个强盗一个叫英吉利,一个叫法兰西。请问:同学们能猜出来那个婴儿是谁吗？那个可恶的仆人又代表什么？那个受难的家庭又是代表什么？

语文课《辛弃疾词两首》导入:今天我们要走近一位精忠报国的英雄诗人——辛弃疾,辛弃疾出生在宋南渡之后的北方沦陷区,在他二十二岁的时候,率北方抗金义军万余人投奔南宋,满怀报国的慷慨壮志。然而南宋朝廷只派他任地方官,并不用他北上抗金。这一天,已是三十五岁的诗人来到赏心亭,眼望美好江山,想到自己来南宋已有十二年之久，而收复中原的事业一筹莫展，重回故土的希望十分渺茫,他百感交集,写下了一首《水龙吟·登建康赏心亭》。

通过这样的实例导入,很容易牵动学生思维,在他们不会解又急于解决的心理之间制造一种悬念,激起学生强烈的求知欲。

3.直接导入

直接导入就是开门见山,紧扣教学目标,要求直接给出本节课的主要内容、基本结构及知识之间的关系来导入新课。这种导入能使学生迅速定向,对本节课的学习有一个总的概念和基本轮廓。它能提高学生自学的效率和质量,适合条理性强的教学内容。

**范例:**

数学课“对数”概念的导入:本节课的课题是“对数”,对数的发明人纳皮尔讲:“我要尽可能来免除计算的困难和繁重,许多人被讨厌的计算吓得不敢学数学了。”法国的拉普拉斯说得好:“对数可以把几个月的计算减少到几天完成, 使天文学家的寿命延长一倍。”同学们学习对数有这么大好处,今天我们就来学习它,并牢固掌握它吧。

物理课“惯性”概念导入:本节课的课题是“惯性”,同学们在乘车过程中,会发生这种现象,每当汽车突然启动时,人会向后倒;当汽车急刹车时,人会向前冲;当车子急转弯时,人有被甩出去的感觉,这是为什么?这是由于存在惯性的缘故。那么什么是惯性呢? 下面我们就来研究这个概念。

语文课《奇妙的克隆》的导入:今天我们一起来学习我国著名遗传学家谈家桢写的一篇科学说明文《奇妙的克隆》。

语文课《出师表》的导入:诸葛亮是中国人民智慧的化身。“三顾茅庐”“火烧赤壁”“六出祁山”等脍炙人口的故事在中国是家喻户晓的。诸葛亮的文才韬略令人倾倒。他撰写的《出师表》是汉末以来表的第一流杰作,文章质朴诚挚,志尽文畅,为后人所钦仰,正所谓“出师一表真名世,千载谁堪伯仲间”(陆游《书愤》),“或为出师表,鬼神泣壮烈”(文天祥《正气歌》)。今天,我们就来学习这篇杰作。(板书)

这样导入新课,简明扼要,迅速集中学生注意力,使学生能积极主动地带着好奇心去听课思考,有利于培养学生的探索精神。

4.趣味导入

趣味导入就是把与课堂内容相关的趣味知识,如故事、典故、历史、游戏、谜语等传授给学生来导入新课。俄国教育学家乌申斯基认为:“没有丝毫兴趣的强制性学习将会扼杀学生探求真理的欲望。”美国著名心理学家布鲁诺也说过:“学习的最好刺激乃是对所学知识的兴趣。”趣味导入可以避免平铺直叙之弊,可以创设引人入胜的学习情境,有利于学生从无意注意迅速过渡到有意注意。

**范例:**

数学课“解任意三角形”的导入:“我的‘法力’无边,能不过河而测河宽,不爬山而知山高,不接近敌阵地而知晓敌我之间的距离。”学生被这些话深深地吸引,教师接着说:“我的‘法’是数学方法,我的‘宝’是正弦定理。”这样顺势导入新课,妙趣横生,激起学生兴趣,使学生乐于接受新知识。再如用这样的趣味问题:"两父子的两父子,三个馒头吃整个,为什么?"导入集合交并计算的概念。

语文课《牛郎织女》的导入:每当夜幕低垂,群星闪烁时,我们仰望天空,隐约中不难发现一条银色的天河,瞪大眼睛仔细看看,发现天河两边有两颗最亮的星星,这两颗星星就是"牛郎星"和"织女星"。民间早就有关于牛郎和织女的传说,今天,我们就来学习牛郎和织女的故事。

语文课《绿色蝈蝈》的导入:猜谜,(课件展示)谜一:"小小诸葛亮,稳坐中军帐;布下八卦阵,捉拿飞来将。"谜二:"耳朵像蒲扇,身子像小山,鼻子长又长,帮人把活干。"谜三:"头小颈长四脚短,硬壳壳里把身安,别看胆小又怕事,要论寿命大无边。"(学生猜谜后课件展示动物的画面)大家说说,你是根据什么把谜底给猜出来的呢?(引导得出结论:根据谜语中讲的特点以及自己平时的观察)对,介绍事物必须抓住事物特点进行说明。今天,我们来学习法国著名的昆虫学家法布尔的一篇科学观察随笔——《绿色蝈蝈》,看看他是如何发现蝈蝈特点的,他又是如何来介绍蝈蝈这些特点的。

物理课"机械运动"的导入:第一次世界大战期间,一名法国飞行员在2000米高空飞行的时候,发现脸旁有一小东西,飞行员以为是小昆虫,敏捷地把它一把抓了过来,令他吃惊的是抓到的竟是一颗德国子弹。这时可以问学生,这名飞行员为什么有这么大的本领呢?什么情况下我们也能顺利地抓住一颗飞行的子弹?又如,上"安全用电"时,可以先讲一则实际的故事:在1977年8月的一天下午,地点是某个镇某个村里,天空乌云翻滚,电闪雷鸣,狂风大作,突然有一根电线杆被风吹倒,架在电线杆上的电线也随着掉在地面上,村里有个7岁的小男孩可能是由于好奇而捡起掉落的电线,结果站定在地面上,小孩的祖母看见了,立即跑去,想把孙子拉回屋里,没想到,反而被小孙子拉在一起了。小孩的父亲为了避雨而从田里跑回家,看到母亲和儿子都被电线拉住,想上去帮他们摆脱电线,结果也被拉在一起了。三代人就这样惨死在一根电线之下。这是一个多么惨痛的教训啊!但是只要懂得安全用电的常识,这样的悲剧是不会发生的。本节课我们就专门来探讨安全用电常识。

5.悬念设疑导入

悬念设疑导入是教师从侧面不断巧设带有启发性的悬念疑难,创设学生的认知矛盾,唤起学生的好奇心和求知欲,激起学生解决问题的愿望来导入新课。美国心理学家布鲁诺说得好:"教学过程是一种提出问题和解决问题的持续不断的活动。"古人曰:"学起于思,思源于疑。"可见思维永远是从问题开始的。这种导入类型能使学生由"要我学"转为"我要学",使学生的思维活动和教师的讲课交融在一起,使师生之间产生共振。

**范例：**

数学课“对数”概念的导入，对数概念十分抽象，许多教师为了突破这个难点呕心沥血，有一位教师是这样做的，她手拿一张纸条，厚0.1mm，她把纸条一次又一次地对折，厚度当然越来越厚，然后她这样告诉同学，这样对折14次，厚度可达同学们的身高；对折27次后，其厚度比喜马拉雅山还要高；对折42次后，厚度超过从地球到月球的距离.接着她问同学们：大家相信吗？如果要使厚度达到从地球到太阳的距离($1.5\times10^9$km)，需要对折多少次呢？两则设疑，立即引起学生的积极思维，他们饶有兴趣地折纸条，折了几次后在教师的指导下，停下来开始动手计算。对折1次，厚度为$0.1\times2=0.2$ (mm)；对折2次，厚度为$0.1\times4=0.1\times2^2=0.4$ (mm)；……对折14次；厚度为$0.1\times2^{14}=1638.4$ (mm) $\approx1.6$ (m)；对折27次，厚$0.1\times2^{27}\approx13421.8$ (m)，这个厚度显然超过了喜马拉雅山的高度(8848m)；对折42次，厚度为$0.1\times2^{42}\approx43.98\times10^5$(km)，这个厚度的确超过了地球到月球的距离($42\times10^5$ km)。为了能使厚度能达到$1.5\times10^9$ km，我们假设需要对折$x$次，则应有：$0.1\times2^x\div106=1.5\times10^9$(km)，对折14次、27次、42次，不管有多繁，总可以用笨方法算出来，现在出现了新问题，$x$的位置特殊，跑到指数位置上去了，这是已知底数和幂的值，求指数问题，用我们过去所学的知识已经解不出来了。那么用什么方法才能解出结果呢？学生迷惑不解但又渴望知道，这时及时导入课题：这就是我们这节课要学习的对数问题。那么什么叫对数？对数又是怎样计算的呢？下面我们就来一起学习。

语文课《罗布泊，消逝的仙湖》的导入：罗布泊，亚洲大陆上的一块“魔鬼三角区”，古丝绸之路就从中穿过。楼兰美女的木乃伊在这里发现；著名科学家彭加木在这里考察时离奇失踪，至今下落不明；探险家余纯顺在这里徒步孤身探险时失踪……像这样的事例在这里可谓层出不穷。甚至有科学家发现，罗布泊一直在移动。罗布泊这个谜一样的世界，神秘的荒原，千百年来人们都为它迷惘、思索、争论，甚至献身。今天就让我们一起走近罗布泊，走近这个神秘的地方。

语文课《荆轲刺秦王》的导入：有一天，诗人骆宾王送别朋友来到易水边，满腹伤感别情，眼望滚滚江水，忽然想起了千年以前在这里曾有过一次壮别，于是写下了一首诗：“此地别燕丹，壮士发冲冠。昔时人已没，今日水犹寒。”这位壮士是谁呢？他(荆轲)“别燕丹”又去干什么？(刺秦王)看了本文标题，你最想知道的是什么？

设置悬念、提出疑问导入新课能充分调动学生的求知欲望，激起学生学习的兴趣，从而成功进入新课。

6.实验导入

实验导入是指通过直观教具进行演示实验或引导学生一起动手实验或利用电教手段，如计算机、投影仪等来巧妙地导入新课。一位数学家说过：“抽象的道理是重要的，但要用一切办法使它们能看得见摸得着。”实验导入新课直观生动，效果非凡。通过实验演示导入能使抽象空洞的教学内容具体化、形象化，让学生在实践中体会，这样导入印象深刻，符合中学生的好奇心理，且这种导入有利于培养学生从形象思维逐步过渡到抽象思维，培养学生的感性认识，同时培养学生的观察和动手能力。

**范例：**

数学课《等比数列前项和》导入：教师利用多媒体引入一场景——就业面试场景：老板对面试的大学生说："在一个月内(按30天计算)每天给你十万元钱，但在这个月内你必须第1天给我回扣1分钱，第2天给我回扣2分钱，第3天给我回扣4分钱，即每一天给我回扣的钱是前一天的两倍。"那么同学们这份合同能签吗？并说出理由。

物理课"闭合电路欧姆定律""一节的导入：先出示一个硬纸盒，盒子里事先装一节干电池，两极各引一根导线伸出盒外。然后把盒子与变阻器连接成闭合电路，分别用演示电流表和电压表测盒子的电流和电压，由于熟悉的干电池被装在盒子里，引发了好奇心。在测量出几组电流和电压的数据之后，画出图线，发现电流随电压的升高而减小，与已学的欧姆定律中电流与电压成正比的结论截然不同，打开盒子，学生看清原来是一节干电池。那么为什么电流与电压不成正比呢？老师趁机提出本节的研究课题。

化学课"分子间的作用力"一节的导入：一上课在黑板上写了一个式子：50mL+50mL≠100mL(即1+1≠2)，学生疑惑不解。接着演示实验：把50mL酒精倒入50mL水中，塞紧塞子，摇晃片刻让学生观察。结果总体积小于100mL，学生十分惊讶，思想高度集中，迫切想弄清原因。这时老师说：你们想知道其中的奥妙吗？那么我们一起学习"分子间的作用力"这一节吧，弄清了本节知识，上述问题就会解释。

语文课欧阳修的《伶官传序》(人教版高中语文第三册)，用"温水锅煮青蛙和开水锅试青蛙实验"说明"生于忧患，死于安乐"的道理，进而顺势导入课文。

利用实验导入，能引起了学生的极大兴趣，激发学生的学习热情，引导学生主动探索问题，从而导入课题来解决问题。

7.创设情景导入

创设情景导入是指根据教学内容的特点运用语言、图片、音乐等手段，创设一定的情景渲染课堂气氛，使学生在潜移默化中进入新课学习来导入新课。前苏联著名教育学家赞可夫说："教学法一旦触及学生的情绪和意志领域，触及学生的精神需要，这种教学法就能发挥高度有效的作用。"这种导入类型使学生感到身临其境，能激发学生的好奇心和求知欲，起到渗透教学目标的作用。

**范例：**

数学课《探索规律》的导入。教师：小时候，大家都喜欢唱儿歌，背儿歌，现在我们就随着音乐共同回到快乐的童年时代。教师放音乐：1只青蛙 1张嘴，2只眼睛 4条腿，1声扑通跳下水；2只青蛙2张嘴，4只眼睛 8条腿，2声扑通跳下水；3 只青蛙 3 张嘴，6只眼睛 12条腿，3声扑通跳下水； 学生不由自主地唱起来：4 只青蛙4张嘴，8只眼睛 16条腿，4声扑通跳下水；老师在黑板上边听边写：

1, 1, 2, 4, 1

2, 2, 4, 8, 2

3, 3, 6, 12, 3

4, 4, 8, 16, 4

教师关录音说：那么n只青蛙呢？学生唱道：n 只青蛙 n 张嘴，2 n 只眼睛 4n 条腿，n声扑通跳下水。教师顺势说：大家回答得很正确，这就是我们今天要学的内容——探索规律。

语文课《鲁提辖拳打镇关西》的导入：首先，运用多媒体（播放《水浒传》电视剧主题曲《好汉歌》），引导学生体会歌中所表达的思想情感和豪迈风格。这首歌，描绘了一幅侠肝义胆、豪气冲天的英雄形象，歌颂梁山好汉除暴安良、替天行道的英雄行为。“路见不平一声吼，该出手时就出手”，同学们想不想知道梁山好汉鲁达路见不平是怎样出手的？那就请看《鲁提辖拳打镇关西》。然后简介作者、作品：施耐庵，元末明初小说家，著有长篇白话小说《水浒传》。《水浒传》，我国古代文学史上四大名著之一，是我国古代描写农民革命斗争的著名长篇小说。它讲述了梁山农民起义的故事，揭露了封建社会的黑暗和统治阶级的罪恶，揭示了“官逼民反”的社会现实。

物理课“密度的应用”一课的导入：请同学们练习下面几道题：(1)人民英雄纪念碑是一块巨大的花岗岩石，那么如何知道它的质量呢？(2)一卷粗细均匀的细铁丝，如何知道它的长度呢？(3)市中学生运动会上的金牌，是否纯金做的？应怎样判断？再如讲“功率”时，先让学生做下面一道题：甲乙两名同学比赛爬楼梯，甲同学体重50千克，在35秒时间内爬到6楼，乙同学体重45千克，在18秒内爬到4楼，已知每层楼高3米。试比较谁做的功多？谁做的功快？

通过情景片段让学生置身于有趣的课堂气氛，触发学生情感，引导学生主动参与，有利于开发学生智力。

8.反例导入

反例导入就是针对学生在学习中常犯的错误或者易被忽略的问题，用反例引起学生注意，启发学生去分析错误的根源，找出解决问题的钥匙来导入新课。反例导入不仅能使学生从错误中吸取教训，而且对于加强概念的理解，培养严密思维的良好习惯都十分重要。

**范例：**

数学课《算术平方根》的导入。教师：一位同学他这样解答了一道题目，同学们请看：

$\because (1-6)^2=(6-1)^2$ $\therefore 1-6 = 6-1$ $\therefore -5 =5$

教师：大家看一看，这位同学做得对吗？那么他错在哪里呢？同学们能不能帮他找出错误呢？然后给学生几分钟思考，学生百思不得其解，这时教师说明，通过我们今天的新课学习——算术平方根，大家就可以找出问题的症结了。

物理课"速度"概念导入。先提出这样一个问题：小明跑了60米，小亮跑了80米，谁跑得快？许多学生不假思索地回答小亮跑得快。老师接着问：火车行了3千米，自行车行了5千米，到底火车快还是自行车快？这个问题有几个学生抢着回答：自行车快。但立即给大家的哄堂大笑否定了。同时许多同学对第一个问题也产生了怀疑。这时教师一针见血地指出，你们上面的问题都错了！但错在哪里呢？今天我们研究了"速度"(板书)这个概念以后，大家就清楚了。

这样导入是对学生常规思维造成易错毛病的有力刺激，使学生印象深刻，从而引以为戒。

"教无定法，教无定则"。中学课堂教学的导入在实际课堂教学运用中要受到诸多因素的影响和制约，还有其他的导入类型或是几种类型的综合导入。

(四)导入设计要领

1.确定导入载体。

导入载体就是与要学习的新内容有关的人和事，它可以是一个事件、一个故事、一个实验、一组资料、一个情境，等等。

2.引出问题。

即从载体中提出新课要回答的问题。

3.告知上课要学习的课题，导入学习内容。

# 讲解技能学习　课目2

讲解是教学过程常用的技能之一，几乎在每一堂课的教学活动中，都有教师的讲解过程。教师讲解技能的熟练程度，直接影响教学的效果。它在具体地运用中有不同的种类和要求。

## 一、训练实施

【教学目标】

通过讲解教材中的一个事实、一个概念、一个定理、一种方法，使学习者知道并学会运用讲解教材的方法。

【学习时间】

2学时。

【支持材料】

中学教材、黑板或媒体课件、纸笔。

【导练步骤】

1.训练分组。循环报数，数字相同者为一组，将全班学生分为若干组，每组5~6人，各组确定1名组长，1名执笔人。组长主持讨论，并负责报告讨论结果，记录人负责记录讨论发言。(也可不分组)

2.告知目标。教师告知本课教学目标。(见本课目教学目标)

3.教师讲解。教师讲解相关练习内容的知识。(讲解内容附后)

4.学生练习。学生根据教师讲解的内容要领从教材中任选一节内容，就教材中的概念或原理、事实、方法、公式及其应用编写一段讲解材料。

5.汇报演示。学生面向全体演示讲解行为。演示时，可由教师指定几个学生分别演示，也可由各组推荐出学生分别演示。

6.反馈总结。教师用评价表(表17)对演示给予评价，并总结本次教学。

7.布置作业。教师板书课后练习。

表17　讲解技能评价表

讲课人________　时间________

| 序号 | 评价标准 | 权重 | A(1.0) | B(0.8) | C(0.6) | D(0.4) | E(0.2) | 得分 |
|---|---|---|---|---|---|---|---|---|
| 1 | 讲解的内容符合学生实际水平与认知规律 | 10 | | | | | | |
| 2 | 讲解内容包含了重要的科学价值 | 10 | | | | | | |
| 3 | 讲解时能提供丰富清晰的感性认识 | 10 | | | | | | |
| 4 | 讲解时突出重点繁简得当揭示本质 | 10 | | | | | | |
| 5 | 讲解时条理清晰、逻辑性强、具有哲理 | 10 | | | | | | |
| 6 | 讲解中注意发展学生的多种能力 | 10 | | | | | | |
| 7 | 讲解具有启发性,能激发学生思考 | 10 | | | | | | |
| 8 | 善于运用比较分析、综合概括、逻辑推理等方法 | 10 | | | | | | |
| 9 | 讲解用词准确,语速适中,语言生动有趣 | 10 | | | | | | |
| 10 | 声音洪亮,面向全体学生注意情感交流 | 10 | | | | | | |
| 合计 | | | | | | | | |
| 评价意见 | | | | | | | | |

## 二、导练讲解材料

(一)什么是讲解技能

讲解技能是教师用语言向学生传授知识的教学行为，也是教师用语言启发学生思维、交流思想、表达情感的教学行为。讲解是学校的主导教学方式,是教学中应用最普遍的方式,讲解技能是教师必须掌握的主要教学技能。

讲解实质上是教师把教材内容经过自己头脑的加工处理，通过语言对知识进行剖析和揭示,剖析其组成要素和过程程序,揭示其内在联系,从而使学生把握其实质和规律。这一转换使书本知识得以活化,其中注入教师的情感、智慧,使得难以理解的词句变得通俗易懂,对学生具有感染力。正因为如此,就使得讲解技能成为其他教学技能无法代替的教学方式。

(二)讲解技能的一般使用范围

教学中,对下面的一些问题可以使用讲解技能:

事实性知识的传授,如无理数发现的历史事实；欧姆定理发现的过程;文学作品产生的背景及过程;某一学科知识和方法的综合、概括、总结;某一学科知识应用的引导、定向;对定义、定理、定律的内涵、外延的引导性分析;对定理、例证的证前分析,证后总结;课题的揭示与释义;组织学生讨论、自学的要求和最后的总结;对问题的板书、投影、录像、计算机演示、实验等的讲解说明、揭示及分析;与其他教学技能相配合的说明等。

对这样一些教学活动可组织恰当的语言,给以讲解,都能取得较好的教学效果。

(三)讲解技能的类型

课堂讲解大致可分为以下四种类型:

(1)解释型讲解。一般用于概念的定义、题目的分析、公式的说明、符号的翻译等。例如数学教材中的“∥”、“⊥”、“≌”等符号的含义、读法。物理教材中 “m”、“Ω”、“kg”、“C”、“ $\rho$ ”、“ $R$ ”、“ $I$ ”、“ V”、“W”等符号的含义、读法。语文教材中课文的文体结构形式、语句的语法修辞、写作方法、词汇搭配等。

(2)描述型讲解。主要用于抽象概念的描述,例如点、线、面、力、功、质量、比喻、排比、论证、拟人等。

(3)归纳型讲解。主要用于命题、定理、法则、公式的获得,应用于原理、法则的证明。这是中学各科课堂讲解的主要形式之一,它一般是从提供具体事例入手,对具体事例进行观察、比较、分析,然后归纳出一般结论。 如从各种内容的记叙文归纳出记叙文的结构和写法。

(4)演绎型讲解。主要用于定理、法则、原理的应用,它是应用一般的原理,推出特殊情况下的结论的讲解。例如,讲完一个概念、一条定律(理) 、一个原理、一个写法后,用具体事例、过程加以说明,或在一个具体情景中加以应用,就是演绎型讲解。

(四) 讲解技能在教学中的体现

1.语言清晰流畅

讲解是通过语言对知识的剖析和揭示,展示其成分和发展过程,揭示其成分的内在联系。使用语言的质量和方法,直接关系到信息接收的质量,更重要的是关系到学生将接收到的信息在头脑中加工的速度和质量。

教师要语言准确,发音清晰,保证全班每个同学都能听清楚。讲解的语言特点应该是"紧凑的"、"连贯的"。语音、语速、语调、音量应适合讲解内容和情感的需要。教师讲解的语音、语调一定要有节奏,有轻重缓急之分,要使学生收到的信息清楚。语速要有利于学生对信息的分析和储存,有利于学生建构新的认知结构,有时还要使学生能写下有关笔记。教师的情感因素中,最主要的是热爱学生,热爱科学,教师必须利用语言技能注入这种情感。教师阐述科学事实的句子要确切、明白。

讲解过程中要有恰当的"停顿"。知识教学中不能处处"连续"。教师经常针对某一学科问题,有目的的用"间断"的语言讲课,即两句阐述内容的语言之间,给以恰当的"间断",在时间上给以间隔,让学生用自己的思考把"间断"了的思维活动"连接"起来,这是教师在课堂上为学生创设思维情境的一种手段。

讲解要有"吸引力"。教学中完全使用课本语言必定呆板、生硬,增加学生的思维困难,不会有好的教学效果。教师必须经常使用富有感染力的、生动形象的语言去启动学生的有意注意。把深奥的道理形象化,把抽象的概念具体化,把简单的问题趣味化,紧紧吸引住学生,使学生的有意注意保持在课堂的始终。

2.使用例证

举例说明是进行学习迁移的重要手段,例证将熟悉的经验与新知识联系起来,是启发理解的有效方法。使用例证时应该注意以下几方面:

(1)举例内容恰当,能正确反映教学内容中的概念原理。

(2)例证要适合学生的认识水平,应是教学内容所涉及的一类事物中的典型事例,便于学生分析概括,符合学生的经验和兴趣。

(3)例证不在于多,而应对例证与原理、法则、方法之间的关系分析透彻,注意分析,这样才能使学生举一反三。

(4)正确使用正面例证和反面例证。学生容易从正面例证中获得新概念、新规律,当他们初步理解了新知识后,必要时再使用反面例证可使学生加深理解。

例如,讲"同底数的幂相乘的运算法则"时,先让学生对如下的几组数和代数式的计算结果进行比较:

$2^2\times2^3$与$2^5$,$10^3\times10^5$与$10^8$,$a^4\times a^6$与$a^{10}$。当学生得出每组数的计算结果都相等,获得比较充分的感性认识之后,再让学生考虑$a^n\times a^m$的结果,学生就不难得到$a^{n+m}$,即"底数不变，指数相加”的结论，并能较牢固地掌握这一运算法则。

又如，不等式$a^2+b^2\geqslant 2ab$和$\frac{a+b}{2}\geqslant\sqrt{ab}$成立的条件是不同的，前者只要求$a$、$b$都是实数，后者则要求$a$、$b$都是正数；而不等式$a^3+b^3+c^3\geqslant 3abc$和$\frac{a+b+c}{2}\geqslant\sqrt[3]{abc}$，对前后两者的要求都是一样的，即$a$、$b$、$c$都是正数。有的学生因为对不等式成立的条件没有搞清楚，生搬硬套，容易发生如下的错误：

$$\frac{(-1)+(-4)}{2}\geqslant\sqrt{(-1)+(-4)}=2$$

教师应利用这样的反例以加深学生对不等式成立的条件的理解。

反例用来提醒学生，解决学生对数学或物理问题认识的缺乏，加深对问题的理解和认识。由于不能完全预测课堂上的情况，需要反例之处，教师可能一时举不出来，因此教师必须在这方面进行积累。

(5)其他例证与讲解。一种是相似的例证。以熟悉的例证的研究方法，引导出对新问题的研究方法，这是一种类比推理的方法，也是对学生创造性思维的一种培养。例如：讲相似三角形的判定定理时，常常先举出相应的全等三角形的判定定理；讲究双曲线的性质时，通常类比椭圆相应的性质；讲光波的概念时，常常先举出水波、声波的例子。另一种是能引起学生注意的例证。这样的例证很多，如：有关数学或物理史的故事；数学家或物理学家的贡献及勤奋学习的故事；我国数学或物理界的成就；数学或物理学思想方法；语文作品作者的经历及表达思想的方式方法等。这些都能引起学生兴趣，强化学习目的，激发学习动机，提高学生学习效果，达到讲解的目的。

3.适时强调

强调是成功讲解中一个核心成分。强调将重要的关键信息从背景信息中突出出来，减少次要因素的干扰，有利于学生形成正确的认知结构。新知识结构中的主要因素，它们之间的关系，新知识与旧知识的关系，各种方法和思想，学生在学习中并不一定了解，教学中教师必须采用各种教学技能进行强调，也包括使用讲解语言进行强调。

(1)强调重点内容。指出重点之所在，以及指明这部分知识在更广的知识范围内的作用。

(2)强调关键。教学时，教师必须明确指出关键，才能保证学生思维的集中定向。对关键性的强调讲解常出现在某些科学问题解决的关键步骤、关键概念与定理的使用，以及各种解题方法、写作方法中。

(3)强调思想方法。日常学科教学活动中要注意强调：

掌握常用的学科方法——如数学或物理中的配方法、待定系数法、数学归纳法、比较法、代入法、消元法、换元法、变量转换法、坐标法、构造法、观察、实验、测量、实验和归纳相结合等。通过解题分析与讨论,掌握科学的思维方法——观察、比较、分类、实验、概括、抽象、类比、归纳、特殊化(具体化)、一般化(系统化)等;掌握知识的逻辑方法——演绎法、归纳法、综合法、分析法、反证法、同一法。重视知识的发生过程,对知识中蕴涵的基本思想要充分地揭示出来,并让学生逐步领悟、逐步理解常用的学科思想——如数学中的数形结合思想、函数思想、方程思想、分类思想、化归思想、实证思想等。

(4)强调学习方法。学法指导是学科教学的另一方面任务,是贯彻“学生为主体,教师为主导”的重要方面。学生良好的学习方法是学生迅速、牢固建构新的认知结构的关键之一。教师除了集中讲解学习方法之外,重要的是平时教学中的正确指导。

4.形成连接

讲解结构中的系列化关键问题和相应的阶段性目标之间不是彼此孤立的,它们不仅有时间顺序,而且还有逻辑意义的联系。“形成连接”就是要将讲解中各部分之间逻辑意义的联系交代清楚。在讲解中,要仔细安排各种不同因素的先后次序,选择恰当地起连接作用的讲解说明词语,用于讲解、论证这些因素的关系,使讲解可以连贯、完整、系统地对某知识对象进行阐述。

5.获得反馈

教师的讲解必须在学生认识水平稍高处进行,新知识的讲解,学生是否清楚,学生学的如何,教师必须时时刻刻都要清楚。教师及时了解学生的反馈,这对讲解技能的使用至关重要。

(1)通过眼光和表情的反馈进行调控。教学实践表明,当学生全神贯注地听讲时,他们的眼光与教师的眼光呈交换凝视状态,表情平静而安详;当遇到难题产生认识障碍时,眼光则狐疑呆视,表情则一片迷惘;当百思而不得其解时,眼光变得狐疑呆视或神情木然。那么教师就不应继续引进和展开新的内容,而应该举例做重复讲解。在重讲过程中,如果发现某学生的眼光在不断闪亮,紧锁的眉头一点点放开,则表明大家理解了,这时就可以转入新内容了。

(2)通过提问和发问的反馈进行调控。通过问答式反馈来实现矫正控制,即向学生提出教学内容方面的问题,让他们回答,不仅教师要向学生提问,更要鼓励学生向教师质疑问难,把心中的疑团暴露给教师,这是积极有效的办法。弄清了教学症结之所在就可以向学生发出矫正性信息。解决学生的思维矛盾,引导学生走出认知的误区,构建起完整的学科认知结构。

(四)讲解技能的程序和要求

解释型和描述型的讲解程序为:叙述内容——提示要点——核查理解。

归纳型的讲解程序为:提供材料——指导分析——综合概括——巩固深化。

演绎型的讲解程序为:提出问题——分析探求——提供证据——得出结论。

讲解有以下几点要求:

(1)恰当地运用教学语言。语言表达要清晰、准确、生动、幽默,具有吸引力与感染力;

(2)了解学生。只有充分了解学生,讲解及教学语言才能切合学生实际;

(3)讲解要有科学性;

(4)讲解要有针对性;

(5)注意与其他教学技能的配合使用;

(6)讲解要机动灵活,要随着学生的反应随时进行调整。

# 提问技能学习　课目3

课堂教学中的提问是一项重要的教学手段，它可用于整个教学活动的各个环节，在新课的导入、新知识的讲授、课堂练习、分析归纳等活动中都可用到提问。教师可以根据学生答问时反馈出来的情况，采取相应的措施和方法协调教学活动，或及时改变教学内容、调整教学进度、改进教学方法，从而使课堂教学更有针对性。提问是教师必须掌握的一项基本教学技能。

## 一、训练实施

【教学目标】

通过教师讲、学生练的教学，知道并学会在课堂上对学习内容进行有效地提问。

【学习时间】

2学时。

【支持材料】

中学教材、黑板或媒体课件、纸笔。

【导练步骤】

1.训练分组。循环报数，数字相同者为一组，将全班学生分为若干组，每组5~6人，各组确定1名组长，1名执笔人。组长主持讨论，并负责报告讨论结果，记录人负责记录讨论发言。(也可不分组)

2.告知目标。教师告知本课教学目标。(见本课目教学目标)

3.教师讲解。教师讲解相关练习内容的知识。(讲解内容附后)

4.学生练习。学生根据教师讲解的内容要领从教材中任选一节内容，按知识点设计一组相互联系，能完成一节课教学目标的问题。

5.汇报演示。学生面向全体演示所设计的问题，并说明回答完问题后所能完成的学习任务。演示时，可由教师指定几个学生分别演示，也可由各组推荐出学生分别演示。

6.反馈总结。教师用评价表(表18)对演示给予评价，并总结本次教学。

7.布置作业。教师板书课后练习。

表18 提问技能评价表

讲课人__________ 时间__________

| 序号 | 评价标准 | 权重 | A(1.0) | B(0.8) | C(0.6) | D(0.4) | E(0.2) | 得分 |
|---|---|---|---|---|---|---|---|---|
| 1 | 提问明确,富有启发性 | 10 | | | | | | |
| 2 | 提问准确,紧扣教材重点、难点 | 10 | | | | | | |
| 3 | 问题设计包括多种水平,促进学生思维 | 10 | | | | | | |
| 4 | 能把握提问时机、提问对象水平 | 10 | | | | | | |
| 5 | 提问后适当停顿,给予思考时间 | 10 | | | | | | |
| 6 | 提示恰当、及时,有助于学生思考 | 10 | | | | | | |
| 7 | 提问面广,能照顾到各类学生 | 10 | | | | | | |
| 8 | 对学生回答能客观分析评价,使全班明确 | 10 | | | | | | |
| 9 | 对学生的鼓舞、批评适时恰当 | 10 | | | | | | |
| 10 | 能注意提问方式多样化 | 10 | | | | | | |
| 合计 | | 100 | | | | | | |
| 评价意见 | | | | | | | | |

## 二、导练讲解材料

(一)提问的性质和作用

提问是教学过程中师生之间常用的一种相互交流的教学行为方式，是帮助教师完成教学目标,促进学生学习的教学行为。是教学过程中常用的有效教学行为方式之一。

由于学生学习知识的多样性,不同教学环节中知识的检查、应用、分析、评价、综合对思维要求的层次性,使提问分为检查已有知识和创造新知识两类,又可以叫一般性提问和高级提问。一般性提问通常包括对已有知识的回忆、理解、运用等方面的提问;高级提问通常包括对新知识的分析、综合、评价等方面的提问。一般性提问多用于检查已有知识的记忆、理解和简单的应用;高级提问多用于检查新知识的要素、关系、原理的分析,以及对已有知识进行分析、归纳、概括,从而得到新知识,并对结论的可靠性、科学性进行合理的评价等。

提问在教学中有以下几方面的作用:

(1)检查巩固知识,完成教学环节的自然衔接。多数课堂教学的实际情况是先复习检查学过的知识,再进入新课的学习。通常是教师通过提问的方式进行,学生经过自己的独立思考回答完成。在新课进行的过程中,教师通过提问对重、难点的知识点进行强化、分解,加深学生对知识内在的联系及理解。在小结与反馈阶段,教师仍以提问的方式获得反馈信息。学生之间的合作交流以及自我评价等环节也是通过提问完成的。提问常常贯穿于教学的全过程,在学生不知不觉中教师通过提问的方式自然地完成了教学环节的过渡。

(2)促进师生交流。在教师提出问题后,学生用表述、说理、举例、论证、板演等方式,展示自己的认知,教师可据此随时了解学生的学习情况,激励他们积极参与课堂活动,从而促进师生之间、生生之间的交流。

(3)掌握学习情况。根据学生对问题解决情况的反馈,教师可以及时了解学生的认知状态,并给予恰当地指导,同时发现教学中存在的问题,及时修改教学方法,调整教学内容,不断调控教学程序。

(4)吸引学生注意力。适当地设置问题,可以把学生引入问题情境,使学生的兴趣和注意力集中到某一特定的专题或概念上,产生解决问题的自觉意向,并最终解决问题,达到学习目的。

(5)开拓学生思维。让学生在解决问题的过程中学会思考,写会分析,学会表达,是课堂提问的真正目的。通过多种问题的解答,可有效开拓学生的思维,培养其分析问题、推理论证等综合能力。

(二)提问应注意以下原则

(1)问题要符合学生的年龄特征和认知水平。

(2)问题的表达要言简意赅,让学生容易抓住题目核心。

(3)问题设置的目的性要明确。课堂提问的目的必须清楚、明确。根据课堂教学的需要,设计目的性明确的提问。比如:复习型提问、理解型提问、应用型提问、评价型提问等。目的明确,提问才有效。

(4)学生对问题的回答,教师要确认和点评,强化学生的学习过程。

(5)问题的设计要合理,提问的时机恰当。

(6)提问要有序。问题的设计要按照课程的逻辑顺序,要考虑学生的认知程序,循序而问,由表及里,层层深入,使学生积极思考,逐步得出正确结论并理解掌握结论,如果前后颠倒,信口提问,只会扰乱学生的思维顺序。

(7)提问要面向全体学生。课堂提问的目的在于调动全体学生积极的思维活动,要使全体学生都积极准备回答教师所提出的问题,不应置大多数学生而不顾,而形成"一对一"的问答场面,或只向少数几名学生发问。不要先提名后提问,也不要按一定次序轮流发问,教师提问的机会要平均分配给每一个学生,这样才能调动全体学生的学习积极性。

(8)提问要有启发性。教师恰到好处的提问,通过提问、解疑的思维过程,达到诱导思维的目的。在提问中,要注意设计展现思维过程的提问,不应满足学生根据初步印象得出的判断,而要强调让学生说明怎样分析理解的道理。问题提出后,适当地给学生思考的时间,以达到调动全体学生积极思考的目的。学生答完问题后再稍停数秒,往往又可以引出该生或他人更完整确切的补充。例如:在圆的教学中,有一个例题,求证:当圆心到直线的距离等于圆的半径时,该直线是这个圆的切线。在画出上述图形后,提出怎样证明$OA$是圆的一条半径,可作以下启发:$OA$与圆心到直线$L$的距离$d$有什么关系?与圆的半径$r$有什么关系?因此点$A$与$\odot A$有什么位置关系?就这样,教师所设计的问题由易到难、由简到繁、由小到大、由表及里,层层推进,步步深入,从而达到"围歼"难点的目的。问题一个一个地提出,又一个一个地被解决,这样学生经历了一个提出问题、分析问题、解决问题的完整过程,有利于启迪学生的思维,提高学生的智能素质。

(9)提问要有探索性。为培养学生的创造性思维,所提问题应有一定的探索性。例如:在利用函数图象求一元二次方程近似解时,对方程$x^2=x+3$的求解所有学生都是将方程化为$x^2-x-3=0$,画出函数$y=x^2-x-3$的图象,观察它与$x$轴的交点得出方程的解。针对此现象,可以设问:"这样画图象麻烦吗?""能否将它看成$y=x^2$和$y=x+3$两个函数图象交点的横坐标呢?""你认为还有几种变化方法?"通过问题的设置,引导学生多角度、多途径寻求解决问题的方法,开拓思路,培养思维的发散性和灵活性。在解决了这个问题以后，还可进一步提问“对于如$x^2=x+3$的方程有几个解？”就这样，把上述解决问题的思路和方法进行了的升华，从而更进一步培养了学生的探索能力。

(10)提问要有适度性。浅显的随意提问引不起学生的兴趣，他们随声附和的回答并不反映思维的深度，超前的深奥提问又使学生不知所云，难以形成思维的力度。对难点问题，要设计由浅入深、由易到难的一系列提问，使学生通过回答问题，逐步突破难点。只有适度的提问，恰当的难度，才能引发学生的认知冲突，即提问要有适度性。第一要注意问题的难度(即问题的广度和深度)。在保证问题一定难度的同时还要兼顾广度，即应考虑到大多数学生的知识、智力水平。只提问少数特定的学生、先点名后提问及按学生座位或学生名册顺序轮流提问等，均不能体现教学要面向全体学生的原则，也不有利于调动全体学生学习的积极性。第二要注意问题的有效度。即对解决学生认识是否有效以及有多大的程度。也就是说首先在提问时要考虑回答该问题学生的整体情况(即学生的理解)，其次要考虑该问题在整个教学中的作用。第三还要注意问题的思考度，即能否从潜意识中激起学生的积极思考。当然在提问时还应尽量避免那些“对不对”之类的无效提问，以及由此引出的简单答复。研究发现有些课堂上热烈的气氛，只是学生揣摩教师心思，投其所好的齐声应付，并非整体性的效果，有时甚至掩盖了真正的无知，这样的提问也是无效的。因此这样的提问效果值得我们去分析、去探讨。

(三)课堂教学中提问的方法

1.导入新课中的提问方法

导入提问多属于检查知识，对已有知识的理解和简单应用，再提出要学习和研究的新问题。这类问题多数属于一般性的提问。

(1)复习已有知识，提出要学习的问题

采用提问的方法复习导入是教学中常用的方法。

物理教学“欧姆定律”一节的教学导入可以设计这样的问题：“说说电流、电压、电阻的定义是什么？”“电压是使电荷定向移动形成电流的原因，电阻反映导体对电流阻碍作用的性质，那么电流跟电压、电阻有怎样的关系？说说你的看法，怎样验证你的猜想？”

数学教学“勾股定理”一节的教学导入可以设计这样的问题：“说说怎样的三角形是直角三角形？”“直角三角形的三边是怎样定义的？”“直角三角形的三边有什么关系？说说你的看法，怎样验证你的猜想？”这样就很自然地导入了新内容的教学。

(2)从学生熟悉的生活实际中，提出问题

可以从学生实际生活中熟悉的现象、物品，及其他学科知识中提出问题，导入要学习的内容。

如物理教学“压强”的导入，可以从缝衣针、切菜刀、锥子等的外形上提问：“它们为什么是这样的？"如"摩擦"的教学，可以从鞋底上、各种车轮胎上的花纹上设置问题："为什么这样做？"再如"重力"一节的教学中，可以从诗句"一江春水向东流"的"科学依据是什么？"中导入新课教学。

数学教学"图形平移"一节的导入，可从火车行驶时位置发生了变化，但形状和大小都没有改变上提问："这是一种怎样的图形运动？""怎样的图形运动才是平移？"从而导入新课教学。

语文《景泰蓝的制作》一文的导入。教师课前找个景泰蓝花瓶，装在纸盒里，一上讲台便对学生说："今天，我给大家带来一件十分名贵的手工艺品。同学们想不想一睹为快？"然后亮出花瓶发问："这个貌似普通，个头不大的花瓶至少值几百元。因为它出身于'景泰蓝'这一名门贵族！""景泰蓝是什么？何以如此昂贵呢？同学们要想弄清这些问题，就请阅读课文吧！"

(3)从实验的好奇中，提出问题

物理教学如"大气压强"的教学中，教师可以先演示用玻璃杯装满水，再用合适的纸片盖上，倒置。水、纸片均不掉下来，可以这样设问："谁给了纸片神奇的力量托住杯里的水不掉下来？"再如"流体的流速与压强的关系"一节教学中，可以先让两个学生用玻璃漏斗吹乒乓球，比赛谁吹的远，让学生看到吹气越快，乒乓球在漏斗上贴得越紧的事实，追问："为什么会这样？"学生一定会对实验现象感到好奇，一定想了解实验背后的道理，这样的导入始终能抓住学生的探究欲望。

2.新课教学中的提问方法

新课教学中涉及学科学习方法，分析证据获得结论，进行综合评价等，多数提问应属于高级提问。

(1)从具体内容中提出问题，渗透学科方法教育

物理"欧姆定律"一课的教学中，要研究电流跟电压、电阻的变化规律，从这个具体的任务中提出："怎样研究电流跟电压、电阻的关系呢？""怎样明确地知道电压或电阻对电流的单一影响呢？"再向学生介绍控制变量的研究方法。初中物理课程中常见的学科研究方法有等效替代、理想化模型、转换、类比等，都可以根据具体的内容设计问题，进行方法的渗透。

数学"数学归纳法"一节课的教学中，要探讨归纳法步骤，提问："数学归纳法可以分为几步证明假设？""为什么要有两步证明过程？每一步的作用是什么？'假设'永远是假设吗？""第二步证明中的$K \geqslant n$。$n$(为$n$取第一个数值)的意义是什么？"则会使学生积极动脑思考，回答这样的提问，不仅需要对知识的回忆，而且还要理解和掌握数学方法，因而也就必然会促进学生思维的积极性，达到教学目的。

语文课《从百草园到三味书屋》一文中，要学习散文的写作方法，可设计成这样的问题："请同学们仔细分析题目：①说说这篇散文的写作顺序是什么？②写作的主

要内容是什么?③用了怎样的写作方法。"这一连串的问题无不扣题而来,既打开了学生的思路,又使学生抓住了文章的主题。问题一提出,老师适当点拨,很快明确了答案:①写作顺序是空间顺序;②写作内容是百草园和三味书屋的生活;③写作方法是对比法。再提问:"我们的分析和课文实际一样吗?"由此很自然地把学生引到了对课文写作方法的把握上来。

(2)从事实和证据中提问,创建新知识

物理课"欧姆定律"的教学中,学生完成实验收集到数据后,教师可适时提问:"怎样从实验数据找出电流跟电压、电阻的变化规律?"学生处理数据可以得出:①电阻不变时,电流跟电压成正比;②电压不变时,电流跟电阻成反比。教师可以接着追问:"上述结论中是电流跟电压成正比,跟电阻成反比,可以反过来说,电压跟电流成正比,电阻跟电流成反比吗?为什么?"这样再总结得出欧姆定律的内容和公式,学生会理解较深入,且对变形公式U=IR和R=U/I的理解也不会太难。

数学课"函数概念"的教学中,用列表方法得到几组现象的数量关系后,教师提问:"怎样从每组现象中找出$x$和$y$,它们有怎样的变动关系?"学生归纳后可得出函数的概念。

语文课《奇妙的克隆》的教学中,在学生通读课文后,教师提问:"什么是克隆?""找出文中直接告诉我们什么是'无性繁殖',什么是'克隆'的语句"? "对'克隆'用了哪些说明方法,并分别找出来。"(举例子、下定义、作诠释)学生归纳后可得出"克隆"的概念和说明的方法。

(3)从对知识的应用中提问,学习综合与评价能力

如物理课学习了"欧姆定律"后,可以让学生比较ρ=m/V与$R=U/I$以及$P=F/S$三个形式相同的公式,提问:"它们表达的物理意义有何不同?" ρ=m/V与$R=U/I$都是比的方法定义的物理量,反映的是物质的属性或特性,它仅跟物质的种类有关,与其他无关。因此,不能说ρ与m、V的正比或反比关系,同样$R$与$U$、$I$也不存在比例关系。而在$P=F/S$中,反映的是压强与压力和受力面积的变化规律,可以说$P$与$F$成正比,$P$与$S$成反比。同样,教师可以再追问:"$I=U/R$,$U=IR$,$R=U/I$,三个式子的物理意义有何不同?"学生通过分析得出$I=U/R$反映的是规律,$U=IR$是物理量的计算式,$R=U/I$是物理量的定义式。这样的提问可以帮助学生学会综合分析,提高评价的能力,提高对规律的理解应用能力。

数学课学习了"四边形的性质"后,可让学生比较各种四边形的异同,然后提问:"它们为什么都是四边形?"以帮助学生学习综合与评价能力。

语文课《奇妙的克隆》的教学中,对"克隆"有了比较清楚的了解后,再来了解一下目前世界在克隆上取得了哪些科研成果。(默读"克隆鲫鱼出世前后"和"克隆绵羊'多利'"两部分)。教师提问:这两个部分作者举了哪些克隆事例?用了哪些说明

方法？克隆绵羊“多利”的诞生，为什么在世界上引起了轰动？这部分作者为什么不按照时间顺序进行说明呢？文中的顺序安排有什么好处？克隆技术造福人类主要体现在什么地方？这一部分的第一段主要用了什么说明方法？有什么作用？

这样的提问可以帮助学生学会综合分析，提高评价的能力。

3.巩固反馈环节中的提问

巩固反馈环节中的提问属于加深对知识的理解和应用方面的提问，属于高级提问。

(1)从知识的内在联系中提问

如物理课“电磁感应”的教学巩固环节中，可以这样设问：“奥斯发现了电流的磁效应，法拉第用什么样的思维方法发现了电磁感应现象？它发生的条件是什么？”学生思考回答后，可以从知识的内在逻辑关系上判断法拉第用逆向思维的方法发现了新的规律，且这个现象的内在影响因素是电路闭合，其中的部分导体做切割磁感应线的运动。

(2)从应用条件中提问

如物理课“电阻的发热跟什么因素有关”的教学巩固与反馈环节中，可以提这样的问题：“由$P=U^2/R$可知，电阻的发热功率跟电阻成反比；又由$P=I^2R$可知，电阻的发热功率跟电阻成正比；电阻的发热功率跟电阻是正比还是反比呢？”学生会思考回答，两者的应用条件不同，它们都是对的。电压一定时，$P$与$R$成反比；电流一定时，$P$与$R$成正比。初中物理中的大部分规律都可以从应用条件上设问，达到巩固知识的目的。

4.小结环节中的提问方法

教学中的小结环节的目的是巩固新知识，反馈教学目标达成度，其中的提问应属于一般性提问，有以下方法：

(1)从本节的知识重点上提问

每节教学内容的小结都可以从教学的重点内容上进行提问：“本节的重要概念、规律是什么？内容是什么？”

(2)从教学的难点内容上提问

每节教学内容结束后，都可以从难点的内容上设问：“你觉得本节内容难的知识点是什么？你学会了吗？还有什么问题？”

(3)从学科的研究方法上提问

每节内容结束后可以从学科的研究方法中提问：“本节内容中你学会了怎样的研究问题的方法？它有什么特点？”

(4)从学生的收获和评价上提问

每节的小结中可以这样提问：“你学到了什么？你在学习中有什么收获和问题？”

# 强化技能学习　　课目4

课堂强化技能是教师在教学中的一系列促进和增强学生反应及保持学习力量的行为方式。课堂强化技能的使用可以使学生在教学过程中将注意力集中到教学活动上，引起学生的学习动机，明确学习目的，促进学生积极参与教学活动，激活教师与学生的双向交流，形成学生的正确行为习惯，使学生因自己的努力得到教师的承认而在心理上得到满足感。

## 一、训练实施

【教学目标】

通过教师讲、学生练的教学，知道并学会课堂教学的强化方法。

【学习时间】

3学时。

【支持材料】

中学教材、黑板或媒体课件、纸笔。

【导练步骤】

1.训练分组。循环报数，数字相同者为一组，将全班学生分为若干组，每组5~6人，各组确定1名组长，1名执笔人。组长主持讨论，并负责报告讨论结果，记录人负责记录讨论发言。(也可不分组)

2.告知目标。教师告知本课教学目标。(见本课目教学目标)

3.教师讲解。教师讲解相关练习内容的知识。(讲解内容附后)

4.学生练习。学生根据教师讲解的内容要领从教材中任选一节内容，按“提出问题—学生回答—反馈评价”的模式设计一个强化程序。

5.汇报演示。学生面向全体演示强化的过程。演示时，可由教师指定几个学生分别演示，也可由各组推荐出学生分别演示。

6.反馈总结。教师用评价表(表19)对演示给予评价，并总结本次教学。

7.布置作业。教师板书课后练习。

表19 强化技能评价表

讲课人______ 时间______

| 序号 | 评价标准 | 权重 | A(1.0) | B(0.8) | C(0.6) | D(0.4) | E(0.2) | 得分 |
|---|---|---|---|---|---|---|---|---|
| 1 | 强化的目的明确 | 10 | | | | | | |
| 2 | 强化能集中学生的注意力 | 20 | | | | | | |
| 3 | 强化恰当自然效果好 | 20 | | | | | | |
| 4 | 强化促进了学生参与活动 | 10 | | | | | | |
| 5 | 能在教学重点关键处运用强化技能 | 10 | | | | | | |
| 6 | 能灵活采用多种强化手段 | 10 | | | | | | |
| 7 | 整个教学过程自然流畅 | 10 | | | | | | |
| 8 | 运用强化时热情情感真诚 | 10 | | | | | | |
| 合计 | | | | | | | | |
| 评价意见 | | | | | | | | |

## 二、导练讲解材料

### (一)强化技能的概念

强化技能是教师在教学中对学生的学习行为采用评价(如各种肯定或鼓励)方法,增强和巩固学生形成的正确行为,增加学习动力,促进学生学习的一种行为方式。斯金纳的强化理论认为,行为之所以发生变化,是由于强化作用。如果一个行为发生后,接着呈现一个强化刺激,行为的强度就会增加。他提出了如下的公式:

反应+强化——增强反应

反应无强化——减弱反应

反应+惩罚——压抑反应

在教学中,学生学习中的进步,一方面依赖于来自教师和学生集体的赞赏等外部强化,当学生的反应中出现教师所希望的行为,教师就立刻进行肯定和强化,使学生的进步得到巩固和加强;另一方面依赖于尝试性预想被证实的内部强化,即教师对学生的反应并不直接进行评价,而是提供线索帮助学生将他的反应与客观要求进行对照检验,促进学生的预想被证实而得到内部强化。这两种强化在教学中同样重要。

教学中,教师对学生的正确行为作出积极地正面反应,会增强学生重复这种行为的可能性。因为每个学生都有一种愿望,希望自己的行为得到他人的肯定和鼓励,以达到心理上的满足,从而产生学习上的自信心。可见,强化技能是唤起学生学习热情和学习自觉性,并不断改善学习方法,提高教学质量的一种重要的教学活动方式,课堂教学也是一个系统,强化技能体现了教师的主导作用,教师熟练掌握强化技能对提高教学质量至关重要。

(二)强化技能的功能

强化分正强化和负强化。如果教师给出的"刺激"能使学生心情愉快,引起学习的兴趣,改变了不良习惯,这种刺激是正强化;如果学生上课不注意听讲,教师让这个学生站着听课,甚至赶出教室,这种刺激是负强化。强化在教学中经常应用,其功能如下:

1.激励学生迸发参与学习活动的内部力量

在课堂上,教师对认真听讲的学生予以表扬或对聚精会神听课的学生予以很高的评价等强化方式的应用,能促使学生把注意力集中到教学活动上,也可以防止或减少非教学因素的刺激所产生的干扰。教师对主动参与教学活动的学生给以鼓励,能使他们本人更主动地参与教学活动,形成热烈、活跃的课堂气氛。实践证明,运用强化技能塑造学生的行为是行之有效的。教师在帮助学生形成良好的行为习惯,如遵守纪律、独立思考、课前预习、课后复习时,对做得好的和有进步的学生经常采用各种赞赏的方式,对学生形成并巩固正确的行为,能够起到很好的促进作用。

2.促进学生改善学习行为,提高学习的效率

在学生的学习方面,承认学生的努力和成绩,能促使学生将正确的反应行为巩固下来。研究还表明,强化不仅能改善学生的行为,还能提高学生学习的数量和质量。这是由于教师有目的地运用强化技能,使学生的正确行为以较高的频率出现的结果。在课堂上,教师提出问题或布置其他学习任务后,当学生做出的正确反应(如回答或操作正确、思维敏捷、见解独特等)符合甚至超过教师的期望时,教师采取适当的强化方式予以肯定和赞许,会使学生因自己的努力得到教师的承认而在心理上获得一定的满足感。这样,就有助于学生把自己正确的反应行为巩固下来。如果

学生的正确反应经常得到强化，学生的学习动机就会增强，学习水平也会提高。

3.帮助学生加深理解，增强记忆效果

对知识的理解是掌握知识过程的环节，运用教学强化，可以增强学生对教材中有关事物的本质和规律的认识，利用已有的知识去认识新事物，或把某个具体的事物纳入相识的概念和法则中去，从而达到知识的掌握。学生在对知识理解的基础上进行学习，可以提高识记的效率，使所学知识在大脑中形成巩固的记忆。

4.提醒学生注意新旧知识的联系，促进知识的迁移

所谓迁移，指已获得的知识、技能、学习方法或学习态度，对学习新知识、新技能和解决新问题所产生的一种影响。迁移现象之所以存在，是因为客观存在的事物是相互联系而又相互制约的，因此由头脑所反映客观事物的知识和经验以及由此而形成的学习能力等也必然是相互联系、相互制约的。迁移在学生掌握知识过程中具有重要意义，当前教育界曾提出“为迁移而教”的口号。学生学习新知识、解决新问题时，总离不开已有的知识经验，因此在教学中利用这些知识和经验进行强化，使之起积极作用，产生举一反三、触类旁通的正迁移作用，既复习和巩固了以前所学的知识，又在向“最近发展区”的迁移中形成新的知识。

(三)强化技能的类型

1.语言强化

教师用语言对学生的反应表明自己的态度和判断，以达到强化的目的，叫语言强化。语言强化可以简明准确地表明学生反应中正确的成分或错误的成分，使学生对自己的反应认识清楚，以便将正确的行为巩固下来，将错误的行为加以改正。

2.活动强化

活动强化是指教师安排一定的活动，对学生在活动中参与和贡献给予奖励，使学生在活动中不断巩固正确的行为，得到自我强化。活动强化的途径主要如下：

有针对性地让学生参与课堂练习等活动；让学习优秀的学生介绍学习经验和体会；课前安排学习好的学生，让他们代替老师完成一节课的教学；适当开展学科竞赛性活动，竞赛中要根据学生的实际进行科学的分组，使每一个学生都能获得不同程度、不同方面的成功。

3.动作强化

动作强化是指教师运用非语言的身体动作，对学生的行为表现，表示自己的态度和情感。有时非语言行为能产生很好的教育效果。动作强化要注意以下几点：

微笑：对学生表示赞许；点头和摇头：对学生表示肯定或否定；鼓掌、举手：对学生的表现表示强烈的鼓励等；拍拍肩、抚摩头、握手、接近等：传递关心、友好等情感。

4.标志强化

指教师运用各种象征性的标志或奖赏物，对学生的成绩或行为进行肯定或鼓

励,使学生获得成就感,更有效地激发学生的学习热情。

(四)强化学生的最佳时机

俗话说"打铁看火候,穿衣看气候",《学记》上也说"当其可时谓时"。激励学生同样也要看"气候",讲时机。所谓把握激励学生的最佳时机,具体是指充分利用学生所处的那种积极的情绪状态,或运用适当的方式和手段,促使学生内心的消极情绪转化为积极情绪,并使其转化为行为,去实现预定目标。一般说来,下列几种情况,可称为激励的最佳时机,应好好把握,不宜轻易错过。

1.学生进入新的情境时

当学生由一个旧情境转入到一个新情境时,就如同转入一个新学校,调入一个新班级,进入新学期、新学年时,便有一种强烈的新感受,加之内心潜伏的自尊心的催化作用,这时学生总是暗暗警告或提醒自己要做出个新样子来。这种朴素的出自内心的动机,能使学生产生一种按新情境的要求调整自己的态度和行为的趋向。

2.学生获得成功时

人的行为都是在某种动机的策动下,为达到一定的目标有目的活动。活动的结果又能反过来作用于行为的动机。我们知道,当行为结果有利于个人时,行为就会重复出现,这就起到了强化、激励作用。如果一种良好的行为长期得不到积极的强化,动机的强度就会减弱,甚至消失。美国著名教育家布鲁姆就曾说:"要让大多数学生在每门学科中都有少量的高峰体验,都受到成功的欢乐。"

3.学生处于困境时

学生在遇到失败、受到挫折、遭到打击时,稚嫩的心灵要承受巨大的压力,有时就好像是掉进了深渊一样。处于这种情形的学生希望他人理解,求得同学、老师支持帮助的愿望特别强烈,教师若能及时表示关怀与理解,伸出热情之手,在力所能及的范围内为他们排忧解难,必然会产生平时难以获得的良好效应。事实证明,同样一次坦诚的交谈,一次假日的家访和一个亲昵的动作,对于在正常情况下和陷入困境的学生在心理上的作用存在着巨大差异。俗话说:"受人一餐,终生难忘。"讲得正是这个道理。

4.学生对过错有悔悟之意时

身心尚处迅速发育成长中的中学生,容易出现这样那样的不是,但只要不是自甘堕落,一意孤行,学生一旦有了过错之后,在各种因素的影响下,经过思想斗争,往往又会出现某种悔悟之意,这种"悔悟"是学生知错改过的开端,也是进行激励的大好时机。

5.学生某种强烈愿望未能实现时

愿望体现了人的需要,需要是影响行为动机的决定因素。人的需要是多方面的,呈现出一定的层次性。在一定时期内,某种需要表现得特别强烈,成为支配人们该时期内行为的主导力量。如果这种需要长期得不到满足,就会极大地挫伤人们的工作热情。学生在学习活动中常常会不自觉地流露出自己的某种强烈愿望。倘若缺乏正确的方法和充分的条件,这种愿望又很难在短时间内得以实现。这时,学生易产生焦虑、懊恼的情绪,影响学习效率。教师应把工作落实到每个同学身上,清楚地了解班上各个学生各个时期最强烈的愿望,尽可能地给他们指出解决理想状态与现实状态之间矛盾的途径;鼓励他们积极创造条件实现那些具有现实可能性的愿望;帮助他们分析形势和认清自身条件,摆脱不合实际的幻想;支持他们确立新的奋斗目标。

(五)强化的具体方法

1.语言强化

语言是人类进行交际的工具。语言强化是指教师以口头语言的形式,对学生的良好行为与表现给予鼓励或表扬,增强学生向教育所希望的方向发展的行为方式。语言强化可以用于活动进行之中的调控活动,也可以根据学生完成任务之后的反馈给予总结性评价,其功能具有支持性和评估性。

语言是教师向学生传递信息的主要载体,因此,语言强化是使用最多、最普遍的强化方式。对学生在听课、回答问题、解答习题、进行实验等学习活动中的正确反应和行为,都可以用语言进行强化。教师语言强化的具体形式有以下几种:

(1)运用恰当准确的词语进行强化

词语的表达方式不同,对学生行为鼓励、强化的程度也不同。具有一般激励作用的言辞有:不错、是、对、正确、好等;具有较强激励作用的言辞有:真好、做得对、讲得对、你这个办法不错;具有很强激励作用的言辞有:好极了、太对了、我真为你高兴等。教师应根据学生的行为表现,实事求是,恰当选用,发挥词语的强化作用。

(2)运用表扬、批评的语言进行强化

例如,当学生回答教师的提问时,教师说:“某同学今天真勇敢,过去从来不在班上发言,今天主动举手回答问题,祝贺你有了进步!”当学生做了好事时,教师说:“谢谢你为大家做了好事。”简短的几句话,就会使学生心里热乎乎的。这样不仅使受到表扬的学生享受到成功的喜悦,得到心理上的满足,而且也为别的学生指出了努力的方向,会有很大的激励作用。再如,对上课不注意听讲的同学,对不完成作业的同学,对学习成绩一度下降的同学,对不遵守纪律的同学等,教师提出批评意见,指出缺点毛病,无疑会起到抑制、纠正错误行为的作用,同样具有强化效果,使之以后不犯或少犯类似错误。

(3)运用不断变化音量、速度的语言讲解进行强化

教师讲解时语调有高有低,语言速度时快时慢,这样可以使学生的心理活动集中指向重要的活动内容,防止学生注意力分散或做小动作的现象,也能起到强化的

作用。

2.动作强化

动作强化指教师用非语言的身体动作，对学生的表现给予肯定或鼓励的行为方式。这种强化也称体态语强化。据心理学家研究发现,这种非语言因素传达的信息,占人的信息交流的60%以上。在课堂教学中,如果教师的动作强化常伴随语言强化同时出现,往往能获得更好的强化效果,这是由于学生能够更强烈地感受到老师的鼓励和肯定。一般来说动作强化有以下几类:

(1)手势:如:鼓掌、伸出大拇指,对学生的表现给予强烈的鼓励和支持。

(2)目视:对学生的表现表示关注或鼓励。应当注意,教师的目光一般不应在某一学生的身上停留太久,否则该学生会感到不自然,分散其注意力。当然,教师若用目光长时间注视着某一位学生,则表明教师注意了该学生的不良行为,同时也是一种警告。

(3)点头:对学生的表现给予肯定。

(4)接触:教师接触学生,如轻轻地拍拍肩、摸摸头、拥抱等,能起到关心、肯定、鼓励的作用。

(5)接近:教师走到学生身边,倾听他们的讲话,观看他们的活动,或参与他们的活动等,以表示对学生的关心和支持。

3.标志强化

标志强化是指教师运用一些醒目的文字、符号、色彩对比等书面语,对学生的学习成绩和行为进行肯定和鼓励,以强化教学活动的行为。使用符号标志的目的在于突出教学的重点、难点,引起学生对教学内容的注意,将新旧知识进行联系和对比,多元评价学生的学习行为和作业完成情况。标志强化的具体措施有:

(1)在学生作业中加评语五星等。

(2)在讲评重点、关键内容的板书中加标志符号,或加彩色圆点、彩色曲线等,引起学生注意。

(3)在引导学生观察时,可以用简笔画的形式,用不同颜色的粉笔勾画出事物的外形,引起学生兴趣,指导学生观察,达到掌握知识的目的。

(4)学生在黑板上演算、书写后,教师及时作出评语。

教师根据学生的心理特点设计很多色彩鲜明的符号，用这些符号强化学生的注意,引起学生的学习动机,激发学习兴趣,使学生明确学习的目的,积极主动地参与教学过程,活跃了师生的双向活动,使课堂气氛轻松、和谐、融洽。教师善于利用符号标志强化的技能使教学达到了事半功倍的效果。

4.活动强化

活动强化是指教师指导学生用自己的正确行为相互影响,学生自我参与,自我

活动,达到强化的一种方式,它能起到促进学习的目的。活动强化的方式主要有:

(1)有针对性地进行课堂练习,给学生提供表现的机会,或通过设置问题“陷阱”让学生解答,“先错后纠”,达到强化的效果。

(2)请同学“代替”教师,帮助教师进行演示实验。

(3)给个别学生布置新的、高一级的观察学习和习作练习等,促进学生的学习活动。

(4)采用竞赛性活动。

5.变化强化

变化强化是指教师运用变换信息的传递方式,或变换活动等使学生增强对某个问题的反应的一种强化方式。

6.练习强化

练习强化法是指学生通过重复同一行为来强化学习行为和学习效果。对于重要的知识与技能,教师可以通过让他们多练习直到他们熟练掌握为止。这是目前中小学教学中普遍使用的一种强化方法。练习强化法虽然很有效,但也有缺点。如果过度使用,容易使学生感到枯燥、厌烦,从而把学习看成是苦涩的事情。

(六)强化的要求

1.目的明确,有的放矢

在运用强化技能时,应根据教学目标,有目的、有选择地对学生的反映进行强化。只有教学目标明确,教师才能充分发挥其主导作用。根据条件反射说的“塑造”理论,教师在运用强化技能时不仅要做到教学目标明确,而且要使教学目标具体化(包括知识和方法,智力和能力,重点和难点以及思想品德等方面的内容)。要进行教学目标的有效强化,就必须明确应该强化什么,从哪些方面进行强化,运用哪些强化技能,在课堂教学中,教师不必对学生所有的正确反应都给予强化,而应当对与达到教学目标有密切关系的正确反应予以强化。这样才能达到调动学生学习的积极性、控制和调解学生学习的最佳状态的目的。

2.态度真诚,争取支持

强化是为了塑造学生良好的行为,而一个人要改变自身已形成的各种行为习惯常常会伴随不愉快的情绪体验,所以,教师在运用强化技能塑造学生行为时,首先,态度要真诚。教师客观、真诚的态度能使学生受到鼓励,学生乐于接受教师的建议,产生愉快的情绪体验,从而顺利地形成正确的行为。其次,教师要做到实事求是、准确合理、恰如其分。不恰当的强化,如过分夸大学生反应的正确程度,教师的语言、表情过分戏剧化等,将会使学生感到别扭,甚至被学生认为是虚假的,而适得其反。再次,强化要融入师爱。一旦学生感受到这份情感,就会努力奋进,塑造自己良好的行为。最后,强化要让学生体验到成功的乐趣,体验到学习的愉快,从而增强信心,产生强大的精神动力,推动其不断进步。

3.把握时机,适时运用

在课堂教学中,若教师进行长时间地讲解,除了个别学习意志坚强的学生外,大多数学生都会进入一种疲劳麻木的状态,因而对教师的讲解视而不见,听而不闻。因此,教师在教学过程中应把握好强化的时机,灵活的运用强化技能,不断地刺激学生做出反应,使学生大脑始终处于一种活跃的接受状态,提高强化的有效性,达到使学生接受知识的目的。

4.表扬为主,减少惩罚

操作性条件反射的“消退”原则告诉我们,正强化和负强化并不对立,也就是说正强化增强行为,但惩罚并不一定削弱行为。当某种行为导致奖励的结果,那么这种行为今后重复的可能性将会增强。因此,为了改变学生,使他们能从事某种行为,那么当他们做这件事时,就应该给予奖励;当学生不想做某件事时,他就不再做这件事,也应该给予奖励。学生的成绩不仅可以用分数来奖励,也可以用口头表扬、公开承认(把好的作业张贴出来作为大家学习的榜样)、象征奖励(五星、笑脸、小红星)、物质奖励(点心、奖状)等。这样,被强化的行为就会重复发生,没有得到强化的行为就会逐渐消失。

5.灵活多样,恰当可靠

强化实际上是刺激某种需求，然后通过满足这一需求使强化对象产生更强烈的需求的一种手段。教师在强化时要注意应用的灵活性,对不同班级、不同年龄的学生不求一律,在有目的的同时采用多样强化。因此,教师应研究学生,了解他们的心理需求,以便进行适合于学生心理特征的强化。同时应看到,每一个学生的心理特征都具有某种个人色彩,同一个学生在不同的时期,心理状态也不相同。例如,对年龄较大的学生,不宜采用打断课堂教学、表扬个别学生来进行强化,而在教学将要结束,教师在教室走动时,进行个别表扬,效果更好。对年龄较大的学生可多采用语言强化和标志强化,而对年龄较小的学生可采用动作强化和活动强化。因此,教师在给予强化时不能只单的使用单一的方法,而要做到因人因事,恰当可靠,才能起到强化技能的目的,使强化更具有针对性,否则,强化不但无作用,还会带来不良的后果。

6.及时反馈,增进效果

在学习和练习活动中，将学习和练习的结果信息返回提供给学习者，称为反馈。通过反馈的作用可以让学生看到自己的缺点和错误,激起上进心,及时改正。因此,反馈可以为强化提供活动的依据,改进学习状况和提高学习效率,反馈与强化贯穿于整个学习过程。

教师要让学生知道自己对学习材料的处理情况，而这种处理概况是对学生学习行为的反馈信息。这种反馈信息的获得有三种形式:①由活动方式本身给予的;②由学习者自身检查时发现了自己作业中的错误;③由指导者提供的,指导者通过当面指正或批改作业的形式,使学习者了解到自己哪些地方答错了。

信息的反馈是教学的一种重要因素,可产生反馈的强化作用。当学生了解自己的错误观点之后,就会主动找出差距,调整后继的学习行为。

(七)课堂强化的操作程序

强化的操作可分三个步骤:

(1)教师提出学习任务;(如,解答一个问题、进行一项活动、完成一个实验等)

(2)学生表现完成任务的行为;(如回答问题、操作仪器等)

(3)教师对学生行为进行评价。(如肯定、表扬、奖励、否定、批评等)

# 变化技能学习 课目5

变化技能是最具教师个性特色的教学技能，由教学中具有“变化”特征的教学行为组成。心理学研究表明，任何一种过于长久或单调的活动，都容易引起学生大脑皮层的疲劳，使神经活动受到抑制，从而难以维持注意力，影响课堂教学效果。如果教师以学生为主体，掌握并自觉地运用变化技能，就能调动学生的学习积极性，使之主动参与学习，从而提高课堂教学效率。

## 一、训练实施

【教学目标】

通过教师讲、学生练的教学，知道并学会课堂教学中变化方法的运用。

【学习时间】

2学时。

【支持材料】

中学教材、黑板或媒体课件、纸笔。

【活动过程】

1.训练分组。循环报数，数字相同者为一组，将全班学生分为若干组，每组5~6人。各组确定1名组长，1名执笔人。组长主持讨论，并负责报告讨论结果，记录人负责记录讨论发言。（也可不分组）

2.告知目标。教师告知本课教学目标。（见本课目教学目标）

3.教师讲解。教师讲解相关练习内容的知识。（讲解内容附后）

4.学生练习。学生根据教师讲解的内容要领从教材中任选一节内容，写出对同一概念、原理、现象用不同方式提问和讲解。

5.汇报演示。学生面向全体演示变化的过程。演示时，可由教师指定几个学生分别演示，也可由各组推荐出学生分别演示。

6.反馈总结。教师用评价表（表20）对演示给予评价，并总结本次教学。

7.布置作业。教师板书课后练习。

表20 变化技能评价表

讲课人________ 时间________

| 序号 | 评价标准 | 权重 | A(1.0) | B(0.8) | C(0.6) | D(0.4) | E(0.2) | 得分 |
|---|---|---|---|---|---|---|---|---|
| 1 | 有音量、音调变化 | 15 | | | | | | |
| 2 | 语言有轻、重缓急及停顿变化 | 10 | | | | | | |
| 3 | 有面部表情变化且恰当自然 | 15 | | | | | | |
| 4 | 有手势、头部动作 | 10 | | | | | | |
| 5 | 目光接触学生且能恰当变化 | 10 | | | | | | |
| 6 | 身体移动恰当变化 | 10 | | | | | | |
| 7 | 采用视觉、听觉媒体且有变化 | 10 | | | | | | |
| 8 | 触觉、操作性活动使学生有动手机会 | 10 | | | | | | |
| 9 | 师生相互作用活动有变化 | 10 | | | | | | |
| 合计 | | | | | | | | |
| 评价意见 | | | | | | | | |

## 二、导练讲解材料

(一)什么是变化技能

变化技能是指在课堂教学中，教师用变换信息传递方式或教学活动形式或刺激呈现方式，以引起学生注意、减轻学生的疲劳、激起学生兴趣、启发学生思维的教学行为。

(二)变化技能的功能

教师在课堂教学中运用的变化技能，主要有以下几方面的作用。

1.激发并保持学生对教学活动的注意

注意是学生学习的一个比较重要的决定因素。因此,教师在课堂上组织好学生的注意,是教学成功的重要条件之一。学生的注意,是在学习过程中形成的,教师给教学内容增加一些刺激因素,可以起到指导和控制学生注意的作用,在引起学生无意注意、唤起他们的有意注意时,往往需要教师动用变化技能来实现。比如,教师讲课时声调的抑扬顿挫,演示所呈现的鲜明现象,教学活动方式的灵活多样等,都可引起学生的无意注意,使他们的注意力集中稳定;当讲到重点、难点或关键处时,教师采用一定方式进行强调和提醒,可以唤起学生的有意注意,使他们的注意有明确的指向。

在课堂上,学生只靠无意注意学习,难以完成学习任务;若过分要求他们依靠有意注意来学习,则易引起疲劳,导涣散。在教学中,教师应考虑使学生的上述两种注意有节奏的交替转换。在引导学生的注意做交替转换时,常需要运用变化技能。

2.激起学生的学习兴趣,有利于学生对知识的领会和理解

多样化的教学方式和刺激呈现方式能够激起学生的学习兴趣,使他们精神振作。学生学习知识技能,在很多情况下是从感知开始的。在教学活动中,教师按照感知规律提高学习的感知效果是非常重要的。一般地说,人在几种感官协同活动下,才能获得对客观事物的全面了解。从信息传输理论上看,每一种信息传输通道(与人的感官相对应)传递的信息效率是不同的(表21),容易疲劳的程度也不同。

**表21 几种感官的感知效率**

| 感官 | 感知效率 |
| --- | --- |
| 味觉 | 1.0% |
| 触觉 | 1.5% |
| 嗅觉 | 3.5% |
| 听觉 | 11.0% |
| 视觉 | 83.0% |

在教学中,教师运用变化技能适当地变换信息传输通道,可以有效、全面地向学生传递清晰而有意义的教学信息,使学生较好地领会和理解知识。

3.为不同水平的学生创造参与教学活动的条件

教师调动学生积极主动地参与教学,是启发式教学的特点。而引导学生主动参与教学的前提是,教师呈现给学生的教学内容必须能引起学生的思考和反应。由于学生在认识水平和学习能力上存在着差异,不同的学生对各种信息传递方式的易接受程度是不相同的。

教师在向学生呈现教学内容(传递信息)时,运用变化技能有针对性地对不同

水平的学生采取不同的表达方式,就能使学生比较顺利地接受信息,进行思考并做出反应。比如,让学生分析“一元二次不等式的解集为全体实数的条件”时,对程度较好的学生可以只用语言提问, 对程度差一些的学生可以用二次函数的图象启发思考。采用灵活变化的方式进行教学,可以调动更多的学生积极主动地参与课堂教学活动。

4.有助于形成生动、愉快、和谐的课堂气氛

教师运用变化技能可以把课上得充满生气,既能显示出教师的学识和能力,又能体现循循善诱、诲人不倦的师德,还有利于师生间的感情交流,形成愉快、和谐的课堂气氛。可以说,变化技能的运用是形成教师教学个性与风格的主要因素之一。

(三)变化技能的构成要素

教师在课堂上所采用的变化方式,有的是在课前设计好的,有的则是在教学过程中就具体情况采取的灵活变化。不论在什么情况下,只有明确了变化技能的构成要素,才能更好地运用它,发挥它的作用。

变化技能的构成要素主要有:

1.做好铺垫

当教师要改变教学方式时,在变化前要做好铺垫,使变化的出现流畅自然,而不是突如其来。这样,既能引起学生的注意,又保持了教学活动的连续和一致。比如,在讲解“对数函数性质”之前,可以用语言叙述指数函数的性质,再说明指数函数性质是根据指数函数图象归纳出来的。这样,为对数函数图象做了铺垫。

2.变换方式

在特定的教学环境中,根据教学内容和学生的听课情况,教师变换信息传递方式或教学活动形式进行教学。有的是为了引起学生的注意(如停顿、手势、目光接触等),有的是为了充分调动学生的感官、帮助学生领会学习内容(如教学媒体的变化),有的是为了活跃、调动学生参与(如相互作用形式的变化)等。

变换方式是变化技能的主要行为。

3.师生交流

教师在课堂上所采用的变化方式,应当得到学生的回应。在进行变化时,教师要注意学生的反应,一定要有(甚至加强)师生间的交流。这样,才能使变化发挥应有的作用,达到预期的目的。

(四)变化技能的类型

变化技能分为教态的变化、教学媒体的变化和相互作用的变化,在课堂教学实际中,教师经常交替运用各种变化技能。

1.教态的变化

教态的变化是指教师说话的声音、表情及身体动作等变化。这些变化是教师教

学热情的具体体现。教态的变化不需要借助其他工具就可以实现,是最基本、最常用的变化技能。

(1)声音的变化。声音的变化包括语调、音量、节奏和语速的变化。这些变化对吸引学生的注意有显著效果,可使教师的讲解更加生动并富有感染力,还可以突出重点。比如,教师在“三角函数”中讲解了诱导公式之后,通过加大音量,放慢语速强调“奇变偶不变,符号看象限”。可起到引起学生重视,加深印象的作用。

(2)目光接触的变化。目光接触是人与人之间感情交流的重要方式。在讲课时,教师要面对全班,运用注视全班和注视部分学生相结合的方法与每个学生都有目光接触。目光接触可以表达教师对学生的期待、鼓励、探询等情感,也可表达对学生的暗示、警告和提示;从目光接触中教师还可以获得反馈信息,了解学生的兴趣和理解程度。

(3)表情与动作的变化。人的非语言的面部表情和身体动作又称体态语,它可以传递丰富的信息。在课堂上师生的交流中,教师的体态语变化也起着重要的作用。

(4)身体位置的变化。教师在课堂上身体位置的移动大体有两种情况。一种是讲课时在讲台附近适当地走动,使学生能看到黑板的各个部分;另一种是在学生活动时,在学生中间走动,教师走到学生中间,缩短了师生的空间距离和心理距离。教师在课堂上的走动要轻而缓,姿态大方自然,以不分散学生注意为宜。

(5)停顿。停顿在特定的情况下传递着一定的信息。在教学过程中,教师采用停顿是集中注意或引起思考的一种有效方式。停顿的时间可长可短,一般以不超过5秒钟为宜,恰当地运用停顿并与声音变化结合起来,会使人感到讲课具有节奏感而不觉得枯燥。

在教学中,教师的教态变化往往是上述各种变化的综合应用。

2.教学媒体的变化

在教学中,教师运用不同的教学媒体变换信息通道,尽可能地调动学生的不同感官,向学生传递教学信息。

(1)视觉通道和媒体。视觉教学媒体是多种多样的,有板书、图表、投影片、模型、实物、演示实验、录像片及电脑软件等。视觉通道是各种感官中效率最高的,视觉媒体具有直观、形象、生动的特点,很能吸引学生的注意、激发他们的兴趣。但是只使用视觉媒体(或仅使用一种视觉媒体)容易使学生感到疲劳,应注意变换。比如,教师在讲椭圆之前,条件许可的情况下,可以带学生去看一下汽车油罐横截面的轮廓。在黑板上画直线、抛物线、圆和椭圆的图形。首先给学生直观感觉,然后用细绳、画图板和铅笔画出一个椭圆,最后给出椭圆的定义,推导椭圆标准方程式,运用视觉媒体的变化配合讲解,对学生理解知识有很大的帮助。

(2)听觉通道和媒体。听觉通道传递教学信息的效率虽不如视觉高,但学生不易疲劳,且能为学生展开想象留有余地。听觉通道在教学中作用率最高,通常占中学课堂的70%。当前使用的一些教学媒体,如录像片、教学电影、电脑多媒体软件(光盘)等,都是视听结合的。在教学中,将一些教学媒体与教师的讲解、提问交替使用是完成教学任务的主要方式。

3.相互作用的变化

在课堂上,教师、学生、教学内容三者之间存在着相互作用。在教学过程中进行着一系列活动,每个活动都可能以教师与全体学生、教师与个别学生、学生与教学内容、学生与学生之间相互作用的方式进行。相互作用的变化主要有师生交流方式的变化和学生活动方式的变化,相互作用的变化可以促进学生的学习。

在教学中,教师应采用多种方式与学生交流(如让学生回答问题、发表见解、提出疑问等),了解学生的想法和问题。教师还应根据需要安排一定的时间用于学生的个别学习、小组讨论和做实验等,激发学生的学习主动性,培养他们的能力。

(五)变化技能的应用要点

1.要有明确的目的

所有变化技能的运用都应当是有目的的,为实现教学目标服务的。过多盲目的变化不仅不能促进学生的学习,反而会起干扰作用。

2.要有针对性

要针对学生的认识水平、能力、兴趣以及教学内容和学习任务的特点选择恰当的变化方式。

3.要把握分寸

教师运用变化技能要适度,有分寸,不宜夸张。授课不同于表演,尤其是教师教态变化的强度和幅度都要恰当,否则会喧宾夺主,产生消极作用。

4.做好计划和灵活运用相结合

在教学中采取的主要变化方式要在课前做好计划,但有时还需要根据课堂上的具体情况,及时灵活地运用变化技能,帮助学生理解知识或解决疑难。

以下是几个运用变化技能的实例:

**示例1**

在数学"三角形按边分类"一节的教学时,让学生在课前准备4组(每组3根)不同长度的小棒:3厘米、4厘米、7厘米、9厘米。并让学生在课堂上自己动手摆三角形,结果出现了三种情况:

①三条边都相等;②两条相等;③三条边都不相等。

然后引导学生观察每种情况中三角形三边的特点,进而推出结论。也有些学生用自己的小棒摆不成三角形。教师可故作惊讶地问:"有这样的情况吗?"并让一名学生上前演示,同时启发学生思考存在的问题。通过操作变化,使学生悟出:"三角形两边之和大于第三边。”这样教学,使学生在愉快的教学中掌握了三角形的相关知识,同时也拓宽了学生的知识面,为今后的学习做了铺垫。

## 示例2

教“乘法分配律”时,一般教师都是按书中给出几组乘法分配律的算式,让学生分别进行计算,得出结果相同,进而归纳出结论。这样教学会使学生产生一种平铺直叙、枯燥无味的感觉,也就不能引起学生的学习兴趣,唤起学生强烈的求知欲,教学就显得没有新意。比如,有教师是这样教学的,先出示一道应用题:“王新买了5本练习本和5支铅笔,每本练习本4角钱,每支铅笔2角钱。问王新买练习本和铅笔共用多少钱?”

学生理解题意后,运用两种方法解答。而后引导学生分析两种方法所列算式的特点,即4×5+2×5=(4+2)×5,两个算式的结果相同,我们就把像这样的两个算式的形式叫作乘法分配律,然后再列出几组乘法分配律的算式,如:(18+7)×6,18×6+7×6,20×(15+9),20×15+20×9等,引导学生找出规律,不但掌握了新知识,而且训练了学生归纳、推理、概括的能力,使学生的思维能力也得到了提高。

## 示例3

教完“分数乘、除法应用题”和“百分数应用题”后,为了便于学生系统梳理,有教师设计了这样的一组练习:

①甲数是5,乙数是4。甲数是乙数的几分之几(百分之几)?甲数比乙数多几分之几(百分之几)?乙数比甲数少几分之几(百分之几)?

②甲数是5,甲数是乙数的4/5。乙数是多少?甲乙两数的和是多少?

③乙数是4,甲数是乙数的3/4。甲数是多少?甲乙两数的和是多少?甲乙两数的差是多少?

这些变化条件和问题,没有机械重复,却使学生熟悉了这些数量关系的基本结构,从而提高了解答分数、百分数应用题的能力。

# 板书技能学习　课目6

板书是教学过程中,教师配合语言、手势等,运用文字、符号、图表等向学生传递信息的教学行为或教学工具,是教学中最常见的教学行为。板书虽然简洁,但它既是对讲课内容提纲挈领的概括,又是学生学习的脉络。板书的内容如同一棵大树的树干,各个零碎的知识点就如同树上的片片树叶,学生看板书可以站在一定的高度将这些知识点连缀起来,形成一棵茂盛的知识大树。板书的功能还在于它可以制造教学停顿,给学生以思考的时间。

## 一、训练实施

【教学目标】

通过教师讲、学生练的教学,能将课堂教学内容设计成主板书,以提纲或条目形式及其他形式清楚地表示在黑板上。板书内容要恰当地反映教材的主干与系统,条理分明能体现知识内在联系。

【学习时间】

4学时。

【支持材料】

中学教材、黑板或媒体课件、纸笔。

【导练步骤】

1.训练分组。循环报数,数字相同者为一组,将全班学生分为若干组,每组5~6人。各组确定1名组长,1名执笔人。组长主持讨论,并负责报告讨论结果,记录人负责记录讨论发言。(也可不分组)

2.告知目标。教师告知本课教学目标。(见本课目教学目标)

3.教师讲解。教师讲解相关练习内容的知识。(讲解内容附后)

4.学生练习。学生根据教师讲解的内容要领从教材中任选一节内容,设计成条目式或纲要式主板书,并以其他形式写出3~4个随讲随擦的副板书。

5.汇报演示。学生面向全体演示设计出的板书。演示时,可由教师指定几个学生分别演示,也可由各组推荐出学生分别演示。

6.反馈总结。教师用评价表(表22)对演示给予评价,并总结本次教学。

7.布置作业。教师板书课后练习。

表22　板书技能评价表

讲课人________　时间__________

| 序号 | 评价标准 | 权重 | A(1.0) | B(0.8) | C(0.6) | D(0.4) | E(0.2) | 得分 |
|---|---|---|---|---|---|---|---|---|
| 1 | 板书内容恰当,能反映教材的主干与系统 | 20 | | | | | | |
| 2 | 板书条理分明,能体现知识内在联系 | 10 | | | | | | |
| 3 | 板书明确简练,突出重点和关键 | 10 | | | | | | |
| 4 | 板书规范整洁,无错别字,能给学生美感 | 10 | | | | | | |
| 5 | 板画简、快、准,能激发学生兴趣和思考 | 20 | | | | | | |
| 6 | 板书与讲解配合速度适宜 | 10 | | | | | | |
| 7 | 板书有足够大小便于观看 | 10 | | | | | | |
| 8 | 板书能浓缩信息强化记忆 | 10 | | | | | | |
| 合计 | | | | | | | | |
| 评价意见 | | | | | | | | |

## 二、导练讲解材料

(一)什么是板书技能

板书技能是教师配合口头讲授,运用黑板或投影片上的文字、符号、图表和图形等,在课堂上呈现教学内容,传递教学信息的一类教学行为。板书是教学的书面语言,其作用主要有:将讲授内容概括地在黑板上记录和再现出来;把抽象的、难以用口语表达的信息形象地显示出来;将重要的信息保留下来。适当地进行板书和保留板书内容,能激发学生的学习兴趣,便于学生理解、掌握知识的前后联系和对知识的记忆。板书质量的好坏,对教学效果有直接的影响。

(二)板书的类型与形式

传统板书有两种,一种是教师在对教学内容进行高度概括的基础上,提纲挈领地反映教学内容的书面语言,往往写在黑板的正中,称之为正或主板书。主板书一般都作为教案的一部分而事先写好。另一种是在教学过程中作为主板书的补充或注脚而写在黑板两侧的文字或符号,称之为副板书。

板书通常有条目式、提纲式、表格式、图示式、推理式和树形框图式等多种形式。

1.条目式

条目式是传统型板书。教师比较习惯于这种板书。其特点是按照上课的教学流程而设计板书,形式简单,条理性比较强,学生记录比较方便。但是系统性和结构性相对较弱。如下面的条目式板书范例。

**案例1**

**第×节　声音是什么**

一、声音是怎样产生的

1.声音由物体振动产生,振动停止,物体发声停止;

2.声源是正在发声的物体叫声源。

二、声音的传播

1.声音可以在固体、液体和气体中传播;

2.传播需要介质,在真空中不能传播。

三、声音是一种波

声音是以波动的形式向远处传播,声音具有能量,叫声能。

**案例2**

**第×节　匀变速直线运动,加速度**

一、匀变速直线运动

1.定义:一条直线上运动,相等的时间内速度的变化相等。

2.分类:

匀加速直线运动:速度随时间均匀增加。

匀减速直线运动:速度随时间均匀减少。

匀变速直线运动

二、加速度

1.定义:在匀变速直线运动中,速度的变化和所用时间的比值;

2.数学表达式:加速度;

3.单位:在SI制中是:$m/s^2$;

4.说明:加速度是矢量,它的方向:加速,$a$为正值,$a$与$v_0$同向;减速,$a$为负值,$a$与$v_0$反向。

## 案例3

### 第2节　勾股定理

一、正方形与直角三角形

以直角三角形两直角边为边长的两个正方形的面积之和等于以斜边为边长的正方形的面积。

二、勾股定理的内涵

直角三角形两直边的平方和等于斜边的平方。

即$c^2=a^2+b^2$(图略)

## 案例4

### 第×节　反比例函数

1.定义:一般地,如果两个变量$x$,$y$之间的关系可以表示成:$y=k/x$($k$为常数,$k\neq0$)的形式,那么称$y$是$x$的反比例函数。

2.注意:

①常数$k\neq0$;

②自变量$x$不能为零(因为分母为0时,该式没意义);

③当$y=k/x$可写为$y=kx^{-1}$时,注意$x$的指数为$-1$;

④确定了$k$,这个函数就确定了。

2.提纲式

提纲式板书是按教学内容和教师的讲解顺序,以纲目的形式展示顺序要点的板书形式。这种形式通常以精练的语言、序号排列的程式出现,这种板书条理清楚、从属关系分明,能突出教学的重点,有利于学生把握学习的内容结构层次,有利于学生理解和掌握教材结构,便于理解和记忆。

**案例1**

## 第×节　探索勾股定理

1.勾股定理引出

2.三块面积之间的关系

3.得出、证实、求解勾股定理

4.勾股定理解题：

(1)在直角△$ABC$中，∠$C$=______，$a$=3，$b$=4，则$c$值是______，理由是______。

(2)在直角△$ABC$中，∠$B$=______，$a$=3，$b$=4，则$c$值是______，理由是______。

(3)在△$ABC$中，$a$=3，$b$=4，$c$=5，则△$ABC$是________。

5.学习小结：

(1)直角三角形三边满足勾股定理的条件：两直角边的平方和等于斜边的平方。注意：应用勾股定理时应特别注意哪个角是直角。

(2)方法归纳，说说经历观察、操作、交流合作、合理猜想的体验。

6.勾股数确定直角的方法在测量中的应用

7.练习：课本第104页，第1、2题

**案例2**

## 第四节　摩擦力

1.摩擦力的定义

2.影响摩擦力大小的因素

(1)压力大小；

(2)接触面的粗糙程度。

3.增大有益的摩擦力和减小有害摩擦力的方法

4.学习小结

5.练习：课本第×页第1、2、4题

**案例3**

## 第×节　力的概念

1.力的定义

2.力的概念的理解：a.力的物质的属性；b.力的作用的相互性。

3.力的作用效果：a.力可以改变物体的运动状态；b.力可以使物体发生形变。

4.力的三要素

5.力的示意图(图略)

6.作业

## 案例4

孔乙己(鲁迅)

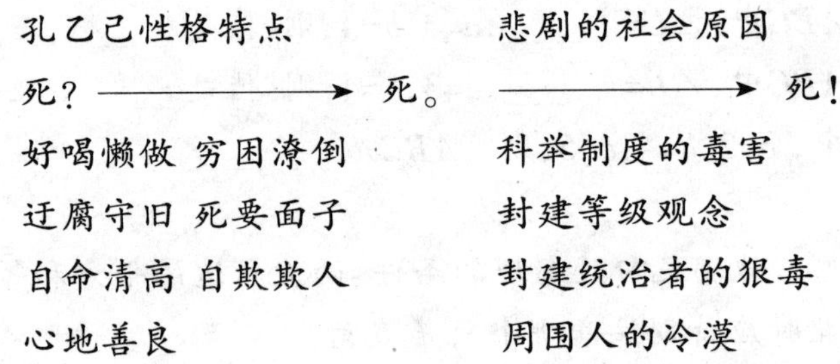


3.表格式

表格式板书是将分散的相关知识列入表格内，既具有归类、比较、总结等功能，又有助于学生掌握某些具有一定联系的概念、规律和事物性质。

4.图示式

图示式板书使用文字、线条、符号、框图等表达的板书，用于揭示事物间的内在联系。具体的板书设计可以根据教学内容综合运用这几种板书形式。一般图示式板书通过使用适当的符号，以框架图的方式将教材内容的相互关系展示出来，呈现教材内容的概貌或者结构，其特点是容易引起和强化学生的感知，直观新颖，令人一目了然。例如，《塞翁失马》一课的教书设计：

《塞翁失马》

失马————得马————折髀————相保

(祸)　　(福)　　(祸)　　(福)

寓意：福祸得失在一定条件下可以互相转化。

5.推理式

推理式板书是把知识间的联系和过程中的因果关系用箭头表示出来的板书。它的特点是简单明了、逻辑性强，便于学生理解。例如，讲授“外力变小，物体加速度变小，速度却增大”的板书设计：

$$f\downarrow \rightarrow a\downarrow \rightarrow v_1=v_0+at\uparrow$$

6.树形框图式

树形框图又称概念图式板书。它以某些知识(或概念)为核心,通过树形框图的形式展示知识内在的联系和关系,用这种板书形式有利于学生梳理和整合单元或者章节的知识,有利于知识的系统化和结构化。比如,中学阶段"数的分类概念"就是用树形图概括的。

(三)板书技能的应用要点

教师要有过硬的板书技能,必须有扎实的基本功。一是要有漂亮的粉笔字,二是要掌握基本的简笔画技巧。而扎实过硬的基本功的获得,则需要教师长期坚持不懈的练习。教师在板书技能的应用训练中要注意以下几点:

(1)板书中的术语、图表、公式、定义等必须准确、规范、科学。

(2)要有计划,通常把教学内容的主干、系统,简明扼要地按层次展开。重要的公式、概念、结构等作为一节课的持久性板书,安排在黑板的中部(即在主板);而把次要的材料,临时性的补充材料作为暂时性板书放在副板,用后擦去。

(3)应布局合理,纲目清楚,条理分明,体现知识的内在联系,并力求简练以突出重点和关键。板书设计要突出美观大方,具有艺术性。即板书的内容要美,板书的形式要美。

(4)应力求文字明确、简练,可以适当地辅以一定的符号,以突出重点和关键。

例如:能量守恒定律:能量既不能凭空产生,也不会凭空消失。它只能从一种形式转化为别的形式,或者从一个物体转移到别的物体。韦达定理:如果一元二次方程$ax^2+bx+c=0(a\neq0)$有两个根$x_1,x_2$,那么$x_1+x_2=\frac{b}{a}$;$x_1\cdot x_2=\frac{c}{a}$。

在这两段段板书中,教师强调了定律、定理的完整叙述,并且突出了关键词语。

(5)应注意语言与板书的主次关系,切不可使学生陷入课上抄笔记,课后背笔记的被动状态。

(6)板书要与讲授相结合,要注意把握好板书内容的顺序及板书的时机。有时可以边讲边写板书,有时可以先讲后写板书,有的可以先讨论后写板书,甚至有时可以先写板书后讲课等。板书的时机和板书内容的顺序,应根据教学的进程来确定,过早和过晚写板书都容易影响学生的思路。

# 结束技能学习 课目7

在一节课或一个完整的教学活动即将结束时,教师总要引导学生对所学知识、技能进行回顾。一方面,通过回顾可以使知识、技能得到“再现”,便于学生复习、记忆;另一方面,教师通过回顾向学生发出学习内容发生转移的信号,可以使学生从心理上,情感上进入结束时所需要的学习状态,以保证结束活动的顺利完成。结束技能是教师结束教学任务的方式。通过归纳总结、实践活动、转化升华等教学活动,对所学的知识和技能进行及时地系统化巩固和运用,使新知识有效地纳入学生原有的认知结构中。

## 一、训练实施

【教学目标】

通过教师讲、学生练的教学,掌握课堂教学教材内容的结束要领,能就所教学的内容用文字设计出一个能够实际呈现的结束文本。

【学习时间】

3学时。

【支持材料】

中学教材、黑板或媒体课件、纸笔。

【导练步骤】

1.训练分组。循环报数,数字相同者为一组,将全班学生分为若干组,每组5~6人。各组确定1名组长,1名执笔人。组长主持讨论,并负责报告讨论结果,记录人负责记录讨论发言。(也可不分组)

2.告知目标。教师告知本课教学目标。(见本课目教学目标)

3.教师讲解。教师讲解相关练习内容的知识。(讲解内容附后)

4.学生练习。学生根据教师讲解的内容要领从教材中任选一节内容,设计一段教学结束材料。

5.汇报演示。学生面向全体演示教学结束。演示时,可由教师指定几个学生分别演示,也可由各组推荐出学生分别演示。

6.反馈总结。教师用评价表(表23)对演示给予评价,并总结本次教学。

7.布置作业。教师板书课后练习。

## 二、导练讲解材料

(一)什么是结束技能

结束技能是教师在完成一个教学内容时,对知识进行归纳总结,使学生把所学知识纳入知识系统的行为。它主要用于课堂教学的最后阶段,其作用主要是重申所学知识的重要性和注意点;概括本单元的知识结构,强调概念、定理、公式以及解题的关键;引导学生总结分析自己的思维过程和思想方法;布置思考题、练习题、作业题,对所学知识及时复习、巩固和运用。

表23 课堂结束技能评价表

班级_____讲课人_______时间_______

| 序号 | 评价标准 | 权重 | A(1.0) | B(0.8) | C(0.6) | D(0.4) | E(0.2) | 得分 |
|---|---|---|---|---|---|---|---|---|
| 1 | 结束阶段有明确目的 | 10 | | | | | | |
| 2 | 结束时安排活动(练习提问小实验等)恰当 | 20 | | | | | | |
| 3 | 结束概括语简明扼要画龙点睛指明重点 | 20 | | | | | | |
| 4 | 布置课外作业明确每位同学都记下 | 20 | | | | | | |
| 5 | 结束环节有利于巩固概念,掌握规律 | 20 | | | | | | |
| 6 | 时间安排紧凑 | 10 | | | | | | |
| 合计 | | | | | | | | |
| 评价意见 | | | | | | | | |

(二)结束技能的类型

1.概括式

这种结尾方式是在课堂结束前,利用较短的时间采用叙述、罗列、表格、图式的方法,把教学的内容和知识结构、思想方法,加以总结概括、强调重点,使学生对整节课有一个清晰的整体印象。它多用于新授课的结尾。其特点是简明扼要、主线分明,配以板书,便于清晰记忆。

2.悬念式

悬念是指那些悬而未解的问题,可以起到刺激思维,引起注意的目的。课堂结尾时可以将现有的教学内容与下一个教学过程要讲的内容发生联系，也可有意不把问题讲透,而设置若干悬念,让学生去思考、讨论,从中悟出道理。

3.消化吸收式

这是在新课结尾时,教师提出启发性的问题,让学生通过研究,做出解答,达到融会贯通,消化吸收的目的。这种结尾方式,教师提出的问题要紧紧围绕新课内容,目的在于消化吸收,不断扩展提高,有利于弥补差生对课堂内容理解上的欠缺。其特点是简单易行,操作方便,能照顾大多数的学生。关键是问题的设计要有明确的目的和要求。

4.点破疑团式

在新课的导入和讲解过程中设置一些悬念,引起学生兴趣,或启发思维,或引发探求的欲望。而这些悬念在讲解过程中如果不宜点破或没有顾及到,那么在结尾时留下几分钟点破疑团,让学生弄清谜底,就显得这节课完整、自然、艺术。

5.串联式

这种结尾是在一个单元或一章学习即将结束时,对章节的前后内容进行串联、整理、比较、归纳,使所学知识系统化、条理化、网络化。它的主要作用表现在为学生提供良好的知识结构,进一步加深理解和巩固。

6.趣味式

新课讲完,下课前留几分钟的时间,针对新课内容,安排一些有利于激发学生兴趣的活动,对活跃课堂气氛,鼓舞情绪大有好处。例如,组织小型竞赛;讲解与内容关系密切的趣事;对概念、定理、法则、公式搞最佳记忆;自编题目,答题比赛等。这种结尾方式使新课在轻松愉快的气氛中结束,从而提高了学生的学习兴趣,增强了信心,虽然下课了,学生还犹如漫步在一座美妙的艺术殿堂之中,余兴未消。

7.预告新课式

这种方式是在新课结束时,对下节课的内容作出预告,目的在于引起学生对下次课的好感,做好下节课的预习工作,引起学生进一步学习的欲望和动力。一般采用投影仪或小黑板,来预告下节课的内容。引导预习工作,也可出现在思考题中,而本节知识不能解决或不能全部解决,诱使学生去思考,去探索,为上好下节课做好准备。

总之,数学课的结束方法多种多样,和导入一样,只要灵活运用,认真选用,一定能取得事半功倍的效果。

(三)结束的程序和要求

结束的一般程序为:

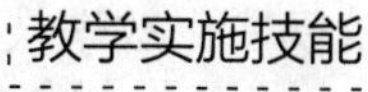


简单回忆——提示要点——总结规律或拓展延伸

结束的要求有以下几方面:及时巩固、强化记忆;语言精练、突出重点;建立联系,形成知识系统;形式多样,引导探索。

## 结课案例

### 示例1

#### 激励学习的结课

师:同学们,今天大家都学得很好,老师有句话要送给大家,这句话的每个字就在下面的这段文字里,分别是(2,8)(9,8)(3,7)(10,3)(6,2) (7,2)。

| | | | | | | | | | | |
|---|---|---|---|---|---|---|---|---|---|---|
| 8 | 有 | 人 | 说 | : | 浮 | 云 | 只 | 有 | 生 | 于 |
| 7 | 伟 | 丽 | 需 | 青 | 山 | 之 | 侧 | , | 才 | 能 |
| 6 | 成 | 就 | 它 | 飘 | 逸 | 与 | 婀 | 娜 | ; | 明 |
| 5 | 月 | 只 | 有 | 有 | 于 | 广 | 袤 | 的 | 蓝 | 天 |
| 4 | 之 | 中 | , | 才 | 可 | 以 | 显 | 示 | 它 | 的 |
| 3 | 清 | 纯 | 与 | 多 | 姿 | ; | 而 | 人 | 只 | 要 |
| 2 | 置 | 与 | 刻 | 苦 | 与 | 勤 | 奋 | 之 | 中 | , |
| 1 | 才 | 能 | 成 | 就 | 自 | 己 | 的 | 理 | 想 | 。 |
| | 1 | 2 | 3 | 4 | 5 | 6 | 7 | 8 | 9 | 10 |

生:人——生——需——要——勤——奋。

师:是的,就是这句话,老师希望你们能勤奋学习,勤奋生活。

像这样的教师寄语,把学生在情感领域的目标积极地反应在课堂教学过程中,学生乐意接受情感教育,既在教学过程中巩固了新知识,又着眼学生的发展与未来,具有积极的导向作用。

### 示例2

#### 二次函数与一元二次方程的延伸式结课

今天这节讲的是二次函数与一元二次方程。主要讲了两个方面的问题:一是用方程的方法研究二次函数图象与$x$轴交点个数以及交点求法问题;二是用图象的方法求方程的近似根问题。其实,这两个问题本质是一样的,就是用数形结合的方法解决问题。为了训练同学们领会并运用数形结合的思想方法解决问题,在完成课本内容之后,下面安排了三个数形结合思想的题型,通过训练使同学们进一步理解数形结合的思想,掌握运用的方法。

题1:当$x$为何值时,不等式$x^2+5x-6>0$成立?

先让学生自己解，多数学生试图类比解方程的方法去解不等式，得出错误结果。

引导学生分析错误原因之后，提示学生，这个问题与我们正在学习的二次函数有什么联系？能否借助函数图象解决这个问题？

仅这一句话，就让学生恍然大悟。

教师点评：此题最好的方法是利用二次函数图象解决，先求出抛物线$y=x^2+5x-6$与$x$轴的两个交点，画出抛物线草图，很容易在图象上观察出当$x<-6$或$x>1$时不等式成立。

题2：已知二次函数 $y=x^2+2mx+m-7$与$x$轴的两个交点在点(1,0)两侧，判断关于$x$的方程？ $1/4x^2+(m+1)x+m^2+5=0$的根情况。

此题有一定的难度，学生能想到解决此题的关键是由$y=x^2+2mx+m-7$判断$m$的范围，但是怎样求$m$的范围成了难点。个别学生想到利用根与系数关系，因为与$x$轴的两个交点在点(1,0)两侧，所以一个根大于1，一个根小于1，由此得知$m$必须满足不等式$(x_1-1)(x_2-1)<0$。由此解不等式可求$m$的范围，虽说能求，但是确实不易想到，并且还要用到许多方程的知识。

教师提示：利用数形结合的方法，根据已知条件画出抛物线$y=x^2+2mx+m-7$的草图，再结合图象去观察，你能有什么发现呢？

学生结合图象发现，$y=x^2+2mx+m-7$的开口向上，两个交点在点(1,0)两侧，说明$x=1$时$y<0$，即$1+2m+m-7<0$，则$m<2$。那么，关于$x$的一元二次方程的判别式：$\Delta=(m+1)^2-(m^2+5)=2(m-2)<0$，方程无实根。

简便的方法使学生对数形结合的数学思想更感兴趣。

题3：判断方程$-x^2+5x-2=2/x$的正根的个数

这时，那些思维快的同学很快得出结论：如果按一般的方法去分母，将会出现一元三次方程，解起来非常困难，如果运用函数的思想，把它们看作是求二次函数图象与反比例函数图象的交点问题，利用函数图象解题就非常轻松了。

把左边的二次函数$y=-x^2+5x-2$，可知顶点在第一象限，右边看作反比例函数$y=2/x$图象也在第一、三象限，并且两个图象在第一象限有两个交点，所以方程有两个正根。

感悟：数形结合是初中数学的一个重要方法，通过一定训练使同学们领会其中的思想并能根据问题的特点灵活、巧妙地运用，对提高综合能力非常有益。

## 示例3

### 反比函数课的结尾

今天通过生活中的例子，探索学习了反比例函数的概念，我们要掌握反比例函数是针对两个变化量，并且这两个变化的量可以写成$y=k/x$的形式 （$k$为常数，$k\neq$

0)，同时要注意几点：①常数$k\neq0$；②自变量$x$不能为零(因为分母为0时，该式没意义)；③当$y=k/x$写成$y=kx^{-1}$时，注意$x$的指数为$-1$。④由定义不难看出，$k$可以从两个变量相对应的任意一对对应值的积来求得，只要$k$确定了，这个函数就确定了。

作业：P145-146，1、2、4

## 示例4

### 摩擦力课的结尾

1.今天通过生活中的例子和实验，学习了摩擦力的概念，了解了影响滑动摩擦力大小的因素，下面再做几个题，以巩固今天所学的知识。

(1)在日常生产和生活中，下面哪个措施的目的是减小摩擦(　　)

A.在机器的转动部分加润滑油

B.自行车紧急刹车时用力捏闸

C.汽车轮胎上有很多花纹

D.北方下雪时，常在道路上洒些灰渣

(2)体操运动员在上单杠之前总要在手上涂些镁粉，是为了______摩擦，采用的方法是______；而在杠上做回环动作时，手握杠又不能太紧，这是为了______摩擦，采用的方法是____________。

2.小结

(1)不论哪种方法都是由“摩擦力大小的决定因素”中得出的。

(2)摩擦可分为滑动摩擦、滚动摩擦和静摩擦。

3.思考题：自行车轮胎没气的时候为什么骑起来费力。

4.课后探究

课题：摩擦与我们。

组织形式：学生小组活动。

活动目的：通过对日常生活的观察和研究，写出对于我们日常活动密切相关的摩擦的认识。

活动流程：提出问题；制订计划与设计实验；进行实验与收集数据；分析与论证；写出专题报告，进行交流。

## 示例5

### 一次函数课的结尾

1.总结：今天我们学习的内容是，一次函数、正比例函数的意义和表达式。在具体问题中，如果涉及两个变量且只包含一个等量关系时，常用两个字母表示这两个变量,通过建立函数模型来解决问题。

2.注意,识别一个函数是否为一次函数(或正比例函数)的关键是理解它们的意义,能将式子转化为其一般表达形式。

3.延伸拓展:某公司到果园基地购买优质水果,慰问医务工作者,果园基地对购买量在3000kg以上(含3000kg)的有两种销售方案。甲方案:每千克9元,由基地送货上门;乙方案:每千克8元,由顾客自己租车运回,已知该公司租车从某地到公司的运费为5000元。分别写出该公司两种购买方案的付款$y$(元)购买的水果量$x$ (kg)之间的函数关系式,并写出自变量的取值范围。(解:$y_{甲}=9x(x\geqslant 3000)$,$y_{乙}=8x+5000$ $(x\geqslant 3000)$)

## 示例6

### 牛顿第一定律的结课

1.总结:人们对物体运动规律的认识是经历了漫长的时间的。物体在不受力时的运动规律,是经过亚里士多德对人们近两千年的思想束缚,伽利略的科学推理,才最终由牛顿总结出来的。牛顿的重要贡献是:(1)一切物体在不受外力作用时,总保持匀速直线运动状态或静止状态(牛顿第一定律);(2)力不是维持物体运动的原因;(3)力是改变物体运动状态的原因。

2.作业:阅读本节教材

3.课后探究:

课题1:牛顿力学的建立

组织形式:个人或自由结组。

活动目的:牛顿力学的建立不是牛顿一个人的功劳,而是许多科学家努力研究的最终结果,查阅资料了解牛顿力学的建立过程,及牛顿力学的体系。

活动流程:制订查阅和查找方式;收集相关的材料;分析材料并得出一些结论;写出论文;与其他组交流。

备注:

(1)网上查找的资料要有学习的过程记录;(2)和其他成员交流。

课题2:斜面小车实验的再研究

组织形式:个人或自由结组。

活动目的:运用不同的物体表面,通过实验探究,加深对伽利略推理思维的理解。

活动流程:制订实验方案;准备器材;实验并记录现象,分析材料并得出一些结论;与老师所做实验比较优缺点;与其他组交流。

备注:

(1)要有完整的过程记录;(2)和其他成员交流。

## 示例7

### 语文课结课10例

1.归纳式结尾。如小说《变色龙》一课的结尾：同学们，今天这节课讲的是小说《变色龙》，为了领会小说的主旨，把握小说的情节，我们把所学的内容做如下归纳：

| 起<br>始 | 变（外形）：一判，弄死狗，罚狗主人——二判，狗无辜，"原告"讹诈——三判，要教训狗主人——四判，"原告"受斥责——五判，"是野狗"，"弄死"——六判，狗咬得好，好一条野狗。<br>不变(本质)：见风使舵——媚上欺下——趋炎附势——反复无常。 | 结<br>局 |
|---|---|---|

2.点题式结尾。如《土地的誓言》一课结尾：呼应标题，从文章内容来看，这誓言是作者对着土地发出的，作者在文章末尾满怀激情地发誓："我要回到她的身边……为了她，我愿付出一切。我必须看见一个更美丽的故乡出现在我的面前或者我的坟前。"这种掷地有声的誓言读者自然能够强烈地感受到，因此，这一标题应该理解为"面对土地发出的誓言"而不是"土地自身发出的誓言"。

3.溯源式结尾。如《烈日暴雨下的祥子》一课结尾：在烈日暴雨下祥子肯定也想到过躲避，而终究还是选择了"挣命"，为何呢？我们来了解一下文章出处《骆驼祥子》，一个壮实勤劳的青年农民买车、卖车三起三落，最后连最基本的自食其力的愿望也破灭了。祥子以自身的悲剧谱写了一曲"旧社会的葬歌"。

4.浓缩精华式结尾：如《醉翁亭记》一课的结尾，读了《醉翁亭记》一文后，我们把全文提炼一下，全文只说了一个字"乐"。《出师表》一课的结尾，读了《出师表》一文后，文章的主旨就是诸葛亮所提的三个建议："开张圣听、赏罚分明、亲贤远佞"，这是本文的灵魂所在，请同学们课后用心体会。

5.激趣式结尾。如小说《变色龙》一课的结尾：俄罗斯小说大师契诃夫勾画了一条活灵活现的"变色龙"，其实在我们中国也有刻画"变色龙"的文学大师，清代小说家李宝嘉就是其中一位，他写的《官场现形记》描绘了许多条"变色龙"——官僚群像，让我们课后赶紧去认识吧！《孔乙己》一课的结尾：孔乙己是鲁迅先生刻画的一个典型的"多余人"形象，这样的多余人，在其他文学作品中也多有出现，如普希金《叶甫盖尼·奥涅金》中的奥涅金，莱蒙托夫《当代英雄》中的彼巧林，屠格涅夫《罗亭》中的罗亭，冈察洛夫《奥勃洛摩夫》中的奥勃洛摩夫等。让我们课后去认识这些"多余人"吧！

6.对比式结尾。鲁迅《风筝》一课的结尾：读了《风筝》一文后，同学们可阅读同样也是回忆儿时放风筝的周粲的《满天的风筝》。《满天的风筝》所描写的是一种快乐、满足、骄傲的形象，而鲁迅的《风筝》中所特有的那种情感：笼罩着深沉的悲哀，无法补过,无法释怀,悲哀之至,会让同学们在心灵的震撼中更深切地体会到文章的丰富意蕴。

7.设疑式结尾。如《斑羚飞渡》一课的结尾:这篇课文中展示了一幅幅凄美的图画,人在这里充当的是一种很不光彩的角色,人类的行径已经导致许多物种的灭绝,而动物应该有生存在这个星球上的权利。请同学们想一想,对珍稀动物我们已经做了什么?我们又该做些什么?

8.想象式结尾。如学生自读莫泊桑的短篇小说《项链》一课的结尾:同学们读完了《项链》,请大家充分发挥自己想象力,依据小说的结局和人物的性格特征,推测一下主人公路瓦栽夫人可能产生的种种结局……

9.连环式结尾。如指导同学自读钱钟书的《读〈伊索寓言〉》一课的结尾:在这篇读后感中,作者告诉我们,现实社会的人远比寓言故事中的动物要狡猾得多,恶劣得多,所以,生活在现代社会的人应该时刻保持清醒的头脑,看问题尽可能复杂一些,这样才不至于上当碰壁。那么,这是不是意味着生活在现代社会中的人们,人与人之间的关系要降温,心与心的交流要停止呢?请大家就这个问题展开讨论,待会我将请同学们谈一谈对这个问题的真实想法。

10.冶情励志式结尾。如讲《火刑》一课的结尾,布鲁诺为了坚持科学,他不畏强暴、献身真理,这种献身科学的伟大精神是要学习的。讲《游黄山记》一课的结尾,徐霞客年已五十,竟然冒风雪,忍饥饿,在从游的静闻和尚病死,顾姓仆人卷装逃去的情况下,游历了大江南北,走完了万里途程,旅途中写下每天的经历与观察所得。后人整理的《徐霞客游记》既是一部地理科学文献,又是文学史上的一份珍贵遗产。从古至今,任何一项成就的取得都必须付出辛勤劳动。

# 说课技能学习　　课目8

说课是教师在备课的基础上，面对同行或评委，系统地表述自己对教材的理解、教学过程设计及其依据，然后由听者评说，达到相互交流、共同提高教学水平的一种教学研究形式。说课技能是一种教学研究技能，说课是“介绍课”，而不是具体的“上课”。

## 一、训练实施

【教学目标】

通过教师讲、学生练的教学，掌握说课的要领，能就所教学的内容，口头表述其教学设想及其理论依据。

【学习时间】

6学时。

【支持材料】

中学教材、黑板或媒体课件、纸笔。

【导练步骤】

1.训练分组。循环报数，数字相同者为一组，将全班学生分为若干组，每组5~6人。各组确定1名组长，1名执笔人。组长主持讨论，并负责报告讨论结果，记录人负责记录讨论发言。(也可不分组)

2.告知目标。教师告知本课教学目标。(见本课目教学目标)

3.教师讲解。教师讲解相关练习内容的知识。(讲解内容附后)

4.学生练习。学生根据教师讲解的内容要领和案例从教材中任选一节内容，写一篇说课稿。

5.汇报演示。学生面向全体演示说课。演示时，可由教师指定几个学生分别演示，也可由各组推荐出学生分别演示。

6.反馈总结。教师用评价表(表24)对演示给予评价，并总结本次教学。

7.布置作业。教师板书课后练习。

表24　说课评价表

| 评价指标 | 评　价　因　素 | 分值 | 评估等级 | | | | 得分 |
|---|---|---|---|---|---|---|---|
| | | | A | B | C | D | |
| 说教材<br>（5分） | 1.教材在本单元所处的地位及作用分析的准确性 | 2 | | | | | |
| | 2.教材简析，正确处理和使用教材 | 3 | | | | | |
| 说学生<br>（5分） | 1.学生起点能力分析 | 3 | | | | | |
| | 2.一般特点与学习风格差异 | 2 | | | | | |
| 说教学目标及其理论依据<br>（15分） | 1.教学目标定位比较准确，体现学科课程标准要求 | 5 | | | | | |
| | 2.对教学目标的理解符合学生实际 | 5 | | | | | |
| | 3.教学重点、难点明确 | 5 | | | | | |
| 说教学方法及其理论依据<br>（10分） | 1.教学方法灵活多样，体现学生主体，教师主导 | 5 | | | | | |
| | 2.所采用的方法实用、有效 | 5 | | | | | |
| 说教学过程设计及其理论依据<br>（45分） | 1.教学情境的创设有利用学生积极、主动地学习 | 8 | | | | | |
| | 2.教学流程设计条理清楚，突出重点，化解难点，重过程 | 8 | | | | | |
| | 3.学习活动的设计有实效，体现自主、合作、探究、开放等原则 | 9 | | | | | |
| | 4.教学过程的设计注重学生学习能力的提高 | 10 | | | | | |
| | 5.教学设计的反馈练习恰当 | 5 | | | | | |
| | 6.教学媒体的应用有实际效果 | 5 | | | | | |
| 教师素质<br>（20分） | 1.语言流畅、精炼，普通话规范，表述科学，教育理论素养较高 | 10 | | | | | |
| | 2.有个性，有特色，体现学科特点 | 5 | | | | | |
| | 3.教师具有良好的教学组织、应变机智 | 5 | | | | | |
| 总评 | 定性评价意见： | | | | | | |

## 二、导练讲解材料

### (一)说课的发展及含义

“说课”作为一个专业术语的出现是20世90年代,然而类似于说课的教研活动形式,早在20世纪50年代我国数学教育领域就已经有了。当时倡导“集体备课”,要求备课小组确定一个中心发言人,对教学内容、教学目的、教材的重难点、教学方法等内容进行陈述,然后集体探讨实施对策,这种教研活动可以说是说课的雏形了。到了20世纪70年代,随着数学教学改革的蓬勃兴起,广大教师积极开展以教学方法和课堂结构为重点的教学研究活动,各地教研室组织观摩课、示范课,在教学结束后,由听课人做具有指导意义的分析,这一过程即是后来的“课后说课”的形式。说课这一教研活动形式,由于是以教育理论和系统科学作为其发展基础,符合教育规律,因此在课程改革的大潮中又一次显示出它的生机。

由于它具有不受场地限制、避免干扰学生、操作简单快捷以及有利于提高教师的理论素养、驾驭教材的能力和语言表达能力等优势,受到广大教师的重视,近年来被广泛应用于中小学的教学研讨、教学竞赛、教师技能考核等活动中。说课对于提高教师理论素养、推进教育改革具有很好的促进作用。

### (二)“说课”技能的意义

说课活动的好处很多,从不同的角度去看,有不同的答案。根据优秀教师的实践和理解,说课活动有以下几个方面的意义:

1.说课有利于提高教研活动的实效

以往的教研活动一般都停留在上几节课,再请几个人评课。上课的老师处在一种完全被动的地位。听课的老师也不一定能理解授课教师的意图。导致了教研实效低下。通过说课,让授课教师说说自己教学的意图,说说自己处理教材的方法和目的,让听课教师更加明白应该怎样去教,为什么要这样教。从而使教研的主题更明确,重点更突出,提高教研活动的实效。另外,我们还可以通过对某一专题的说课,统一思想认识,探讨教学方法,提高教学效率。

2.说课有利于提高教师备课的质量

通过说课活动,可以引导教师去思考。思考自己进行教学设计的原因,这就能从根本上提高教师备课的质量。

3.说课有利于提高课堂教学的效率

教师通过说课,可以进一步明确教学的重点、难点,理清教学的思路。这样就可以克服教学中重点不突出的问题,提高课堂教学的效率。

4.说课有利于提高教师的自身素质

说课要求教师具备一定的理论素养,这就促使教师不断地去学习教育教学的理论,提高自己的理论水平。说课还要求教师用语言把自己的教学思路及设想表达出来,这就提高了教师的组织能力和表达能力。

5.有助于师范院校中师范生教学技能的综合提高

师范生进行说课技能训练在以下及个方面对师范生大有裨益:

(1)有助于夯实师范生的教育教学理论基础。开展说课训练,有助于师范生加强教育教学理论的学习,掌握成为合格教师必备的教育理论知识、相关学科的专业理论知识以及作为现代教师所必备的科学文化知识。

(2)有助于促进师范生理论与实践的结合。师范生开展说课训练,可以帮助他们对所学的理论知识进行分析、加工,用以指导说课实践,促进教育理论的内化并转化为教学技能。

(3)有助于完善教学实践的组织形式。传统的教学实习,师范院校主要是采用教育实习的方式,这种实践形式因为时间较短、实习中学生自我反思不够等原因对于师范生教学技能的提高不是很明显。在教学实践环节中加入说课形式,课前的说课可以完善实习生的教学设计,课后的说课可以让其反思教学过程中的得与失,加快其专业成长。

(4)有助于培养师范生的合作、探究意识。新课程理念倡导"合作 、探究"的学习方式,教师首先应具有这种意识才可能在教育教学中加以落实。通过"说"与"评",增进了教师间的合作 、交流,探究精神也得到培养。

当然,说课也有一定的局限性,因为这毕竟是"嘴上谈兵",看不到教师如何临场发挥,看不到教师驾驭课堂的艺术,也看不见学生对知识的理解、掌握的效果和学生实际思维的过程。因此在实际教学中,要提高教师的教学业务水平、教学能力,必须把说课与集体教研、优质课等形式结合起来。只有这样,才能从整体上提高教师的水平。

(三)说课的一般步骤

根据课堂教学要素,说课一般按说教材、说教法、说学法、说教学过程四个环节进行。

1.说教材

说课中的"教材",指的是在规定时间内所讲的教学内容。在这一环节,说课人要对本节教学内容在教材中的地位以及同其他知识的联系进行分析, 并根据课程标准的要求,说明本课时的教学目标 (三维目标)、教学要求、教学重难点及其确立的理论依据,阐述在教学过程中如何挖掘教材的思想性;按照新课程的要求,还要说明课程的开发与课程资源的利用,即要说明如何根据教材、结合学生实际,将文本课程与现代社会、科技发展及学生生活紧密结合,使教学过程成为课程开发与创新的过程。每一种教材都有一定的知识体系,任何一个单元都不可能脱离这一知识体系而单独存在,而是相互联系,相互加深的。

2.说教法

就是要说明在本课的教学过程中准备采用的教学方法及理由。教学方法要体现以教师为主导、以学生为主体、以思维训练为主线的原则。教学方法是为教学目的和内容服务的,同时也是教学思想和教学原则等教育科学理论的具体体现。根据教学内容和教学目标确定自己的教学方法是教学的基本要求，也是说课时必须说清的基本点之一。

3.说学法

学法是学生将知识转化为能力的桥梁。为了提高教学效果,达到教学目的,必须有科学的学法指导。按照新课程的理念，教学的最终目标是要实现人的全面发展,因此,说学法要在分析学情的基础上进行。学生是教学的对象,是课堂的主体，一切教学活动都是为主体服务的。而一个班的学生,由于基础不一,知识水平和认识水平不同,我们的教学就应该建立在学生的基础上,我们的教学进程就要受到学情的控制。因此,在教学设计时,事先要有充分的思想准备,对于课堂中可能出现的情况应采取什么样的措施,用什么样的手段来有效提高课堂效果。比如说重点中学和一般中学、重点班级和普通班级、基础好与基础差等,要事先有一定的了解,做到胸中有数。只有这样,才能做到有的放矢。在此基础上,结合教学内容,说明在教学过程中指导学生学习或学会使用什么学习方法，通过什么途径培养学生的学习技能,如何巧妙地组织课堂教学,优化学情。

4.说教学过程

说教学过程是说课的核心部分。教师在说课过程中,应重点说清准备通过哪些教学环节,借助何种教学手段,同时还要说清各教学活动环节的时间分配,各环节间如何衔接过渡才能实现教学目标、达到预期效果等等 。

(四)写说课稿

要说好一堂课,写好说课稿是关键。我们把说课的形式归纳为“四说二写一展示”。“四说”即“说教材、说教法、说学法、说教学过程”;“二写”指“写出本课课题及板书设计”;“一展示”指“展示预先设计好的教学课件”。说课稿要按照说课内容的内在逻辑联系来撰写,基本格式起码应包括以下内容:

(1)标题(x年x月x日x年级x学科x章节说课稿);

(2)说教材;

(3)说学情;

(4)说教法;

(5)说学法;

(6)说教学过程;

(7)说板书设计。

写说课稿要强调两个问题:一是突出理论性:它比教案更具有理论性,要挖掘教学行为所蕴含的教学原理。二是简明扼要:说课讲稿切忌长篇大论,面面俱到。在语言表达方面要尽量避免使用抽象、笼统、缺乏可操作性的用语 。

## 说课案例

### 示例1

#### 《图形中的点、线、面》说课教案

一、教材分析

(一)教材的地位和作用

我说的这节课是冀教版七年级数学第一章第三节《图形中的点、线、面》;主要是认识点、线、面体之间的关系,在之后的三节课还要继续学习另外三种借助平面图形认识几何体的手段:《几何体的表面展开图》、《从不同方向看几何体》,及《用平面截几何体》,本节课就起到了承上启下的作用,本章的内容对于七年级新生来说作用相当关键,主要是激发学生对于学习几何的好奇心,增加对数学学习的兴趣,而这节课的内容也显得尤为重要,由直观感知抽象发展空间观念,由平面图形认识立体图形,并引起学生学习几何的兴趣。

(二)教学目标

知识目标:1.认识几何图形的基本元素:点、线、面;点、线、面也都是几何图形;2.认识到点动成线,线动成面,面动成体;

能力目标:经历从几何体中寻找点、线、面的过程,借助实例,通过触摸、观察、实验、举例等数学活动,变抽象为具体,发展抽象思维能力;

情感目标:通过数学活动经历和体验图形的变化过程,发展空间观念,提高热爱几何的热情,激发学习兴趣。

(三)教学重难点

重点:理解几何体的基本要素以及点、线、面、体之间的关系。

难点:是对“点动成线、线动成面、面动成体”的理解。

二、学情学法分析

这节课面对的刚刚由小学升入初中的七年级学生,刚开始接触几何,空间想象能力差,因此采用学生自己动手操作的直观感知过程中掌握知识方法,由直观到抽象,由平面图形认识立体图形,并提高数学学习兴趣。

三、教法分析

由于本节内容属于立体几何,根据学情分析,学生现处在七年级,刚开始接触

几何，空间想象能力差，因此要提高学生的空间想象能力，发展空间观念，培养学习几何的兴趣，我将利用视频资源、课件资源及丰富的现实原型给学生进行直观的多媒体和实物演示，并给学生充分的探索时间，主动操作、观察、探讨、想象，进行探究式教学。

四、教学程序：

(一)创设情境导入新课

(多媒体演示四幅图片)

师：我找了四幅美丽图片，请同学们分别用两个字给它们起个题目，如(星空、流星、湖面、容器)等。

师：这几幅图与我们的数学有什么关系呢？要使用我们的数学用语给每幅图起一个字的题目，大家请看几何图形分为：点、线、面、体，谁能与刚才的四幅图对应一下。

师：流星本来是点，在这里却成了线，学了这节课之后我们可以用数学知识来解释，这里我要留一个谜语：流星——打一数学用语。

在这里我用四幅美丽的图片为学生营造轻松的课堂气氛，引入几何图形中的点、线、面、体，而学生轻松答出问题，使学生感受到数学原来这样简单又美好，也使学生体会到生活中数学的存在，一个谜语设下悬念激发学生的求知欲和好奇心，自然过渡到新课。

(二)观察与思考

1.首先教师准备一些教具，如长方体、圆柱体、足球以及要求学生所做的纸盒(不必黏合)。教师手拿剪好的还没有黏合的长方体纸盒的纸片做演示，说明如何折过来就可得到一个长方体纸盒。

教师问学生，这个纸盒是什么形状的？

学生回答是长方体。

2.再带领学生看纸盒，问它是由什么图形围起来的？

学生回答是由许多长方形围起来的。

教师说明：包围体的这些长方形称为面，都是平的。圆柱有两个底面，也都是平的，一个侧面，是曲的。球有一个面，也是曲的。

提问：大屏幕上的几幅图是平面还是曲面？

3.再看纸盒，问两个面之间交接的地方是什么图形呢？

学生回答是线。

教师说明，线有直线和曲线。

教师再问，这个长方体上有多少条线？

学生回答有12条。

教师讲清,面和面相交接的地方形成线,长方形中的线是直的。圆柱两个底面与侧面交接处,形成两条线,是曲的。

4.再看纸盒,问两条线相交的地方是什么图形呢?

学生回答是点。

教师说明,线与线相交成点,点无大小。

小结:(板书)体由面围成,面有平的和曲的之分。

面和面交成线,线也有直的和曲的之分。

线和线交成点,点无大小之力。

这一环节教师主要是引导学生自主探索:经历观察、思考、分析、概括、抽象的过程,发展学生的空间观念。通过对实物的观察,体会几何图形的基本元素是点、线、面,并能确定几何图形的点、线、面,理解点、线、面、体之间的关系,掌握本节重点。

(三)想一想,说一说

1.师:线和线交成点,那么,点怎样变成线呢?观察动画。

笔尖是一点,动起来画出了线,写出了字,这叫什么呢?

生答:点动成线。

2.师:开头“流星的数学术语”谁能告诉我谜底呢?点动成线。

3.师:现在我们再来看一则谜语:(多媒体出示)雨,也是点动成线。

4.师:点动成线,那么线动成什么呢?观察动画回答:线动成面。

5.师:面动又成什么呢?面动成体。

6.教师多媒体演示:三角形绕直角边旋转一周得到圆锥。

7.如果大家还不够清楚的话,请看(拉花)这就是典型的数学知识“面动成体”在生活中的应用。

设计意图:通过观察几何体的运动旋转,引导学生体会:点动成线,线动成面,面动成体。多媒体演示和拉花演示形象生动的表现了学生最难理解的“面动成体”,从而突破本节难点。

(四)议一议

师:观察动画(将三角形绕直角边旋转转成圆锥)。

就这个旋转过程,引导学生思考下面的问题:(分小组讨论)

1.三角尺右下方的顶点,经运动形成了一个怎样的图形?

2.三角尺下面的边,经运动形成了一个怎样的图形?

3.三角尺的面,经运动形成了一个怎样的图形?

在演示课件时注意突出是点动、线动,还是面动?

生:通过观察发现:点动成线,线动成面,面动成体。

(五)自主探究

1.请举出一个"点动成线,线动成面,面动成体"的例子。

2.下面几种运动都表现了什么数学知识?

叫每个学生拿一个硬币,立在桌面上用力一转,大家看看形成什么?是一个球。

3.学生认真思考,分组讨论,畅所欲言。

我们可以发现:几何体或者由平面组成,或者由平面旋转而成,那么哪些几何体由平面围成?哪些几何体不是由平面围成?长方形旋转能得到长方体么?圆柱、球分别由什么平面图形旋转得到?

圆柱、圆锥、圆台、球等,可以由平面图形旋转得到。

长方体、正方体、棱柱、棱锥等不能旋转得到,只能用平面围成。

4.教师用投影动态演示旋转情况,加深学生印象,从而化解难度(演示长方形旋转得到的是圆柱,不能得到长方体,只能由平面围成)。

(六)练习

1.如图(图略):第二行的图形绕虚线旋转一周,便能形成第一行的某个几何体。用线连一连。

2.请说出下列图形(图略)中,哪些是平面图形?哪些是立体图形?

3.你能用"○○,△△,//"(两个圆,两个三角形,一组平行线)为条件,画出一个独特且具有意义的图形,并写上几句贴切、诙谐的解说词吗?

练习这一环节,我选择了有趣的习题,使学生主动积极地完成,既是巩固所学知识,又让有能力的学生拓展知识面。

(七)小结:这节课你都学到了什么?(培养学生及时反思和及时归纳的学习习惯)

(八)作业:第8页习题2、3题。

五、板书设计

| 图形中的点、线、面 | |
|---|---|
| 几何体的基本要素:点、线、面 | |
| 几何体由平面围成 | 面面相交成线 |
| 线线相交成点 | |
| 几何体由平面旋转而成 | |
| 点→线→面→体 | |

六、小结:在教学过程中,先用四幅美丽的图片营造出轻松的课堂气氛,使学生以轻松的状态迎接新课,教授新课时,利用大量的生活实例,即课件资源多媒体动画演示,突破教学重难点,使学生在已有知识基础上,进一步抽象几何图形,发展空间观念,发展几何直觉,提高学习兴趣。

## 示例2

### 《一次函数的图象和性质》第一课时说课稿

各位同行,你们好!

我今天说课的内容是《一次函数的图象和性质》,现在就来说说我是怎样跟学生一起学习这节内容的,希望各位同仁多加指导!

一、教材分析

1.本节内容在教材中的地位和作用:人教版八年级上册第十四章第二节第一课时。

2.教学重点、难点:一次函数图象和性质。

3.教学难点:由图象归纳性质。

二、教学目标

1.知识和技能目标

①理解直线$y=kx+b$与$y=kx$之间的位置关系;

②利用两个合适的点,画出一次函数的图象;

③掌握一次函数的性质。

2.过程和方法目标

①通过描点来研究一次函数的图象经历知识的归纳、探究过程;

②由图象归纳出函数性质,体验数形结合法;

③能用性质、图象及数形结合法解决相关问题。

3.情感与价值目标

①通过画函数的图象,并借助研究图象性质,体现数与形的内在联系,感受图象的简洁美;

②在探究一次函数的图象和性质的活动中,通过一系列富有探究性的问题,渗透与他人交流、合作的意识和探究精神。

三、教法分析

主要采用数形结合,动手操作,类比、探究的方法等。

四、学法分析

贯彻以"学生发展"为本,把学习的主动权还给学生,倡导积极主动、勇于探索的学习方式。因此主要采取学生动手、自主探索与合作交流的方式,自觉实现知识的建构,促进学生的全面发展。

五、教具准备

直尺、坐标纸。

六、教学过程

| 教学过程设计 | 设计意图 |
| --- | --- |
| (一)创设情境,导入新课<br>动画展示生活中的一些图片，引起学生注意力和好奇心，提出问题,由学生回答,多肯定、多表扬。 | 1.从实际生活中去发现直线的简洁美。<br>2.为学习一次函数做铺垫。<br>3.增加学生学习教学的信心“温故而知新”。 |
| (二)合作交流,探究新知识<br>活动1:在坐标纸上画出(描点法分组画)<br>$y=x$, $y=-2x$, $y=-2x+1$, $y=2x-1$ 的图象,(展示多媒体)<br>探究:一次函数图象的形状。<br>$y=x$ 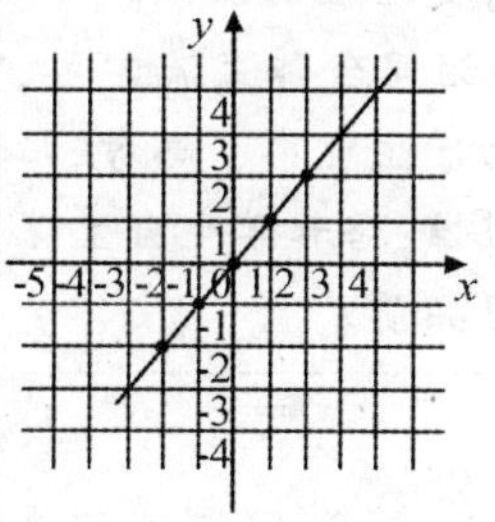　　$y=-2x$ 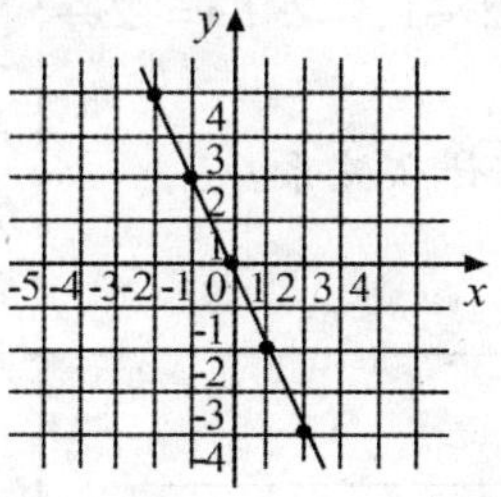<br>$y=-2x+1$ 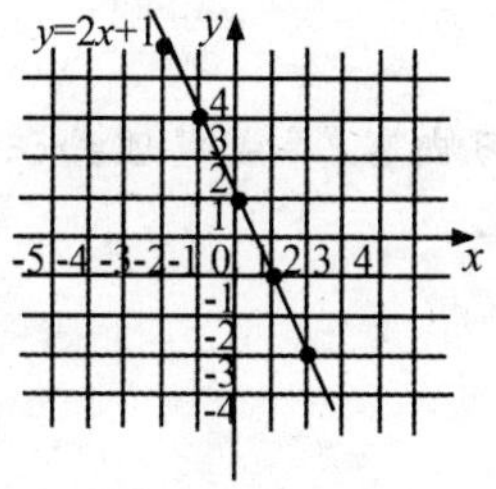　　$y=2x-1$ 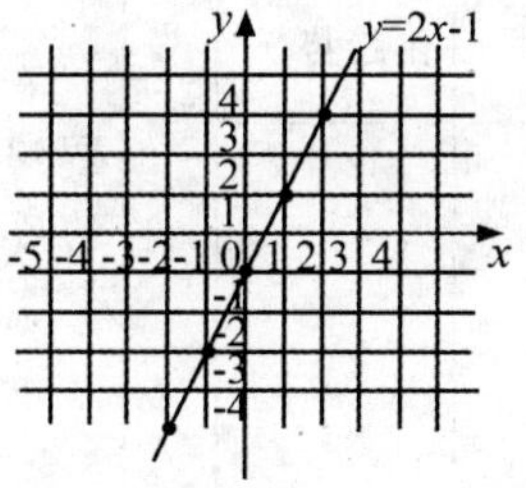 | 1.让学生在动手操作中体验两者关系,(都是直线)同时体会分工、合作、互相交流的乐趣。<br>2.用类比的思想揭示知识的形成过程。<br>3.让学生明白画一次函数的图象都只需描两点。 |
| 活动2:<br>1. 分别在同一坐标系中画$y=x$, $y=2x$, $y=3x$和$y=-x$, $y=-2x$, $y=-3x$的图象,引导学生交流,讨论回答:它们经过的点(0, 0), (1, $k$)和图象变化趋势。<br>2. 再画$y=2x+1$, $y=x+3$, $y=0.5x+2$;$y=-0.5x+2$, $y=-2x+1$, $y=-4x-4$的图象。<br>3.让学生将所画的图象与同桌交流,体验选点的差异性和图象的一致性。探究:它们经过点(0, $b$)($-\frac{b}{k}$,0)和图象的变化趋势。<br>4.师生共同观察得出结论,并用通俗的语言编成口诀(展示幻灯片):<br>当$k>0$时,直线上坡成撇,$x\uparrow$,$y\uparrow$<br>当$k<0$时,直线下坡成捺,$x\uparrow$,$y\downarrow$ | 1.引导学生交流,讨论得出结论。<br>2.通过数与形的结合,类比归纳的方法。<br>该节重点:一次函数的性质,自然而然地浮出水面。<br>3.目的是通俗易懂,易记又直观。从感性认识到理性认识。 |

<table>
<tr>
<td>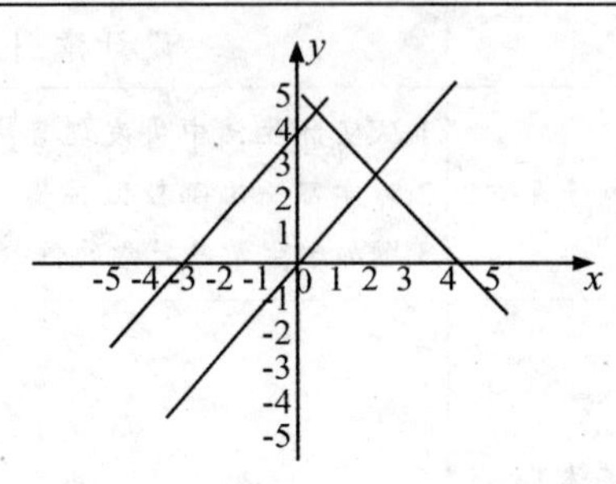</td>
<td></td>
</tr>
<tr>
<td>活动 3：<br>在同一坐标系中画出 $y=2x+1$，$y=2x$，$y=2x-1$，$y=2x$，$y=-2x+1$，$y=-2x-1$ 的图象。<br>探究：$k$ 与 $b$ 的正负与图象经过的象限有什么关系？<br>采用分组讨论的方式得出结论。</td>
<td>1. 通过数形结合让学生对一次函数有更理性的认识。<br>2.通过小组间合作交流学习，充分调动学生观察、思考、归纳的积极性，培养学生自主探究的学习品质。</td>
</tr>
<tr>
<td>活动 4：展示多媒体幻灯片
<table>
<tr><td colspan="2">$y=kx$</td><td>示意图</td><td>经过的象限</td><td>直线的变化趋势</td></tr>
<tr><td>$k>0$</td><td>$b>0$<br>$b=0$<br>$b<0$</td><td></td><td></td><td></td></tr>
<tr><td>$k<0$</td><td>$b>0$<br>$b=0$<br>$b<0$</td><td></td><td></td><td></td></tr>
</table>
</td>
<td>回顾学习内容，养成整理知识的习惯。</td>
</tr>
<tr>
<td>(三)理清思路，体验应用<br>1.尝试练习：画出 $y=2x-1$，$y=-0.5x+1$ 的图象。<br>2.抢答题。<br>3.小牛试刀。<br>4.引申思考，发散思维。<br>如图是一次函数 $y=40x+100$ 的图象，由图象观察：<br>①当 $x$ 为何值时，$y>0$<br>②当 $x$ 为何值是，$y=0$<br>③当 $x$ 为何值是，$y<0$<br>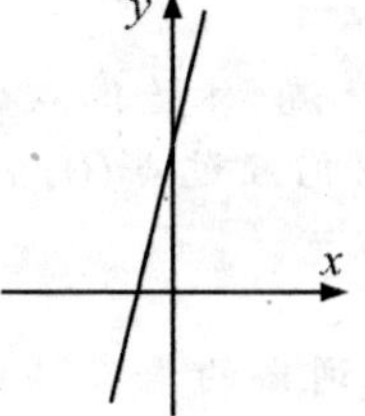</td>
<td>及时反馈，查漏补缺。<br><br>安排“引申思路，发散思维”是为了“让不同的学生在数学上得到不同的发展”。</td>
</tr>
</table>

| (四)归纳小结<br>师生共同小结<br>1.如何画一次函数 $y=kx+b(k\neq0)$ 的图象。<br>2.一次函数的图象与性质,及 $k$ 与 $b$ 的意义和作用。<br>3.数形结合与从特殊到一般的思想方法。 | 从教学目标的四个方面归纳小结,帮助学生将新知顺利地归纳入已有的知识,对学生的积极表现给予肯定。 |
|---|---|
| (五)完成学习任务,布置作业<br>1.课堂作业:课本第 178 页,习题 1、2。<br>2.预习:课本第 180 页。 | |

七、板书设计

| 一次函数的图象和性质 | | |
|---|---|---|
| 一、复习引入 | | |
| 二、讲授新课,探究新知<br>1. $y=kx$ 的图象及性质<br>2. $y=kx+b$ 的图象与性质 | 三、例讲<br>四、演板 | 五、练习<br>六、作业 |

## 示例3

### 初中物理探究教学——《欧姆定律的应用——伏安法测电阻》说课教案

学科:中学物理

年级:九年级

课程:欧姆定律的应用——伏安法测电阻

(一)设计指导思想

基础教育课程改革的目标之一是"改变课程实施过于强调接受学习、死记硬背、机械训练的现状,倡导学生主动参与、乐于探究、勤于动手,培养学生收集和处理信息的能力、获取新知识的能力、分析和解决问题的能力,以及交流与合作的能力"。《物理课程标准》明确指出科学探究既是学生的学习方式,也是学生学习的内容。为了体现新课程注重科学探究、倡导学习方式多样化的基本理念,本课以课堂为阵地,以知识为载体,以小组探究活动为教学组织形式,力图实现"知识与技能、过程与方法、情感态度价值观"的三维教学目标。教师在引导学生探究物理知识的过程中,让学生学习科学研究的方法,体验科学探究的经历,感受科学探究的乐趣,最大限度地发展学生的创新思维和实践能力。

(二)教材分析

本课学习的内容是伏安法测电阻。电阻是电学中一个重要的概念,是导体本身的一种性质,其大小只与导体的材料、长度、横截面积以及温度有关,与导体两端有无电压和是否有电流通过无关。对于给定的导体,其电阻大小一般是不变的。而如何测定一段导体的电阻,是对学生学习能力的一个提升。用伏安法测电阻是电学中的一种测量,属于欧姆定律变换式的具体应用,对于加深学生对欧姆定律和电阻概念的理解有着重要作用,因此,用伏安法测电阻是本节的教学重点。同时本实验又能给学生提供初中常用电学器材综合使用的机会,有利于提高学生动手操作能力,做好实验是本课教学的难点。

(三)学情分析

九年级学生经过一个学年的物理学习,物理观察、实验、抽象和概括能力已初步形成,对物理的新知识有一定的好奇心和求知欲,他们不满足于教师在讲台上的单独说教,希望教师多采用教具、直观演示及直观的语言,希望教师满足他们的创造愿望,让他们自己动手操作,使他们获得施展自己才能及品尝成功的机会。学生已对运用科学实验探索自然规律有一定的认识,对科学实验的条件控制,并通过比较概括出结论、推理出公式等,这一过程已有初步的了解(前面探究电流、电压、电阻的关系时已做过类似的实验,对本实验所涉及的器材已基本会用)。针对学生兴趣相对集中、兴趣与目标有一定联系、直接兴趣与间接兴趣同时起作用的心理特点,最大限度地激发学生的学习兴趣。利用学生探究中的好奇心、求知欲,使学生的学习自始至终都在兴趣盎然的情况下进行。本课仍采用学生探究的方法,这种方法在初中物理教学中具有典型性。

九年级学生结合前面的学习,对电阻已有一定的认识。但有些学生可能对电压、电流是否影响电阻还混淆不清,本课通过实验探究,进一步加深学生对电阻概念的理解。同时结合学生实验操作过程中存在的各种问题进行纠正,增强实验技能和解决各种实际问题的能力,并根据要求对问题进行拓展,提出特殊法测电阻,增强学生求知欲。

以小组合作探究的方式进行学习,既符合学生在知识技能方面的实际水平,也能顺利实现本课三维教学目标任务。

(四)教学目标

根据以上对学习任务及对学习者的分析,确定以下教学目标:

1.知识与技能

通过实验使学生学会用伏安法测电阻的方法;使学生进一步掌握正确使用电压表和电流表的方法,吸取经验教训,养成良好习惯,培养实验操作能力,提高学生的实验素质。

2.过程与方法

经历探究过程,体验提出问题、设计实验方案、收集数据、分析论证等科学探究要素;通过制订计划与设计实验方案,增强实验探究与创新思维。

3.情感、态度和价值观

在收集数据过程中树立实事求是的科学态度,培养坚韧不拔的科学精神;通过探究活动增强与人协作及交流的能力。

(五)教法学法

本课教法采用启发式和学生探究发现法。通过对学生已有知识的分析引申,设计层次性和启发性的问题,找到学生新旧知识之间的“固定点”,为学习活动搭建起“脚手架”,从学生认知发展规律和实际知识水平出发,充分调动学生学习的自觉性和主动性。

本课学法采用学生探究发现法学习。课堂时间的50%以上都留给了学生设计实验和收集数据,为充分进行探究赢得了时间。

教学流程如下:创设情境,提出问题→设计方案→进行实验→分析论证,交流结论→小结→反馈练习→拓展提高。

(六)媒体选择

| 教具: | 干电池 | 23×2节=46节 |
|---|---|---|
| | 电流表 | 23个 |
| | 电压表 | 23个 |
| | 滑动变阻器 | 23个 |
| | 开关 | 23个 |
| | 定值电阻 | 5欧、10欧、15欧不同阻值各23个 |
| | 导线 | 若干 |

(七)教学程序

| 教过学程 | 教师活动 | 学生活动 | 设计说明 |
|---|---|---|---|
| 创情设景 | 从半导体收音机入手,事先取出一只限流电阻,内部引出两根线,置于实物投影仪上,开始接上原来的电阻,后换接一只阻值较大的电阻,让学生明显感到半导体收音机音量的变化,说明电阻起的作用。 | 学生思考教师的问题并试着回答,对不能回答的问题可以在小组讨论。 | 通过试验引及课程,激发学生学习兴趣。 |
| 提问出题 | 有一只标号不明的电阻器,如何才能知道它的电阻值? | 学生思考问题,明确探究方向和课题。 | 问题由教师提出,给学生指明研究的方向。 |
| 制订计划与设计实验方案 | 教师引导学生可以通过实验测量来知道它的阻值,思考前面曾学过的用替代法来测电阻,请一位同学简述这种方法。(教师对学生的表述给予补充和肯定) | 学生回顾复习,交流讨论,语言表述。 | 温故而知新。 |

| | | | |
|---|---|---|---|
| | 除了这种方法外，还有什么办法能测电阻呢？<br><br>同学们说出伏安法。实验的原理是什么？教师引导并提问如何来测？<br>启发引导：<br>要测出电压和电流的大小，你用什么仪器来测它们呢？<br><br>除了这些器材外,还需要哪些？<br><br>(对学生讨论出的滑动变阻器及作用给予鼓励和表扬)<br><br>根据实验探究的目的和研究方法,利用实验台上的仪器,设计实验方案,同时设计出记录实验数据的表格和实验电路图。 | 学生思考并讨论。指出可以用伏安法来测电阻。<br>同学们会说出根据 $I=U/R$，测出导体两端的电压和通过的电流,就能算出电阻。<br>用电压表并联在导体两端测电压，用电流表串联来测电流。<br>还需电源、开关、导线,对是否需要滑动变阻器可能会展开讨论。<br>学生按照教师的要求设计实验电路图。 | 回顾上节学过的欧姆定律。让学生自主学习。<br>教师以“引导者”和“组织者”角色参与在探究活动中,体现学生的主体性。<br>设置的问题发挥了“脚手架”的作用，使学生在教师创设的问题情境中,思维能力得到培养和提高，同时培养学生的严谨思维。<br>讨论不仅给学生思维提供了广阔的空间，而且把学生带入一个主动学习、自主探究的空间。 |
| 进行实验 | 教师利用多媒体课件出示可供参考的实验电路图。<br><br>教师强调实验过程中应注意的问题：开关、变阻器、电表的方向、量程、连线时先主后支,有序操作,防止短路。<br>巡视发现学生实验中存在的问题,给予及时的帮助和指导。 | 学生分组进行实验,尝试动手操作的乐趣和与人协作的精神。<br>将设计的数据填写在自己设计的表格中。 | 让学生经历科学探究过程，体验科学研究的方法。 |
| 分析交流论证经验 | 请几个小组发言人在实物投影仪上出示实验数据并进行分析论证。<br><br>小组交流实验探究结论，教师给予及时的调控矫正，在学生分析遇到困难时给予适当的指导。并将自己的结果与所测电阻上标写的阻值进行比较，分析误差。 | 各小组学生实验数据,并计算结果和比较。 | 通过师生互动、生生互动的方式,对学生掌握知识情况和参与探究活动的态度及效果进行反馈，使学生体验过程和方法在物理学习中的重要作用。 |
| 本课小结 | 教师小结本节实验，并对各小组实验情况予以评价。 | 各小组同学回顾实验时的方法,巩固技能。 | 小结本课的知识点和科学方法，明确学习目标。 |

| | | | |
|---|---|---|---|
| 反练馈习 | 教师利用多媒体播放例题：<br>1.在用伏安法测电阻实验时，同学甲刚一试触，就发现电流表指针超出了量程，这是为什么？而同学乙在试触时发现电流表无示数，但电压表却有示数，这又是为什么？<br>2.若测得电阻 $R$ 两端的电压是 4V，通过它的电流是 0.5A，那么，这个电阻 $R$ 的阻值是多少欧？若该电阻的电压降为 2V，则此时该电阻的阻值是多少欧？ | 学生思考并解答教师提出的问题。<br>学会分析电路故障，提高解决和分析问题的能力。<br>加深对电阻概念、决定电阻大小的因素、电阻计算式的理解。 | 学生用所学知识和方法解决实际问题。 |
| 拓展加深 | 将定值电阻换成小灯泡，你会测出它的阻值吗？试一试，会有什么发现？原因是什么？<br><br>教师引导分析。 | 学生快速地将电阻换成小灯泡，熟练测出它的阻值，会发现小灯泡在不同电压下的阻值不同。并对这一结果进行分析。 | 进一步强化电阻的影响因素，此时不能取平均值，应讲明在什么条件下的电阻是多少才对。 |
| 作 业 | | 综合利用串、并联电路特点进行分析。 | 尝试特殊法测电阻，进一步深化知识。 |

(八)教学评价设计

传统教学只注重学生获取知识的情况，而忽视知识的获取过程和学生的情感变化。探究式教学注重过程、注重情感、注重交流与合作、注重科学精神。因此，在评价方法、评价机制等方面必须做出相应的改变，以促进探究式教学的实施。

首先，注重过程评价。探究式教学中学生的学习状态与效果主要体现在探究过程中，因此要根据学生在探究过程中表现出来的积极性、方案设计的周密性、探究的实效性等各个方面来进行评价。

其次，注重多元化评价。①平时考查与考试相结合；②理论与实践相结合。既要重视书面形式的理论考查，又要重视学生操作技能的考查；③知识与能力相结合。能力是一个人稳定的、潜在的、综合的心理特征，能力测验具有受记忆力影响较小，并且无法突击准备的特点；④定量评价与定性评价相结合。不仅要注意学生的定量分数值，还要注意学生在学习过程中起着重要作用的情感因素，如学习态度的变化，科学世界观的形成等。这些都可以用定性的专门术语来描述评价；⑤教师评价与学生评价相结合。鼓励学生参与评价，强化学生的主体意识，通过自我总结、自我反思实现自我目标。

## 示例4

### 《奇妙的克隆》说课稿

今天我说的课是《奇妙的克隆》。选自人教版初中语文八年级上册。下面我就按照说教材、说学生、说教法与手段、说教学过程设计、说教后反思五个部分进行说课。

一、说教材

(一)教材简介

《奇妙的克隆》是一篇介绍克隆知识的科普文章。作者是我国著名遗传学家谈家桢。文章分四个版块,先介绍克隆的含义,接着写克隆的实验,再写克隆的发展,最后写克隆对人类的造福和对克隆的思考。

(二)教学目标简介

根据教材定位特点及新课程改革的理念,本课设计两课时,我把本课的教学目标定为:

1.知识目标

(1)学习阅读科普文章,了解克隆知识;

(2)初步了解一些说明文的知识,掌握有条理地说明事物和举例说明的方法。

2.能力目标

(1)整体感知课文,能按照要求筛选相关信息并概括文章要点,逐步提高学生阅读科普文章的能力;

(2)理清文章的说明顺序,探究事理说明文的写作技巧,引导学生有条理地说明事理;

(3)揣摩语言,体会本文语言准确严谨、生动优美的特点,增强语言感悟力,并学习运用生动的语言说明事物。

3.情感、态度、价值观目标

培养学生探索科学奥秘的兴趣和辨证思考问题的能力。

(三)教学重点

由以上目标我指定本课教学重点如下:

1.理清课文的说明顺序,体会说明的条理性,训练学生快速筛选信息,初步概括内容要点。

2.学习本文准确严谨、生动优美的语言,体会说明的生动性。

(四)教学难点

1.结构安排巧妙新颖。

2.文章运用多种说明方法,说明科学道理深入浅出。

二、说学情

1.学生知识基础和生活经验

本文介绍克隆知识很有条理，语言形象、生动、典雅，并贴近生活。容易调动学生的学习积极性，为本文的学习创造了良好的条件，但本文蕴含的克隆知识以及个别专业术语较深奥，初二学生学习起来有一定的难度，应结合生物常识重点突破。

2.能力分析

学生对说明常识的把握没有问题，并且能够通过反复阅读，品析语言，感悟文章的思想内涵。

3.一般特点与学习风格差异

学生习惯在小组内交流后再发表看法，因此应该适当地给学生多创造一些合作学习探究的机会。

三、说教学方法与手段

本节课的教学充分体现了新课程标准的精神，即在学生的学习中，注重知识与能力、过程与方法、情感态度与价值观三个方面的共同发展。教学方法具体如下：

1.朗读法

生动的说明易于激发读者的阅读兴趣。基于这一点，我引导学生采用多种形式的朗读，在朗读中感悟事理。

2.讨论法、点拨法

引导学生充分发挥集体的智慧，自主学习、合作探究，共同分享合作的乐趣，感受成功的喜悦。在学习过程中我做以适当的点拨。

3.竞赛激励法

初中生有好胜心理，在训练学生快速筛选信息时，宜用此法，激发他们的参与热情和学习兴趣。

4.涵泳品味法

对语言的理解运用尤须如此。

5.延伸拓展法

对克隆人的看法的讨论，便于把课堂学到的知识转化为能力。

四、说教学过程设计

1.教学思路安排

本单元说明文的教学是在前一单元基础上进行的，学生对说明文的体裁、说明顺序和说明方法已有一定了解。因此，在教学本文时应引导学生了解本文说明的对象及其特征，理清说明的顺序、条理，理解说明事物时所运用的语言的特点。

2.教学环节安排（第一课时教学环节安排如下）

第一环节：激发兴趣，导入新课

我的导语是这样设计的：假如你是球迷，你肯定希望世上再多一个罗纳尔多；假如你是音乐爱好者，你当然愿意再拥有一个帕瓦罗蒂；再有一个爱迪生、爱因斯坦也是许多人所梦想的。古希腊有位哲学家曾经说过，“世上不可能有两片相同的叶子”，换句话，以上的梦想都只能是空想，没有实现的可能。但是，现在情况却有了变化，有一种新兴生物技术“克隆”，或许可以做到这一点。那么，克隆是什么呢？它奇妙在哪里呢？今天，就让我们一起走进“奇妙的克隆”。

第二环节：阅读课文，整体把握文意

(1)浏览小标题，初步感知文意；

(2)教师提示需要积累的词语；(小黑板)

(3)学生读(学生根据个人喜好朗读、默读、略读、精读、跳读、连读)，然后根据要求，快速准确地筛选信息，整体把握文意。

学生阅读有困难的大概是第④题。这一部分我提示学生注意一些标志性词语。

第三环节：划分段落层次，理清文章的说明顺序

(1)理清全文思路，并板示；

(2)理清文章的说明顺序，探究作者说明的技巧。

选两位同学用自己的话概括介绍本文的说明顺序。如有不同见解，其余同学可自由质疑或说出自己的理解。我在学生回答的基础上做总结发言。

第四环节：精读课文第一版块，探究局部的说明顺序

(1)学生齐读第一版块；

(2)提问：克隆的含义是什么？有什么突出特点？举例具有天生克隆本领的动植物。

学生思考，同桌之间交流。(本环节意在培养学生团结协作的精神)

第五环节：布置作业

阅读下文，回答文后的问题。(以文字资料的形式提供给学生阅读)

第一课时教学设计说课到此结束，如有不当之处请大家指正。

# 模块三　学习测评技能

## 学习测评技能训练指南

本学段的任务是对师范生进行教学设计技能训练。

学习测评是运用包括测验考试在内的多种方法,通过观察、测量等多种途径获得学生在课程实施过程中的学习状况信息,并对其作出价值判断的过程。学习测评是教师教学的重要环节,是判断教学行为、对象是否达到教学目标的重要手段,对于发现并激发学生学习的各种潜能和引导学生形成良好的学习态度,发现教学问题,改进教学工作,促进教学质量和教师教学水平的提高具有重要意义。当今中小学采用的学习测评方式大致有:情境性评价、量表测量评价、表现性评价、档案袋评价和测验评价等。本模块只就学校使用频率最高、结构最为清晰的测验式测评和量表式测评技能进行一些指导。

### 一、课程目标

通过课堂教学使师范生获得从事中学教学所必需的学习测评技能。课程结束后,所有师范生都能对中学教材内容做到:

1.会设计编题计划;

2.能编写各类题型组合的学习测评试题试卷;

3.会对测评(试卷)进行分析与讲评;

4.会对试题试卷用统计方法进行质量分析;

5.会使用评价量表对学生学习进行评价。

## 二、实训对象

教师教育专业全体学生。

## 三、训练时限

10天。每天平均4课时。

## 四、课程内容

1.学习评价设计;
2.试题编写;
3.题目组合(试卷编制);
4.试卷试题质量指标的使用;
5.测评(试卷)分析与讲评;
6.学习评价量表的使用。

## 五、训练要领(方式)

1.在教师指导下围绕学生应掌握的学习测评技能,按照讲解—讨论—练习—反馈—作业的模式进行训练。训练按教—学互动方式进行。

2.训练以课堂教学的形式,进行有考勤、有管理的训练。

3.对学生学习成果及时给予反馈评价。反馈以正反馈为主,使学生有成就感,以维持学习状态和兴趣。

4.训练纳入相关课程的考核,以学生的出勤、作业作为考核的依据。考核成绩占相关课程考试的50%,训练不达标,相关课程不及格,专业实习无成绩。

## 六、承训教师

教师教育专业专任教师。

## 七、教学组织

在教学专家领导下,教材教法教师负责训练指导。

## 八、训练安排(见表25)

表25　学习评价训练科目及安排

| 课　目 | 要　领 | 时间 | 课时 | 承训教师 |
|---|---|---|---|---|
| 1.编题设计 | 以教材为内容,练习制定编题计划;编写一册教材的编题计划。 | | | |
| 2.测题的编写 | 以教材为内容,练习按三级教学目标(了解、理解、应用)编写各种形式(选择、填空、简答、论述、判断等)的测题。从教材中选择一章(单元)写出测评各级目标的测题3~5个。 | | | |
| 3.题目质量分析 | 学会分析计算题目的难度和区分度。 | | | |
| 4.题目组合 | 以教材为内容,根据教学测评目标,编写两份测卷,测时120分钟/份,题型不少于5种。 | | | |
| 5.测评(试卷)分析与讲评 | 试卷分析,试卷讲评。 | | | |
| 6. 学习量表的使用 | 以学生为对象,用学习评价量表评价其学习状况。 | | | |
| 备　注 | | | | |

## 九、训练步骤

各科目可参照以下程序进行训练。

1.训练分组。循环报数,数字相同者为一组,将学习者分为若干组,每组5~6人,各组确定1名组长,1名执笔人。组长主持讨论,并负责报告讨论结果,记录人负责记录讨论发言。

2.告知目标。教师告知本课教学目标。(见本课目教学目标)

3.教师讲解。教师讲解相关练习内容的知识。(讲解内容附后)

4.分组练习。各组根据教师讲解的内容要领以教材为内容,讨论完成布置的课题任务。讨论时教师巡回指导。

5.汇报交流。各组组长报告本组的讨论练习结果。教师适时点评指导,并控制发言时间。

6.反馈总结。教师对练习结果给予评价,并总结本次教学。

7.布置作业。教师板书课后练习。

# 学业测评设计　课目1

学习评价作为学习系统的反馈调节机制，在学习与教学过程中起着重要作用，历来是教育学家与心理学家的重点研究对象。随着教育理论与实践的发展，学习评价也经历了不同的发展阶段，先后出现了测量、描述、判断和建构四种主要的评价观点。这里重点讲述训练测量评价中的编题。

【教学目标】

通过教师讲、学生练的教学，学会以表格（双向细目表）的形式制定编题计划，并掌握编题计划在测评上的用途。

【学习时间】

4学时。

【支持材料】

中学教材、课程标准文本、纸笔、黑板或演示媒体。

【学生练习】

从教材中任选一章内容，按了解、理解、应用、创造（或探究）四个目标编制一份命题计划表（双向细目表）。

【导练材料】

## 一、什么是编题计划

所谓编题计划，是指对测评内容在所欲测的各类教学目标上所做的安排，通常是一张双向细目表，指出测评所包含的内容和要测定的（学习）行为目标，以及各项测评内容在所测各行为（学习）目标上所占的数量比例。

编题计划表（双向细目表）由三个要素构成：

1.行为目标，这是计划表的一项，指学生通过教学所要达到的学习目标。如我国基础教育新课程标准把认知方面的学习目标分为三种行为：了解、理解、应用。

2.测评内容，这是计划表的另一项，指教材所规定的教学内容，可按各学科的具体章节将试题分类。

3.比例细目，指各项测评内容在所测各行为（学习）目标上所占的数量比例。编题计划表的式样如下例(表26~30)所示：

**示例1**

表26 初中物理测验命题计划表

| 内容 \ 目标 | 了解 | 理解 | 应用 | 创造或探究 | 分数/题量(R) |
|---|---|---|---|---|---|
| 1.力学 | 5 | 10 | 12 | 3 | 30/12 |
| 2.热学 | 3 | 5 | 5 | 1 | 14/5 |
| 3.电学 | 5 | 11 | 11 | 1 | 28/12 |
| 4.光学 | 2 | 4 | 4 | 1 | 11/4 |
| 5.原子 | 1 | 1 | 2 | 1 | 5/2 |
| 6.实验 | 3 | 7 | 1 | 1 | 12/5 |
| 分数/题量(C) | 19/6 | 38/16 | 35/14 | 8/4 | 100/40 |

**示例2**

表27 初中物理(八年级下册)第六章 常见光学仪器测验命题计划表

| 内容 \ 目标 | 了解 | 理解 | 应用 | 创造或探究 | 合计(R) |
|---|---|---|---|---|---|
| 透镜 | 4 | 8 | 7 | 4 | 23 |
| 凸透成像规律 | 3 | 7 | 6 | 3 | 19 |
| 透镜的应用 1 | 5 | 10 | 11 | 5 | 31 |
| 透镜的应用 2 | 4 | 9 | 10 | 4 | 27 |
| 合计(C) | 15 | 35 | 35 | 15 | 100 |

**示例3**

表28 初中数学(八年级上册)第一章 勾股定理测验命题计划表

| 内容 \ 目标 | 了解 | 理解 | 应用 | 创造或探究 | 合计(R) |
|---|---|---|---|---|---|
| 勾股定理的探索 | 5 | 11 | 10 | 5 | 31 |
| 勾股定理逆定理 | 4 | 12 | 9 | 4 | 29 |
| 勾股定理的应用 | 6 | 14 | 14 | 6 | 40 |
| 合计(C) | 15 | 37 | 33 | 15 | 100 |

## 示例4

表29 八年级语文试题双向细目表

| 目标<br>内容 | | | | 识记 | 理解 | 分析综合 | 表达应用 | 欣赏评价 | 题型 | 取材 | 比例（%） |
|---|---|---|---|---|---|---|---|---|---|---|---|
| 语文积累与运用 | | 1 | 古诗文默写 | √ | | | | | 填充 | 教材内 | 25 |
| | | 2 | 填字注音 | √ | √ | | | | 填充 | 教材内 | |
| | | | 改正错别字 | | √ | | | | 填充 | 教材内 | |
| | | | 标点符号 | | | | √ | | 填充 | 教材内 | |
| | | | 句子主干 | | | √ | | | 简答 | 教材内 | |
| | | 3 | 短语类型 | | | √ | | | 选择 | 教材内 | |
| | | 4 | 名著常识填空 | √ | | | | | 填充 | 教材内 | |
| | | 5 | 活动策划 | | | √ | | | 简答 | 教材内 | |
| | | | 口语表达 | | | | √ | | 简答 | 教材内 | |
| | | | 句子仿写 | | | | √ | | 写作 | 教材外 | |
| 阅读 | 现代文阅读 | 6 | 提炼信息 | | √ | | | | 简答 | 教材内 | 45 |
| | | 7 | 内容理解 | | √ | √ | | | 简答 | 教材内 | |
| | | 8 | 写法分析 | | √ | | | | 简答 | 教材内 | |
| | | 9 | 体会情感 | | √ | √ | | | 简答 | 教材内 | |
| | | 10 | 品味语言 | | √ | | | | 简答 | 教材内 | |
| | | 11 | 文体常识 | | √ | | | | 简答 | 教材外 | |
| | | 12 | 写法分析 | | √ | | | | 简答 | 教材外 | |
| | | 13 | 内容理解 | | √ | √ | | | 简答 | 教材外 | |
| | | 14 | 品味语言 | | √ | √ | | | 简答 | 教材外 | |
| | | 15 | 阅读感受 | | | | √ | √ | 填充 | 教材外 | |
| | 文言文比较阅读 | 16 | 解释词语 | | √ | | | | 简答 | 教材内 | |
| | | 17 | 翻译句子 | | √ | | | | 简答 | 教材内 | |
| | | 18 | 内容理解 | | √ | √ | | | 简答 | 教材内 | |
| | | 19 | 阅读感受 | | | | √ | √ | 简答 | 教材内 | |
| 作文 | | 20 | 写作 | | | | √ | √ | 写作 | 教材外 | 30 |
| 比例（%） | | | | 20 | 20 | 25 | 25 | 10 | | | 100 |

## 示例5

**表30　七年级第一学期期末语文检测双向细目表**

| 内容 | | 目标 | 层级 识记 | 理解 | 运用 | 题型 | 出处 | 分值 |
|---|---|---|---|---|---|---|---|---|
| 基础积累(16分) | 1 | 语音 | V | | | 选择题 | 教材内 | 2 |
| | 2 | 字形 | V | | | 选择题 | 教材内 | 2 |
| | 3 | 修辞 | | V | | 选择题 | 教材内外 | 2 |
| | 4 | 成语运用 | | | V | 选择题 | 教材内外 | 2 |
| | 5 | 病句修改 | | | V | 选择题 | 教材内外 | 2 |
| | 6 | 文学常识 | V | | | 选择题 | 教材内 | 2 |
| | 7 | 文言文通假字 | V | | | 选择题 | 教材内 | 2 |
| | 8 | 情景语言运用 | | | V | 选择题 | 教材外 | 2 |
| 课外说明文阅读(12分) | 9 | 说明对象及其特征 | | | V | 简答题 | 教材外 | 2 |
| | 10 | 说明顺序 | | | V | 选择题 | 教材外 | 2 |
| | 11 | 说明方法及其作用分析 | V | | V | 简答题 | 教材外 | 3 |
| | 12 | 分析说明语言的准确性 | | | V | 简答题 | 教材外 | 3 |
| | 13 | 文本拓展延伸 | | | V | 简答题 | 教材外 | 2 |
| 课外简单记叙文阅读(12分) | 14 | 整体感知 | | | V | 简答题 | 教材外 | 2 |
| | 15 | 信息提取 | | | V | 简答题 | 教材外 | 2 |
| | 16 | 内容理解 | | V | | 简答题 | 教材外 | 3 |
| | 17 | 语言品味 | | V | V | 简答题 | 教材外 | 3 |
| | 18 | 探究发现 | | V | V | 简答题 | 教材外 | 2 |
| 作文(60分) | 19 | 作文 | | | V | 写作 | 教材外 | 60 |
| 分值 | | | 20 | 20 | 60 | | | 100 |

## 二、编题计划的用途

编题计划有三个用途：

1.确定题目的数量

在测评编题阶段，编题计划中的目标和数字能够指示应该写那些性质的题目和写多少题目。

2.确定题目的分数

在记分时可按计划表中的百分比确定每种题目的分数。

3.检验测评的效度

测验编制好以后可将测卷中题目的实际构成情况与编题计划对照，计算测卷内容对教材的覆盖率，检验实测内容对应测内容的代表性或有效性，覆盖率越高，测验的效度越高。例如，一份试卷与编题计划比较，对测“理解”内容的覆盖率为84%，说明这份试卷能够有效测到84%的理解能力。

## 三、编题计划编制方法

编题计划可按下列步骤进行：

1.明确教学目标

教学目标在教学测评中也就是测评目标。我国基础教育新课程标准把教学目标分为三个领域：认知、技能、态度情感。认知领域的教学目标一般分为“了解、理解、应用”三种行为水平；技能领域的教学目标一般分为“模仿、独立操作、迁移”三种水平；态度情感领域一般分为“情感、态度、价值观”三个方面。编制一个关于三个领域的综合测评计划表是比较困难的，多数情况是分开编制的。由于编制的原理是相同的，这里仅以认知领域的测验命题计划表说明编制方法。

编制测评计划首先要明确教学目标，其确定方法是根据课程标准将要测量的教学目标列出即可。如表26中第一栏列出的“了解、理解、应用、创造或探究”就是要测的教学目标。

2.确定测评内容

测评内容即教材中所规定的内容。一般表现为教材中的章节目录，在编制命题计划表时将它们列出排在表的左端。如三个命题计划(表26~28)左侧排列的内容要目就是测评内容。

3.确定目标和内容的比例

各类教学目标题目的比例一般按统计中的正态分布结构进行确定，即测量理解等中等能力水平的题目占的比重最大，测量较低和较高能力水平的题目占的比重较小，各类目标的题目在比例上呈现的是“中间大两头小”的结构。各类目标的比例确定后，列在命题计划表的最下端的合计(C)栏内。测量各项教学内容的题目比例一般按教学课时数的比例或单位知识点的比例进行确定，确定后列在命题计划表的右端合计(R)栏内。

4.计算各类目标在各项内容上的比重

计算方法是(行×列)÷100(即R×C/100)，算出后依次填在表的方格内。例如，表26中“力学”与“了解”一格中的数字为(30×19)÷100=5.7，调整为5，表28中“勾股定理逆定理”与“理解”交会处的数字为，(29×37)÷100=10.7，调整为12。照此方法将表的空格全部填上数字。

5.调整分配比例

通过第四步填在方格中的数字是理论数字，如无特别考虑，即以表中的数字为编题的依据。但考虑实际需要，常常要进行调整，调整的依据是：

(1)各类教学目标在整个教学目标中的在重要性；

(2)各项教学内容的教学时数；

(3)各项教学内容所含的单位知识点在每个教学目标上可能出题的数量；

(4)教育专家或有经验教师的意见。

上例表格中的数字都是调整后的数字。

# 测题的编写　　课目2

只要有教学就必然会有考试,有考试就必然需要命题。测题的编写绝不只是专家的事,它应当是教师基本功的重要组成部分。因为它关系到日常教学评价的准确度,关系到教师作业布置是否有效、对学生的思维训练是否得当。测题编写能力可以体现教师的专业水平,因为一份科学、有效的试题不仅体现教师对课标、教材的理解与把握能力,也体现教师对学生的研究深度、对学生学习的了解程度。

【训练目标】

通过教师讲、学生练的教学,要求学生做到:

学会编写了解、理解、应用、创造或探究四种性质的测评题目。

对同一性质的学习材料,学会用选择、填空、问答、叙述、判断、解释等形式编写题目。

【支持材料】

中学教材、课程标准文本、纸笔、黑板或演示媒体。

【学习时间】

8课时。

【学生练习】

从教材中任选一章内容,编写了解、理解、应用、创造或探究四种性质时测评题目,选择题、填空题、解答题各五个。

【导练材料】

## 一、题目的分类

评定学生的学习表现,用于引起学生行为表现的题目很多,可根据不同的标准对题目进行分类。常用的分类是根据教学目标和作答方式进行的分类。

(一)测量不同教学目标的题目

1.测量“了解”的题目

“了解”性题目可引起学生对知识进行再认和回忆,主要考察记忆水平。试题中的行为动词多用默写、描述、叙述、说出、写出、画出、复述、辨认、指出名称、列出要点等词语。在学生学业测评中只要单纯借助记忆作答的试题都是"了解"性试题。

例1 一次函数$y=-2x+b$的图象经过点(2,-8),写出这个函数的表达式。

例2 平移是由____________所决定。

例3 下列运动属于旋转的是( )

A. 滚动过程中的篮球的滚动　　B. 钟表的钟摆的摆动

C. 气球升空的运动　　D. 一个图形沿某直线对折过程

例4 说出数轴上的正负是怎样规定的?

例5 家庭的门上都装有防盗门镜("猫眼")。从室内透过防盗门镜向外看,可以看到来客的正立、缩小的像。由此可以断定,此时防盗门镜的作用相当于一个( )

A. 凸透镜　B. 凹透镜　C. 三棱镜　D. 玻璃砖

例6 普通照相机的镜头相当于一个____透镜,一架普通照相机镜头的焦距为50cm,当被拍照的人到镜头的距离大于____cm时,底片上会得到一个倒立、缩小的像(选填:实或虚)。

例7 什么叫因式分解?它有哪些方法?

例8 请做出图15中的入射光线和折射光线(图略)。

例9 透镜分为________和________,中间厚边缘薄的叫________,中间薄边缘厚的叫________,透镜的中心叫做________。

例10 下列词语中加点字的读音完全正确的一项是( )

A. 嶙峋xún　蝉蜕tuì　怂恿sǒng　戛然而止gá

B. 归省xǐng　羁绊pàn　间或jiàn　成吉思汗hán

C. 伛偻lǚ　尽管jìn　撺掇cuān　头晕目眩xuàn

D. 哂笑shěn　丫杈chà　强聒guō　怏怏不乐yàng

例11 补写出下列名篇名句中的空缺部分。

(1)____________,天涯若比邻。(唐·王勃《送杜少府之任蜀州》)

(2)不畏浮云遮望眼,____________。(北宋·王安石《登飞来峰》)

(3)晴川历历汉阳树,____________。(唐·崔颢《黄鹤楼》)

(4)____________,在乎山水之间也。(北宋·欧阳修《醉翁亭记》)

(5)____________,____________。此夜曲中闻折柳,何人不起故园情。(唐·李白《春夜洛城闻笛》)

从上面的例子可以看出,学生对知识的了解可用选择、填空、简答等方式反应(回答)。学生回答这类问题只要能正确回忆以前过的知识就能答出。一般不采用对学生来说是新的术语、环境和提法。

2.测量“理解”的题目

“理解”性题目主要考查学生对知识、现象意义的理解，能对学习材料进行判断、转化、解释和推断。理解能力不是一种单一能力，而是一种包含多种认知成分的心理能力。在考试中采用的选择题、填空题、解答题、实验题、计算题都可以测量理解能力。测量理解能力的题多用举例、推断、译意、解释、改变、区别、估计、引申、计算、概括、改写、写梗概、解答等词语。

例12　关于透镜，下列解释正确的是(　　)

A. 凸透镜对光线有会聚作用，通过凸透镜的光线一定会聚到一点

B. 不论是凸透镜还是凹透镜，经过透镜光心的光线方向都不变

C. 放在凹透镜焦点上的点光源，它发出的光线经透镜折射后光线平行于主光轴

D. 凸透镜有两个虚焦点，凹透镜有两个实焦点

例13　在湖水中划船时，使船前进的动力是(　　)

A. 桨对水的推力　　B. 水直接对船的推力

C. 人对船的推力　　D. 水对桨的推力

例14　瓶子落在地板上碎了，对瓶子来说，地板是_____物体，瓶子是_____物体，若对地板来说，瓶子是_____物体，可见，物体间力的作用是_______________。

例15　由于汽车超载，每年给我国公路造成的损失超过300亿元。汽车载重量超过标准载重量的一倍时，如果在混凝土公路上行驶一次，对路面的损坏程度相当于标准载重量时行驶65536次，由此可见，治理超载营运刻不容缓。请你从两个方面解释：汽车超载为什么会加快路面损坏？

例16　以下列各组数为边长，能组成直角三角形的是(　　)

A. 2,3,4　　B. 10,8,4

C. 7,25,24　　D. 7,15,12

例17　“中华人民共和国道路交通管理条例”规定：小汽车在城街路上行驶速度不得超过70千米/小时，如图(图略)，一辆小汽车在一条城市街路上直道行驶，某一时刻刚好行驶到路面对车速检测仪正前方30米处，过了2秒后，测得小汽车与车速检测仪间距离为50米，这辆小汽车超速了吗？为什么？请用购股定理解释。

例18　为保护学生视力，课桌椅的高度都是按一定的关系配套设计的，研究表明：假设课桌的高度$y$(cm)是椅子的高度$x$(cm)的一次函数，下表列出两套符合条件的课桌椅的高度：

| | 第一套 | 第二套 |
|---|---|---|
| 椅子的高度$x$(cm) | 40.0 | 37.0 |
| 桌子高度$y$(cm) | 75.0 | 70.2 |

(1)请确定$x$与$y$的函数关系式；

(2)现有一把高39 cm的椅子和一张高为78.2 cm的课桌，它们是否配套？为什么？

例19 “再穷不能穷教育，再富不能富孩子”句中的两个加点词分别有什么含义？

例20 阅读下面古诗文，完成题目。

秋 行(徐玑)

戛戛秋蝉响似筝，听蝉闲傍柳边行。

小溪清水平如镜，一叶飞来细浪生。

(1)本首诗表现了诗人怎样的情趣？

(2)三、四句采用了什么写法，请加以简要赏析。

3.测量“应用”的题目

“应用”性题目是考查学生用已学过的定律、法则、原理、公式分析和解决新问题。这类题目不同于例题和学生已做过的习题，是以前从未做过的题目。若以前做过的题目，再做一遍，就成了考察学生的记忆能力，而不是测评学生的应用能力了。“应用”性题目要求学生能将面临的新问题归类到已学过的某类问题解答中，独立寻找或导出解决该问题的方法。例如，为了回答需求与价格是什么关系的问题，我们将此问题归类到已学过的数学上的比例问题解答中，找到判定需求与价格关系的方法。“应用”性题目的行为动词多用运算、证明、解决、表明、使用、预计、制作、区别、例述、推断、指出、分析、评价、论证、判断、估价、对比等。应用包含着了解、理解，是比了解和理解更高、更复杂的能力，是衡量学生是否“掌握”所学知识的最终标志。

例21 如果一次函数$y=kx+b$的图象不经过第一象限，那么(　　)

A. $k>0, b>0$　　B. $k>0, b<0$　　C. $k<0, b>0$　　D. $k<0, b<0$

例22 某种拖拉机的油箱可储油40 L，加满油并开始工作后，油箱中的余油量$y$(L)与工作时间$x$(h)之间为一次函数关系。

(1)求$y$与$x$的函数解析式。

(2)一箱油可供拖拉机工作几小时？

例23 $\sqrt{5}$是一个无理数，则下列判断正确的是(　　)

A. $1<\sqrt{5}-1<2$　　B. $2<\sqrt{5}-1<3$

C. $3<\sqrt{5}-1<4$　　D. $4<\sqrt{5}-1<5$

例24 一个安装了两个进水管和一个出水管的容器，每分钟的进水量和出水量是两个常数，且两个进水管的进水速度相同。进水管和出水管的进出水速度如图1(图略)所示，某时刻开始到6分钟(至少打开一个水管)，该容器的水量$y$(单位：升)与时间$x$(单位：分)如图2(图略)所示。

(1)试判断0分到1分、1分到4分、4分到6分这三个时间段的进水管和出水管打开的情况。

(2)求$4\leqslant x\leqslant 6$时,$y$随$x$变化的函数关系式。

(3)6分钟后,若同时打开两个水管,则10分钟时容器的水量是多少升?

例25　关于物体受到的浮力,下列说法中正确的是(　　)

A. 漂浮在水面的物体比沉在水底的物体受到的浮力大

B. 物体排开水的体积越大在水中受到的浮力越大

C. 浸没在水中的物体在水中的位置越深受到的浮力越大

D. 物体的密度越大受到的浮力越小

例26　小刚同学在实践活动中自制了一个可调节亮度的台灯,他设计的电路如图所示,灯泡L上标有“220V、40W”,滑动变阻器RP上标有“990Ω、1A”,设灯泡的电阻不随温度改变,电源电压保持220V不变。求:

(1)灯泡的电阻。

(2)灯泡最暗时,灯泡消耗的电功率。

例27　小华在滑冰场上快速滑行,在10s内滑行80m,她和冰刀的总质量为40kg,已知每只冰刀与冰面的接触面积为$15cm^2$。问:

(1)小华受到的重力是多大?

(2)小华滑行的平均速度是多大?

(3)小华在单脚滑行时对冰面的压强是多大?当小华双脚站立时,她对冰面的压强怎样变化,简要说明理由。

例28　依次填入横线上关联词语,恰当的一项是(　　)

水和矿物质盐类,________也是生物体所必需的,________也参与躯体的组成,______它们不能供应能量,跟一般食物不用。

A. 虽然 但是 而且　　B. 虽然 而且 但是

C. 不但 而且 甚至　　D. 因为 而且 所以

例29　下列语段中有两个病句,请把它们找出来并加以改正。

文化与修养共存,智慧与幸福同在。在很大程度上,人类精神文明的成果是以书籍的形式保存的。①一个真正的读者就要通过读书来最大限度地享用这些成果的过程。②一个人能否成为真正的读者,关键在于他在青少年时期养成良好的读书习惯。③如果没有从小培养起对阅读的兴趣,就很难从阅读中体会到快乐与幸福。

(1)第(　)句,修改意见:

(2)第(　)句,修改意见:

4.测量“技能”的题目

“技能”性题目主要考查学生操作事件和物体以完成任务的能力,如操作仪器、测量物体、绘制图表、处理信息、移动物体等。“技能”性题目的行为动词如设计、绘制、测量、调整、改进、计算、编制、编写、移动、做出等。

例30 下面是测额定电压为2V的小灯泡的额定功率与实际功率的实验器材。

(1)请你根据图1所示的电路图连接图2中的实物电路(提示:注意选择合适的量程,线路不要互相交叉)。

(2)测定小灯泡的额定功率时,应移动滑动变阻器的滑片$P$,使电压表的示数为V,观察这时电流表的示数如图3所示,则通过小灯泡的电流是____A,小灯泡的额定功率为____W;这只小灯泡灯丝的电阻为____Ω。

(3)继续移动滑片$P$,使灯泡两端的电压为1.6V,此时通过灯泡的电流是____A,在图4中画出此时电流表指针的位置,这时灯泡的实际功率____W。

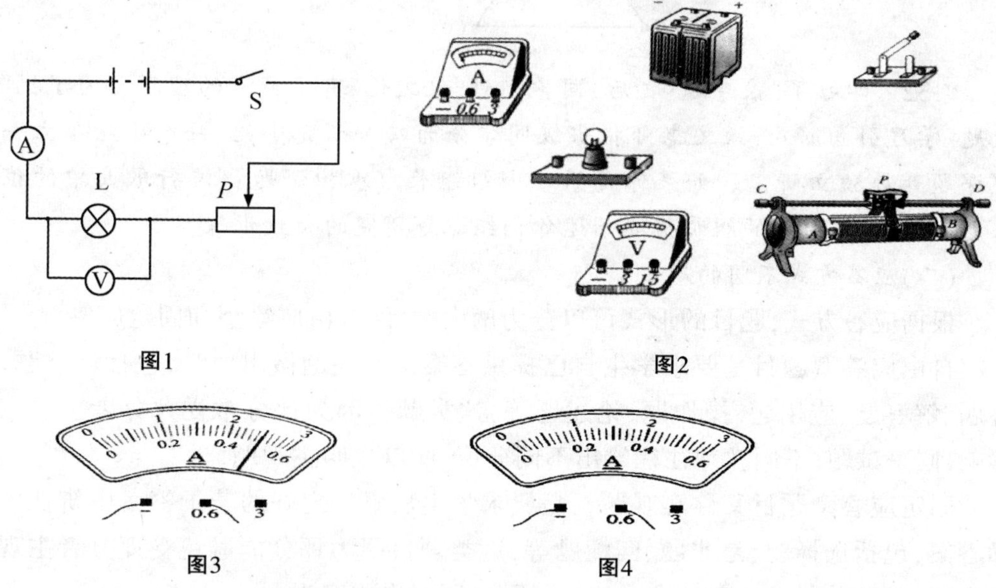


图1 图2

图3 图4

例31 (1)经过平移,图中左边图形上$A$点移到$E$点,作出平移后的图形。

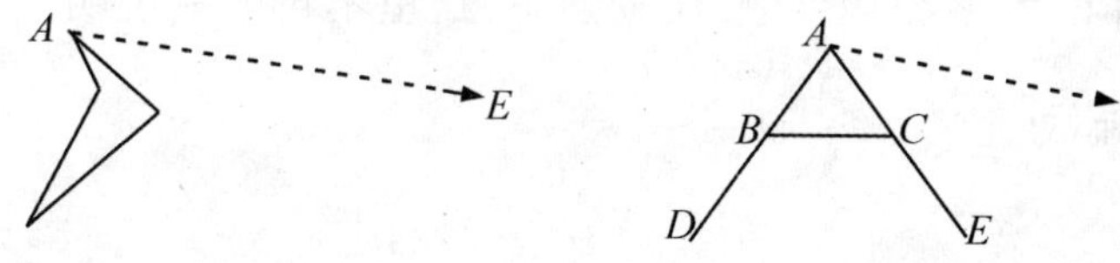


(2)将字母$A$按箭头所指的方向,平移3 cm,作出平移后的图形。

(3)如图,经过平移,$\triangle ABC$的顶点$A$移到了点$D$,请作出平移后的三角形。

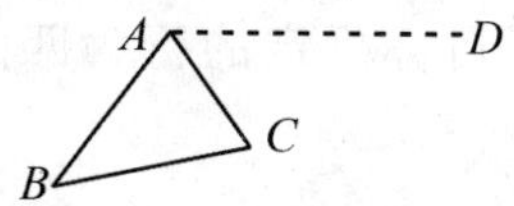


(4)在下图中,将大写字母$E$绕点$O$按逆时针方向旋转90°后,再向左平移4个格,

请作出最后得到的图案。

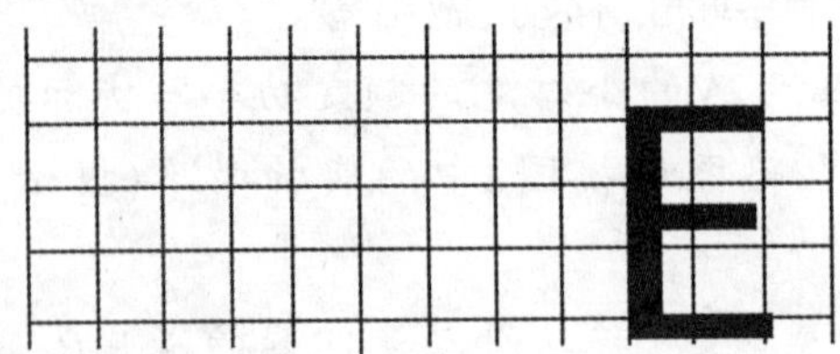


(5)如图,把$B$点绕逆时针方向旋转30°后,画出旋转后的三角形。

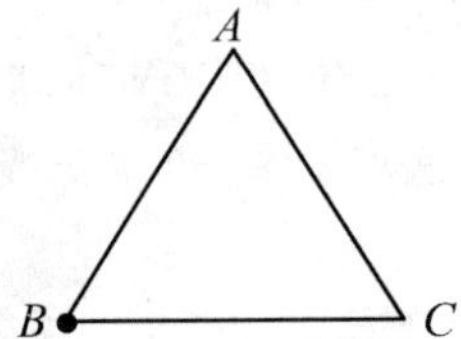


例32　学习了"狼专题"之后,同学们对"狼文化"有了更深的理解。为了把"狼专题"学习引向深入,语文老师把班级同学分为四个研究小组,每个小组确立一个小课题开展独立研究。如果你是第一小组组长（承担课题:《流行歌曲中的狼形象》),你该如何对你的组员扼要阐述你们组课题研究的大致步骤?

(二)应答方式不同的题目

根据应答方式,题目的形式可以分为两大类,即自由应答型和固定应答型。

自由应答型题目是要求学生自己提供答案来对问题做出回答,包括填空题、简答题、解答题、应用题、操作题、论述题等,这类题目因为评分常受评分者主观感受影响,同一试题,不同教师往往给出不同分值,所以也叫主观题。

固定应答型题目又称客观题，是要求学生从事先定好的若干答案中辨认出正确答案,包括选择题、是非题、匹配题等,这类题目因为评分能避免受评分者主观感受影响,评分受制于规定标准,能客观评分,所以也称客观题。

以上两类题目的式样因大家经常接触,比较熟悉,这里不再一一说明。

## 二、题目的选择与编制

(一)题目的选择

不同的题目形式可以测评不同的学业状况或能力,因此在测评学生的学习时,我们首先应正确地选择题目形式。测评学生的学习状况主要取决于教学目标,因此采用何种题目应根据教学目标，把题目的应答方式与教学目标规定的行为匹配起来,使题目能够测到学生通过学习达到教学目标的程度。

在教学测评中,一般情况是教学目标是解释基本概念、原理,可设计为选择题、判断题、简答题;教学目标是形成技能,测评题型就应是操作性题目;教学目标是提高分析问题、解决问题、组织信息的能力，测评题型就应是论述性的解答题；教学目标是考察学生的记忆、分析、鉴别、推理、理解和应用能力，测评题型就多采用选择题；教学目标是考察学生思维的敏捷性和思维结果，测评题型就可用客观性题目；若教学目标是考查思维的广阔性、严密性及思维过程，测评题型则宜采用主观性题目。下面提供一个各种教学目标与题目类型的匹配表（表31），以供选择题目时参考。

**表31　教学目标指示的行为与题目类型的匹配表**

| 目标 | 论述题 | 填空题 | 补全题 | 选择题 | 匹配题 | 是非题 | 设计题 | 简答题 |
|---|---|---|---|---|---|---|---|---|
| 陈述 | √ | | √ | √ | | | | √ |
| 确认 | | | | √ | | √ | | |
| 讨论 | √ | | | √ | | | | |
| 解释 | √ | | √ | √ | | | | |
| 选择 | | | | √ | √ | | √ | |
| 区分 | | | | √ | √ | √ | | |
| 解决 | √ | √ | √ | √ | | √ | √ | |
| 扩展 | √ | | √ | | | | √ | |
| 找出 | √ | √ | √ | √ | √ | √ | √ | |
| 构建 | √ | √ | √ | | | | √ | |
| 创造 | √ | | √ | √ | | | √ | |

（二）题目的编写

这里只就教学测评中常用的选择题、填空题、论述题的编写做些介绍。

1.选择题

在学科测验、学习能力测验中最为常用的是选择题。此种题目在结构上包含两部分：一为题干，有直接问句或不完全的陈述句所构成；另一部分为选项，包含一个正确答案或正确答案的组合及若干个错误答案。选择题可适用文字、数字、符号和图形等不同性质的材料，可以考察记忆、分析、鉴别、推理、理解、应用的能力。下面是几种常见的变式：

（1）计算：通过计算选出正确答案。

例33　在一定条件下，若物体运动的路程$S$（米）与时间$t$（秒）的关系式为$S=5t^2+2t$，则当$t=4$秒时，该物体所经过的路程为（　　）。

A. 28米　　B. 48米　　C. 68米　　D. 88米

例34　同一直线上的两个力，当它们同向时，合力为20N，当它们反向时，合力为8N，则二力大小为（　　）。

A. 20N，8N　　B. 12N，8N　　C. 14N，6N　　D. 16N，4N

(2)推理:已知甲和乙的关系,推出丙和丁的关系,或已知某种规则和个别要素,推出其他要素。

例35 船—水,飞机—(　　)

A. 大地　B. 白云　C. 天空　D. 海洋

例36 由公式$I=\frac{U}{R}$变形可得电阻的计算公式$R=\frac{U}{I}$,关于这个公式的理解,正确的是(　　)。

A. 电压越大,电阻就越大　B. 电流越大,电阻就越小

C. 电阻跟电压成正比,跟电流成反比　D. 电阻等于电压跟电流的比值

例37 等腰三角形的一个内角为50°,则另外两个角的度数分别为(　　)

A. 65°,65°　B. 50°,80°　C. 65°,65°或50°,80°　D. 50°,50°

(3)理解:根据现有知识,分析判断某看法或做法的正误。

例38 下列说法正确的是(　　)。

A. 2是–4的算术平方根　B. 5是$(-5)^2$的算术平方根

C. $\sqrt{9}$的平方根是±3　D. 27的立方根是±3

例39 如图4(图略)所示,当滑片$P$向$a$端移动时,对电路中的电流、灯泡的亮度变化判断正确的是(　　)。

A. 电流变大,灯泡变亮　B. 电流变大,灯泡变暗

C. 电流变小,灯泡变亮　D. 电流变小,灯泡变暗

(4)找异类:题内有几项属于同一类事物,只有一项不属于这一类,要求找出。

例40 下列图形中,不是轴对称图形的是(　　)。

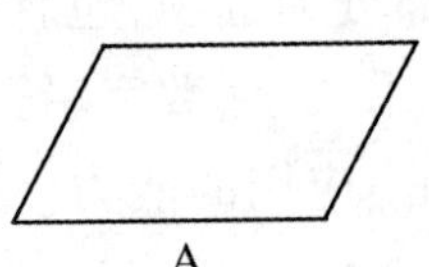
A

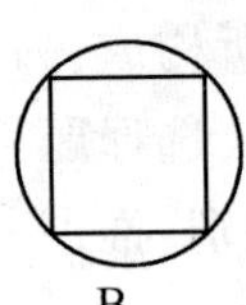
B

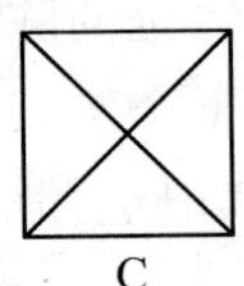
C

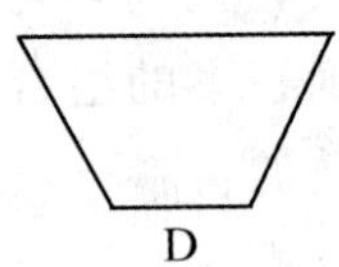
D

例41 下列物质中属于导体的是(　　)。

A. 陶瓷　B. 石墨　C. 玻璃　D. 硅

(5)最好理由:几个备选答案都是对的,但其中有一个最佳,要求把它找出来。

例42 偷东西的人应该受到惩罚,因为(　　)。

A. 惩罚可使它不敢再犯　B. 偷窃为法律所不容

C. 偷东西人不是好人　D. 偷窃扰乱社会治安

选择题的编拟有以下几种构思方法：

(1)从一句正确的陈述出发，构思出一个选择题。具体做法是：把教材中一句陈述概念、原理、定理、规则的话中的某几个重要的字词删去，留作空白，只把其余的字词写出来。由此出发，把写出来的字词作为题干，把删去的字作为正确答案，再拟几个干扰答案，就转化为选择题了。例如，“每个数$a$只有1个立方根”，这句话，可把“每个数$a$有( )个立方根”作为题干，把“1个”作为正确答案，另外再拟几个分心答案：“2个”、“3个”、“无数个”，就编成一道选择题了。又如“物体的能量就是它做功的本领”这句话，可把“物体的能量就是( )”作为题干，把“它做功的本领”作为正确答案，另外再拟几个干扰答案，如，“它克服阻力做的功”、“外力对它做的功”等，就编成选择题了。

(2)从一句错误的陈述出发，构思出一个选择题。做法是：就错误陈述要表达的意思概括为问题作为题干，把错误的陈述或判断作为一个选项，再拟出一个正确选项和几个干扰选项，就转化为选择题了。例如：从“每个数$a$有3个立方根”(错误判断)出发，可以拟出：“每个数$a$有( )个立方根”。“1个”“2个”、“3个”、“无数个”。

(3)把某一陈述句转化为问题作为题干，把对问题的可能解答作为选项。

例43　奥斯特实验说明的是(　　)。

A. 磁铁周围存在着磁场　　B. 地球周围存在着地磁场

C. 电流周围存在着磁场　　D. 导体周围存在着磁场

(4)就教材内容提出一个现象或设计一个特定的问题情境作为题干，要求学生依据某一原理去选择给出的几种解释或论断。

例44　若数据2，$x$，4，8的平均数是4，则这组数据的众数和中位数是(　　)。

A. 3和2　　B. 2和3　　C. 2和2　　D. 2和4

例45　输电线进户以后，经过以下装置再接到用电器上，这些装置的顺序是(　　)。

A. 电能表、保险盒、总开关　　B. 电能表、总开关、保险盒

C. 总开关、电能表、保险盒　　D. 总开关、保险盒、电能表

选择题的编拟要领及原则如下：

(1)根据测评目的选择最适当的题式。例如，要考察辨别、比较和评价能力，宜用最好理由式；要考察推理能力，宜用推理式和计算式；要考察理解能力，理解能力，用理解式；要考察解决问题的能力，宜用应用题改编的选择题。

(2)被选答案要简短，必要的叙述或相同的修饰语应全部置于题干中。

例46　在下列实数中：$\sqrt{5}$，$\pi$，3.14114111411114……，$\sqrt{16}$，$\frac{22}{7}$，$\sqrt[3]{9}$，无理数的个数有：

A. 3 个　　B. 4 个　　C. 5 个　　D. 6个

四个选项皆有"个"字，可移置题干中将题目改为：在下列实数中：$\sqrt{5}$，π，3.14114111411114……，$\sqrt{16}$，$\frac{22}{7}$，$\sqrt[3]{9}$，无理数的个数有(　)个。如此，可使选项更为简短。

(3)每个题目只能环绕一个中心，并只有一个正确答案，该答案在内容和形式上不可特别突出，但其正确性必须确凿无疑。

(4)诱答项应具有似真性，不能错得太明显。

例47　下列元素中，哪一类元素存在于蛋白质中，而不存在于碳水化合物或脂肪中：(　　)

A. 二氧化碳　　B. 氧　　C. 水　　D. 氮

此题A、C两选项都是化合物，而不是元素，错得过于明显，很容易被排除。

(5)不能对正确答案有任何暗示。

(6)选项之间不应相互重选、相互包括、相互依赖。

例48　如：9–3=?

A. 大于5　　B. 6　　C. 小于7　　D. 12

选项中除D外，其余三者相互重选，均为正确答案，应修改。

(7)应尽量避免"以上皆是"和"以上皆非的选项"。

(8)题干意义要完整。例如：题干是："一个实数"，"物质存在有"若不看选项，显然无法确定怎样应答，因为意义不完整。如果题干为：物质存在的三种基本形态是( )。读了题干，即使不看选项，也知道这个题目的确切含义。

2.填空题和简答题

填空题与简答题要求的是对正确答案的回忆，即由被试者自己写出答案。

填空题是提出一个不完整的陈述，要求被试者把缺少的内容填上，可以空一处，也可以空几处。例如："若点A的坐标满足条件，则点A在第________象限。""电话的基本原理是：话筒把声信号变为电信号传出去；听筒则是把__________信号还原为________信号，这样我们就可以听到对方的声音了。"

简答题是提出简单的问题，要求被试者回答，通常只要几个字或一两句话即可答完。如："物质存在的三种基本形态是什么？""勾股定理的内容是什么？"简答题最适合于测评实际知识的记忆和理解。

填空题和简答题与选择题适于同样类型的材料，它们比选择题容易编写，并且无法猜测答案，但评分不如选择题方便和客观。

填空题和简答题有如下编写原则：

填空题目应空出关键字句，并且要和上下文有密切联系，不要空处无关紧要的字词；一句话不要太多的空白，空白太多，不容易明白题意；空白最好放在句子的尾端,免得空格数量为答案提供线索;提问要具体,范围要确定,要是学生知道答案的类型、长度和确切程度;准备一个正确答案和几个可接受的变式答案,如果部分正确也适当给分,则要做出更具体的规定。

3.论文题

论文题在理科教学测评中多以解答题、说明题、分析计算题、叙述题、解释题等形式出现,最适合测评组织能力、综合能力、评价能力,有时还可测量创造能力。论文题编写容易,不允许猜测和简单背诵,可以测评理解的深度和掌握程度。但题目少,取样缺少代表性,特别是评分易受无关因素影响(如表达风格、字迹美丑、卷面整洁、个人成见等)的影响,从而使测评的可靠性和有效性降低。

编拟论文题目要注意以下几点:

要让学生知道答案的范围和方向,例如,长度、举例的详细程度等,可将一个题目限定在几个方面应答,但不要规定得太具体,以免变成一系列简答题;应要求学生在新的情境下,应用知识去解决新的问题;题目不要过少或过大,数量适当多些,内容要适当具体些;要选用具有可接受的答案的题目,不要用那些仅有测量意见和态度的题目;对部分正确的回答如何评分做出尽可能具体的规定;应尽量选用适当的行为动词陈述题目内容,以保证对复杂认知目标的测评。

下表(表32)是测量高级认知目标的题目样例,供编论述题时参考。

**表32　用行动词编制论文题目举例**

| 测评目标 | 试题举例 |
|---|---|
| 1. 比较 | 说明甲乙的异同点。比较两种方法在某方面的优劣。 |
| 2. 因果 | 导致某事物的原因是什么?最可能影响某事物的因素是什么? |
| 3. 摘要 | 说明某篇文章的主要观点。摘要章内容要点。 |
| 4. 概括 | 从下述资料中概括出某项原则。举出解释下述事件的一些原则。 |
| 5. 推论 | 根据某资料,预料在某时间可能发生什么?某人下述事件可能做出什么反应? |
| 6. 分类 | 根据某项原则将下列事物分类。下列事物的共同点是什么? |
| 7. 创造 | 对某事物列出所有你能想到的……编一个情境,说明将会发生…… |
| 8. 应用 | 按照某项原理,说明将如何解决下述问题?举出能用来说明某项原则的实例。 |
| 9. 分析 | 说出下例做法或操作的错误之处。列出并说明某事物的主要特征。 |
| 10.综合 | 写一篇完整的报告来说明……写一份制造或操作某事物的说明书。 |
| 11.评价 | 批判下面的各种观点。评价下述事物的优缺点。 |
| 12.辩解 | 下述各项你最喜欢哪一项?为什么?说明你同意或不同意某种观点的理由。 |

# 测评题目质量的分析确定　　课目3

测题质量分析是评价测题质量的基本出发点和基本依据。

【教学目标】

通过教师讲、学生练的教学,学会分析计算题目的难度和区分度。

【学习时间】

4学时。

【学生练习】

计算表33中第4、7、10、19、21、24题的难度和区分度。

【导练材料】

## 一、题目质量分析的意义

对学生学习的测评是以测验题目为单位进行的,所以好的测评要有好的题目。那么什么是好的测评?教育测量学认为,好的测评有两个指标:信度和效度。

所谓信度,是对测评试卷可靠性或可信性的度量,是指一份测验试卷对同一受测者多次测量,测量结果的一致性程度,一致程度愈高,可信度愈高,测量结果越真实可信、可靠。这一点很好理解,例如,我们买布,售货员给我们量了3米布,我们感到怀疑、觉得不可信,消除怀疑的办法,就是再量一次,如果量的结果还是3米,我们认为测量是真实可信的,否则便不可信。再如,我们测试学生的数学知识,以评价学生对数学掌握得好不好,学生的数学学得好不好,不能凭一次测试就下结论,而是根据多次测评的分数来评价,看该生的分数是稳定在高分还是低分,如果总是稳定在高分,我们就说,该生数学学得好,否则就说,学得不好。所以信度也叫测量的稳定性。

所谓效度,是指一个量表能够测到想要测到的事物的程度,对教育测量而言,就是指一份测试卷能够准确测到学习结果(教学目标)的程度。例如,一份物理侧卷测量的目标是学生学习物理之后,对物理学的概念、原理、实验知识的掌握,但由于试卷中的题目多是一些计算题,结果数学学得好的学生得高分,那么,这份试卷就没有准确测到学生对物理知识的掌握,这份物理侧卷对测试目的来说,就不是一份有效的侧卷或效度高的测卷。

信度和效度是度量侧卷质量的两个基本指标，教育测量的目就是获得高信度和高效度的测量结果。测量的信度和效度受多种因素影响，其中测验题目是最为关键的影响因素，因此要提高测卷的质量，必须提高测题的质量。

测验题目的质量一般是用题目的难度和区分度来度量的，我们编写测卷应该把哪些难度适宜、区分度高的题目筛选出来加以组合，才能获得高信度和高效度的测评结果。所以编写题目，必须分析测验题目的性能，以便为筛选题目、组拼测卷提供支持。

所谓题目分析，就是对题目的质量特性进行的考察确定，具体说就是考察确定题目的难度和区分度。

## 二、难度计算及确定

教育测评中题目的难度，就是受测者应答题目所感受到的难易程度。一个题目，如果大部分受测者都能答对，则该题目的难度就小；如果大部分受测者都不能答对，则该题目的难度就大。难度能够进行定量地刻画，定量刻画题目难度的量数，叫做难度系数。难度也叫应答率，以此为指标，可用来说明受测者对所编题目的理解程度，如果应答率过低，在一定程度上反映题目与受测者知识经验差距过大，受测者不能对题目做出有意义的反应。

### (一)难度系数的计算

难度一般用一组受测者应答某一题的得分率来表示，计算公式为：

$P=M/X_{max}$

式中，$P$代表题目难度，$M$为受测者在某题上的平均分，$X_{max}$为该题的满分。例如，根据表33中的数字计算第1题、第15题的难度：

第1题的平均分为0.6，满分为1分，则难度为：$P_1=0.6\div1=0.6$

第15题的平均分为4.6，满分为8分，则难度为：$P_{15}=4.6\div8=0.58$

**表33　10名学生在8个题目上的得分表**

| 题目＼学生 | A | B | C | D | E | F | G | H | I | J | 满分 $X_{max}$ | 平均分 $M$ |
|---|---|---|---|---|---|---|---|---|---|---|---|---|
| 第 1 题 | 1 | 1 | 0 | 1 | 0 | 0 | 1 | 0 | 1 | 1 | 1 | 0.6 |
| 第 4 题 | 0 | 1 | 1 | 0 | 1 | 0 | 0 | 1 | 0 | 1 | 1 | 0.5 |
| 第 7 题 | 0 | 0 | 1 | 1 | 1 | 0 | 1 | 0 | 0 | 0 | 1 | 0.4 |
| 第 10 题 | 0 | 1 | 0 | 0 | 1 | 0 | 0 | 1 | 1 | 0 | 1 | 0.4 |

| 学生<br>题目 | A B C D E F G H I J | 满分<br>$X_{max}$ | 平均分<br>$M$ |
|---|---|---|---|
| 第15题 | 5 7 4 6 6 2 4 5 3 4 | 8 | 4.6 |
| 第19题 | 6 5 5 4 7 1 6 2 4 5 | 7 | 4.3 |
| 第21题 | 11 14 9 10 16 5 12 8 10 13 | 20 | 10.6 |
| 第24题 | 10 16 8 12 15 6 15 11 9 8 | 20 | 11.0 |

难度的取值在1~0之间,越接近1,难度越小;越接近0,难度越大。

(二)难度的确定

测验题目难度的确定,是为了筛选题目,组拼测卷。所选用的题目,难度应定为多少为宜,取决于测评的目的和性质。

在教育工作中,若测评的目的是为了了解学生在某方面知识技能的掌握情况,可以不必过多地考虑难度,只要教育工作者认为重要的内容都可以采用,甚至那些难度为1或难度为0的题目都可采用。例如,在某单元教学之前,要了解学生对所要教学内容准备情况的预备测验,几乎每个题目难度都很高,也不应淘汰,因为它们表明哪些内容需要学习并加以掌握。而在教完某部分知识后,为了检测学生掌握知识的情况,即使每个题目难度都很低,这些题目仍然是可用的,因为它们表明学生掌握知识的程度。

如果测评目的是为了区分学生的差异,希望通过测评能将学生的能力和学业水平尽可能区分开来,以便区别对待,因材施教,一般要求整份测卷所有题目的难度系数分布在0.3~0.7之间,整个测评的平均难度系数在0.5左右,使测评对学生有较大的鉴别力。

如果测验的目的是用于选拔录用优秀者,就应该将题目的难度控制在接近录取率左右,即较多地采用那些难度值接近录取率的题目。例如,要从学生中选拔15%的人参加学科竞赛,则应该使$P$值接近0.15。

## 三、题目区分度及其计算

任何侧卷或多或少都有鉴别差异、区别优劣的作用,因而必然要求构成测验的题目要有区分的性能。

(一)区分度的含义及题目性能的评价

什么是区分度?区分度就是测题区别受测者能力水平的度量,常记为$D$。它是刻画题目区分性能的质量指标。有区分度的题目意味着,能力水平高的人在所答题目上得高分，能力水平低的人在所答题目上得低分。

区分度的值域范围在-1.00至+1.00之间。通常$D$为正值，称作积极区分；$D$为负值，称作消极区分；$D$为0，称作无区分作用。具有积极区分作用的题目，其$D$值越大，区分效果越好。如果区分度为负值，意味着能力水平高的人在所答题目上得低分，能力水平低的人在所答题目上得高分，说明题目出的有问题。

区分度是评价题目性能优劣的指标，也就是说题目的优劣可用D值的大小来评价，表34是一个以$D$值大小评价题目优劣的评价表。

**表34　区分度值与题目性能优劣评价表**

| 区分度值($D$) | 题目优劣评价 |
|---|---|
| 0.40 以上 | 非常优良 |
| 0.30–0.39 | 良好，如能修改更佳 |
| 0.20–0.29 | 尚可，仍需修改 |
| 0.9 以下 | 劣，必须淘汰 |

(二)区分度计算

题目区分度的计算有两种方法：相关法和鉴别指数法。相关法是用所有受测者的题目分数与测验总分的相关系数作为题目区分度的指标，相关越高，区分能力越好。用相关法计算区分度，手续颇为繁琐，目前中小学实际工作者很少用，我们只对鉴别指数法做些介绍，具体算法如下：

(1)排序。按测卷总分，将受测者从高分到低分进行排序。注意不要按题目分数排序。

(2)分组。从高分往下数，定出高分组；由低分往上数，定出低分组。两组人数分别占总人数的27%。

(3)分别计算高分组和低分组某题上平均分：$M_H$和$M_L$

(4)计算区分度$D$。计算公式为：$D=(M_H-M_L)/X_{max}$，式中，$M_H$和$M_L$分别代表高分组和低分组的在同一题目上的平均分，$X_{max}$代表该题的满分。

例如表33中：第1题，从A向下数27%的学生为3人，是为高分组，从J向上数27%的学生为3人，是为低分组；高分组平均分$M_H$=(1+1+0)/3人=0.66，低分组平均分$M_L$=(0+1+1)/3人=0.66；第1题的区分度为：$D$=(0.66—0.66)/1=0.00。该题无区分度。

第15题：从A向下数27%的学生为3人，是为高分组，从J向上数27%的学生为3人，是为低分组；高分组平均分$M_H$=(5+7+4)/3人=5.3，低分组平均分$M_L$=(5+3+4)/3人=4；第15题的区分度为：$D$=(5.3—4)/8=0.16。该题区分度低。

# 题目组合(编辑试卷) 课目4

学生课程成绩的考核和评定是教学工作的重要环节,而考试则是其主要手段。考试对教学工作具有多种功能,取得教学反馈信息是其重要功能之一。考试由编写试卷、组织阅卷、评卷记分、分数统计和试卷分析等环节构成。

【教学目标】

通过教师讲、学生练的教学,学会把所编各类题目组合起来形成试卷。

【学习时间】

8学时。

【支持材料】

中学教材、课程标准文本、纸笔、黑板或演示媒体。

【学生练习】

以教材为内容,根据教学测评目标,编写一份测卷,测时100分钟/份,题型不少于3种。

【导练材料】

## 一、题目组合的内容

题目的组合就是在题目编拟好以后,对各种题目进行搭配组合,编辑成为能够测量教学目标的测卷。

测题的组合包括三项工作内容:题目的审查、测卷的编辑、编制测卷复本。

## 二、题目的审查

题目的审查包括:检查题目的题意是否完整;题目叙述是否简明;题目内容是否有知识性、科学性错误;题目是否与教学内容有关;题目是否向考生提供了正确答案的线索等。

题目的审查是题目组合前必须要做的一项工作,题目只有经过审查,表明符合测评的要求,才能组合在一起进行测评。

## 三、测卷的编辑

题目审查过后，对审查合格的题目就可以用来编排组合，编辑成测卷。在编写测卷时应注意以下几个问题：

1.搭配在测卷里的题目对欲测量的学科教学内容是否有足够的覆盖率，把测题测卷与双向细目表比较一下，看能否涵盖双向细目表所开列的教学目标。

2.对照双向细目表中内容与目标的权重，考虑题目数量是否适宜，题目的分数分配是否符合已求得的权重分配。

3.考虑题目的难度和测验的长度是否适宜，学生能否在限定时间内完成测验。

4.合理编排测题。编排测题总的原则是由易到难，在测验开头应该有两个十分容易的题目，以便使学生熟悉作答程序，解除紧张情绪，建立信心，进入测验情境。在测验最后可有少数难度较大的题目，以便测出受测者的最高水平。在编排测题时要注意编排方式，编排方式有以下两种：

按照受测者的应答方式编排题目。按照选择、填空、简答、论述(解答、计算、实验)的顺序排列，并将相同题型题目由易到难的集中在一起，以减少由于题型变换对学生作答造成的干扰。

按照测验所测的教学目标编排测题。将测评了解、理解、应用、创造或探究等不同层次的题目相对集中在一起，以便检查学生实现教学目标的程度，使学生在同一时间运用同一智力活动回答问题。

编排题目的各种方式都应遵循由易到难的原则：按教学目标排列，要按低层目标到高层目标排列；按作答方式排列，要按简单到复杂排列。

## 四、编制测卷复本

为了增加实际效用，一种试卷至少要有等值的两份，份数越多，使用起来越便利。例如，我们要用测卷来考察一班学生在一学期中的进步，必须测量两次，一次在开学初，一次在学期末，两次结果的差别代表一学期中成绩的提高。如果测卷只有一份，使用两次就难免有练习的影响，两次测验的差别只能说明学生对测卷的掌握，不能完全代表学生学习的进步。要是这测卷有几份替换使用，就可以避免这种困难。

等值的测卷复本，各份测卷测量的是同一种学习结果(教学目标)，具有相同的题目形式、题目数量、组织结构，各份测卷各题目的难度、区分度大体相同，分数分布(平均分和标准差)大致相同，只有题目的文字内容不同。

编制复本时，只要有足够数量的题目，手续是很简单的。做法是：

(1)将所有合用的题目按难度(即题目的平均分与满分之比)排列,其次序为1、2、3、4、5、6……

(2)按"蛇形"编排法划分复本。如果要分成两个等值的测卷,采用在1的下面排2,2的左边排3,3的上面排4……依此法一直排下去。分法如下:

A卷:1、4、5、8、9、12、13、16……

B卷:2、3、6、7、10、11、14、15……

如果要分成三个等值的测卷,可采用下面的分法:

A卷:1、6、7、12、13、18、19……

B卷:2、5、8、11、14、17、20……

C卷:3、4、9、10、15、16、21……

复本编制结束,编制测卷工作即告完成。下面提供几份测卷,共练习时参考。

## 八年级物理下册第六章达标卷

测试内容:第六章　　时间:90分　满分:100分

| 题号 | 一 | 二 | 三 | 四 | 总分 |
|---|---|---|---|---|---|
| 得分 | | | | | |

**一、选择题。(36分)**

1. 关于透镜,下列说法正确的是(　　)。

A. 凸透镜对光线有会聚作用,通过凸透镜的光线一定会聚到一点

B. 不论是凸透镜还是凹透镜,经过透镜光心的光线方向都不变

C. 放在凹透镜焦点上的点光源,它发出的光线经透镜折射后光线平行于主光轴

D. 凸透镜有两个虚焦点,凹透镜有两个实焦点

2. 如图所示的6块光学元件。要使下面的光路图成立,虚线框内应单独放入的镜是(　　)。

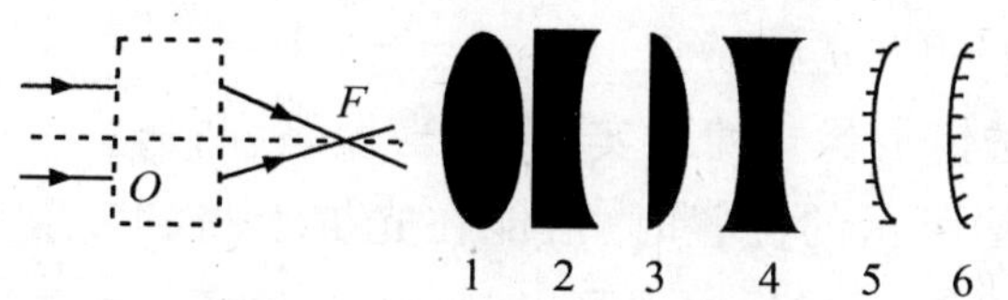


A. 1或3　　B. 2或4　　C. 1或2　　D. 5或6

3. 小红利用一个焦距为10 cm的凸透镜做放大镜去观察植物标本,则标本离凸透镜的距离应该是(　　)。

A. 小于10 cm　　B. 大于10 cm,但小于20 cm

C. 大于20 cm　　D. 放在任何位置都可以

4. 在探究凸透镜成像的实验中,光屏上有一个清晰的烛焰像,若用一张硬纸板遮去凸透镜上面的一半镜面,则光屏上像的变化情况是(　　)。

A. 屏上的像消失　　B. 像变得模糊不清,需要重新调节光屏的位置

C. 光屏上只有一半烛焰的像　　D. 光屏上仍有完整的像,只是亮度减弱

5. 在探究"凸透镜成像的规律"时,把蜡烛放在凸透镜前30 cm处,光屏上可接收到倒立缩小清晰的像。则该凸透镜的焦距可能为(　　)。

A. 10 cm　　B. 15 cm　　C. 20 cm　　D. 30 cm

6. 一个角的度数比较小,只有3°,为了看清楚些,用一放大倍数为5倍的放大镜观察,可以看到这个角的度数为(　　)。

A. 5°　　B. 15°　　C. 3°　　D. 30°

7. 集体照相时,发现有些人没有进入镜头,为了使全体人员都进入镜头,应采取(　　)。

A. 人不动,照相机离人远一些,镜头往里缩一些

B. 人不动,照相机离人近一些,镜头往里缩一些

C. 人不动,照相机离人近一些,镜头往前伸一些

D. 照相机和镜头都不动,人站近一些

8. 关于近视眼,在不戴眼镜时看不清物体,这时物体成的像在眼睛(　　)。

A. 视网膜上　　　　B. 视网膜前方

C. 视网膜后方　　　　D. 以上都不对

9. 某同学在学习"眼球折光系统"一节时,制作了一个眼球模型,如图所示,模型中的凸透镜相当于晶状体,烧瓶的后壁相当于视网膜,烧瓶里放有一种透明液体表示玻璃体,则右图示表示的眼球模型和应采取的矫正措施分别是(　　)。

A. 远视眼模型,用凸透镜矫正

B. 近视眼模型,用凹透镜矫正

C. 近视眼模型,用凸透镜矫正

D. 远视眼模型,用凹透镜矫正

10. 在探究凸透镜成像规律的实验中,当烛焰、凸透镜、光屏处于如右图所示的位置时,恰能在光屏上得到一个清晰的像。利用这一成像原理可以制成(　　)。

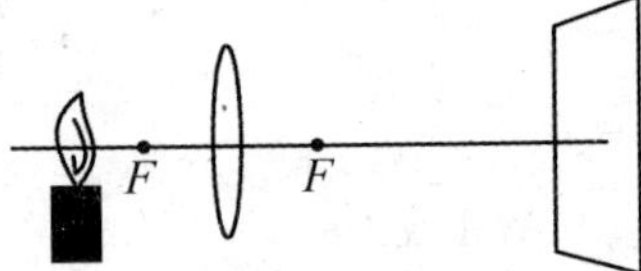


A. 照相机　　　　B. 幻灯机

C. 放大镜　　　　D. 潜望镜

11. 小明同学在做"探究凸透镜成像规律"实验时,蜡烛、凸透镜、光屏的位置如右图所示,点燃蜡烛后,光屏上得到了清晰的像。由此可知,下列说法正确的是(　　)。

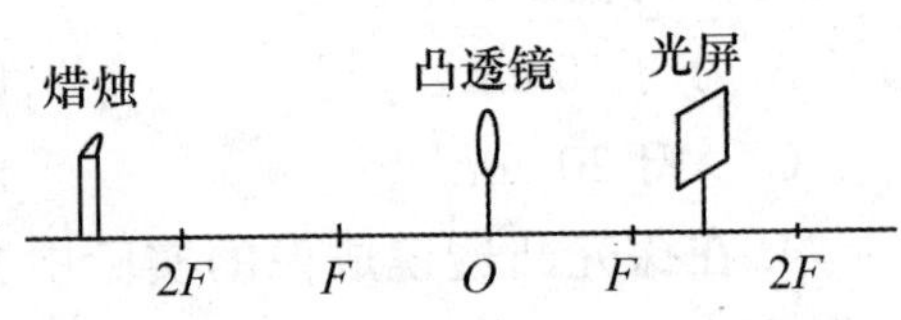


A. 得到的像是正立缩小的实像

B. 得到的像是倒立放大的实像

C. 把蜡烛向左移动,调整光屏的位置,得到的清晰像变小

D. 把蜡烛向右移动少许,要得到清晰的像,应向左移动光屏

12. 将凸透镜看作是眼睛的晶状体,光屏看作是眼睛的视网膜,烛焰看作是眼睛观察的物体。 拿一个近视眼镜给"眼睛"戴上,光屏上出现烛焰清晰的像,而拿走近视眼镜则烛焰的像变得模糊。那么在拿走近视眼镜后,下列操作能使光屏上重新得到清晰像的是(　　)。

A. 将光屏适当远离凸透镜

B. 将蜡烛适当远离凸透镜

C. 将光屏适当移近凸透镜或将蜡烛适当移近凸透镜

D. 同时将光屏和蜡烛适当远离凸透镜

**二、填空题。(25分)**

13. 透镜分为______和______,中间厚边缘薄的叫______,中间薄边缘厚的叫______,透镜的中心叫做______。

14. 用放大镜观察指纹,可以看到指纹被______,然后用放大镜观察窗外的树,可以看到树的______像。

15. 为了防盗,在门上装上一个“猫眼”,使屋内的人能看清屋外的人是个正立、缩小的像,屋外的人看不清屋外的人,则“猫眼”应该是______镜。

16. 在探索凸透镜成像规律时,已知凸透镜的焦距是8 cm,那么当蜡烛距凸透镜的距离为18 cm时,可以在光屏上得到一个倒立______的______像,像与蜡烛分居在透镜的______侧。

17. 检修工人在查看线路密集的电路板时,为了看清线路的连接情况,常透过一个较大的透镜进行观察,这个透镜应该是______透镜(填“凸”或“凹”),工人看到的是放大的______(填“实”或“虚”)像,电路板到透镜的距离应______;检修时还用到了照明灯,这是为了照亮______(填“透镜”或“电路板”)。

18. 眼睛的作用相当于______透镜,眼球好像一架______,来自物体的光会聚在视网膜上,形成______、______的像。常见的视力缺陷有______和______。来自远方物体的光,经眼球折光系统折射后成像情况如左图所示。根据该光路图,这个人可佩戴______透镜的眼镜加以矫正,它的作用是使像相对于晶状体向______(选填“前”或“后”)移。

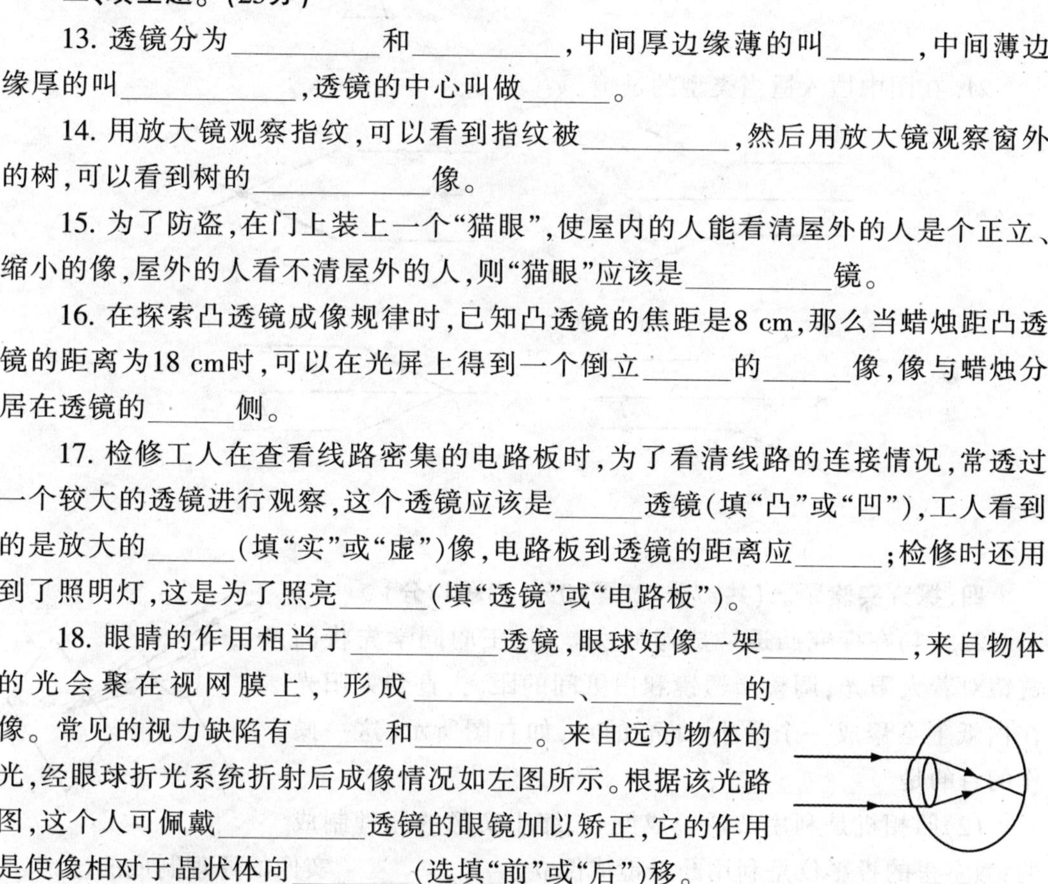

19. 如右图所示,在“探究凸透镜成像的规律”实验中,一束平行于凸透镜主光轴的光线经过凸透镜后,在光屏上形成了一个最小、最亮的光斑。当把烛焰放在距该凸透镜25 cm处时,在凸透镜另一侧前后移动光屏,会在光屏上得到一个______的实像(填写像的性质);如果此时将蜡烛远离透镜,仍要在光屏上得到清晰的像,光屏应向______(选填“靠近”或“远离”)透镜的方向移动。

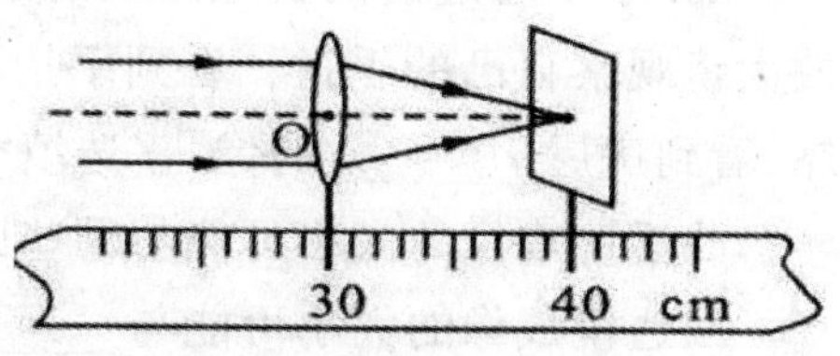


**三、作图题。(共12分,每图2分)**

20. 画出图中未知的入射线、反射线、折射线。

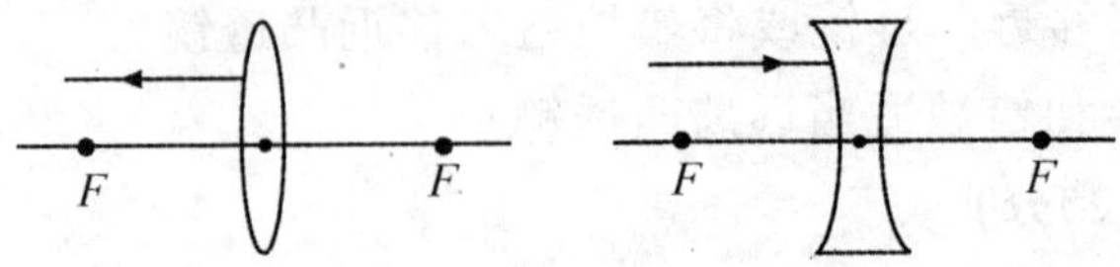


21. 在图中填入适当类型的透镜。

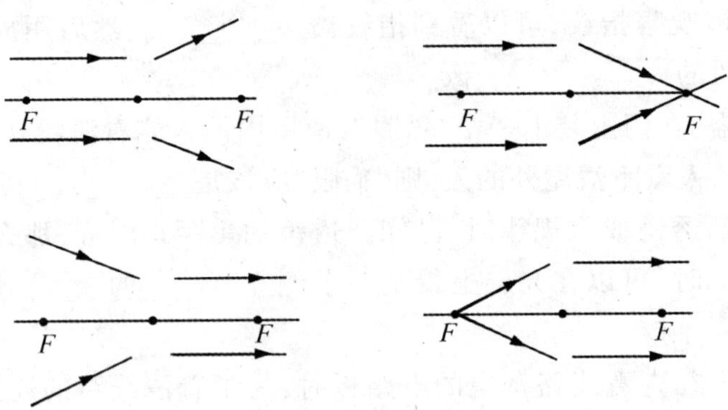


四、探究实验题。(共27分,22题10分,23题17分)

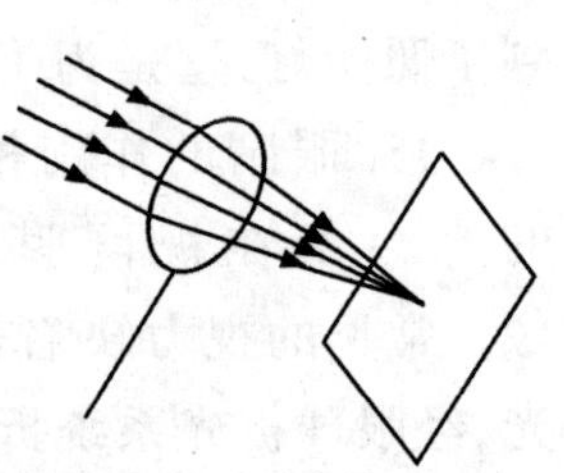

22. (1)在探究凸透镜成像的实验中,王聪同学先将凸透镜对着太阳光,调整凸透镜和白纸间的距离,直到太阳光在白纸上会聚成一个最小、最亮的点,如右图所示,这一操作的目的是__________;

(2)照相机是利用凸透镜成倒立、缩小实像的原理制成的;教室里的投影仪是利用凸透镜成倒立、__________实像的原理制成的。

23. 小明通过前面物理知识的学习,知道放大镜就是凸透镜。在活动课中,他用放大镜观察自己的手指,看到手指__________的像;然后再用它观察远处的房屋,看到房屋________的像。(选填“放大”、“等大”或“缩小”)

凸透镜成像的大小可能与哪些因素有关?

凸透镜成像的大小可能与__________有关。

小明在下图所示的光具座上,不断改变蜡烛与透镜间的距离,并移动光屏进行实验,所获得的实验数据如下表所示:

| 物体到凸透镜的距离/cm | 光屏上像到凸透镜的距离/cm | 光屏上像的大小 |
|---|---|---|
| 40 | 13.5 | 缩小 |
| 30 | 15 | 缩小 |
| 20 | 20 | 等大 |
| 15 | 30 | 放大 |
| 10 | 光屏上没有像 | |
| 8 | 光屏上没有像 | |

(1)分析数据可知物体到凸透镜的距离越短,光屏上像的大小就越______,同时发现像到凸透镜的距离就越______。

(2)小明班照毕业照时,摄影师发现两旁还有同学没有进入取景框内,这时摄影师应使照相机______同学(选填"靠近"或"远离"),同时还应________照相机的暗箱长度(选填"增长"、"缩短"或"不改变")。

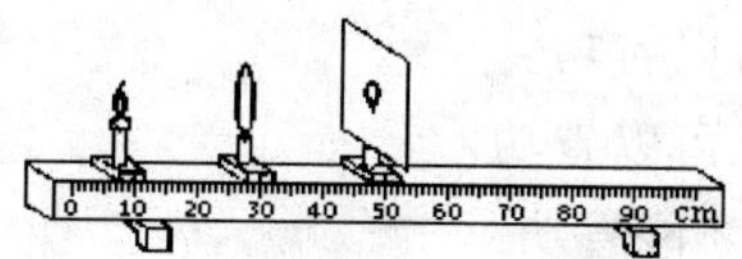

## 八年级物理下册期末试卷

**一、单选题**。(每小题2分,共20分。每小题的选项中只有一个是正确的。多、错选或不选的均不得分)

1. 下列现象中,不能用惯性知识解释的是(　　)。

A. 在水平操场上滚动的足球,最终要停下来

B. 人走路被石头绊倒会向前倾倒

C. 锤头松了,把锤柄的一端在物体上撞击几下,锤头就能紧套在锤柄上

D. 子弹从枪膛里射出后,虽然不再受到火药的推力,但是仍向前运动

2. 关于物体受到的浮力,下列说法中正确的是(　　)。

A. 漂浮在水面的物体比沉在水底的物体受到的浮力大

B. 物体排开水的体积越大在水中受到的浮力越大

C. 浸没在水中的物体在水中的位置越深受到的浮力越大

D. 物体的密度越大受到的浮力越小

3. 悬浮在水中的潜水艇排出水舱中的一部分水后,潜水艇将(　　)。

A. 下沉　B. 上浮　C. 仍悬浮在水中　D. 先下沉后上浮

4. 同一艘船从河里驶向海里时，下列说法中正确的是(　　)。

A. 船受到的浮力变小，船身沉下一些

B. 船受到的浮力不变，船身浮上来一些

C. 船受到的浮力不变，船身沉下一些

D. 船受到的浮力变大，船身浮上来一些

5. 在标准大气压下，大气压对你的一只大拇指指甲表面的压力大约是(　　)。

A. 1 N　B. 10 N　C. 100 N　D. 1000 N

6. 如图1所示，杠杆处于平衡状态，若在两边的钩码下，各加一个同样的钩码，则(　　)。

A. 杠杆仍平衡　　B. 杠杆右端下降

C. 杠杆左端下降　　D. 无法判断

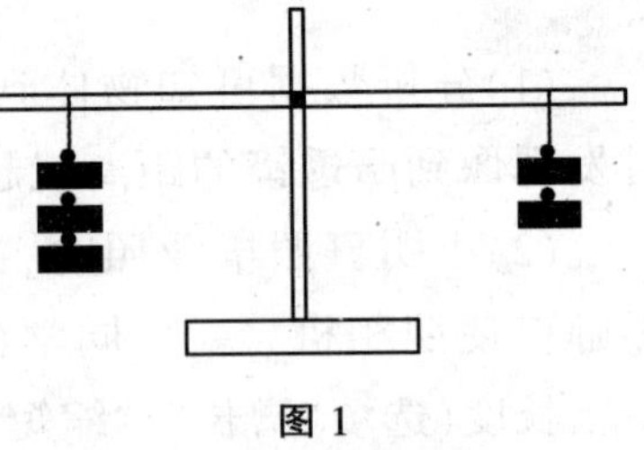

图 1

7. 在生产和生活中经常使用各种机械，在使用机械时，下列说法中正确的是(　　)。

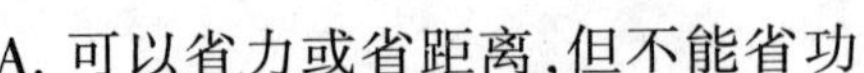

A. 可以省力或省距离，但不能省功

B. 可以省力，同时也可以省功

C. 可以省距离，同时也可以省功

D. 只有在费力情况时才能省功

8. 用如图2所示滑轮组提起重$G$=320 N的物体，整个装置静止时，作用在绳自由端的拉力$F$=200 N，则动滑轮自身重力是(绳重及摩擦不计)(　)。

A. 120 N　　B. 80 N

C. 60 N　　D. 无法计算

9. 为了“研究压强大小跟哪些因素有关”，现有下列实验器材：(1)弹簧测力计、(2)天平和砝码、(3)统一规格的长方体木块2~3块、(4)海绵、(5)量杯。其中一组可以达到实验目的的是(　)。

A. (2)、(3)　　B. (3)、(5)

C. (3)、(4)　　D. (1)、(4)

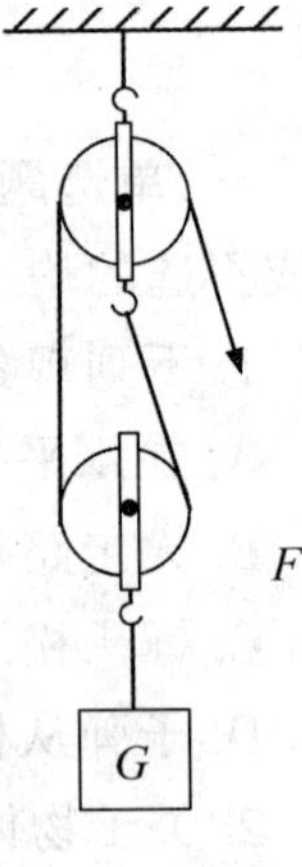


图 2

10. 在下列四种情况中，推力做功最多的是(　　)。

A. 用10 N的水平推力把质量为m的物体在光滑水平面上推着前进1 m

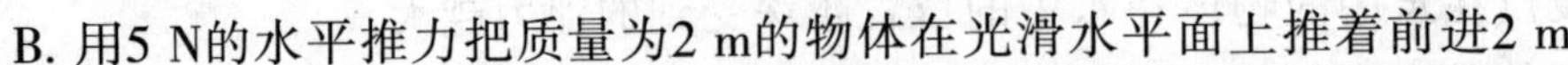

B. 用5 N的水平推力把质量为2 m的物体在光滑水平面上推着前进2 m

C. 用10 N的水平推力把质量为2 m的物体在粗糙水平面上推着前进1 m

D. 用5 N的水平推力把质量为m的物体在光滑水平面上推着前进3 m

**二、多选题。**(每小题3分,共12分。全部选对的给3分,选对但不全的给1分,不选或错选的给零分)

11. 下列实验(如图3)不能说明大气压存在的是(　　)。

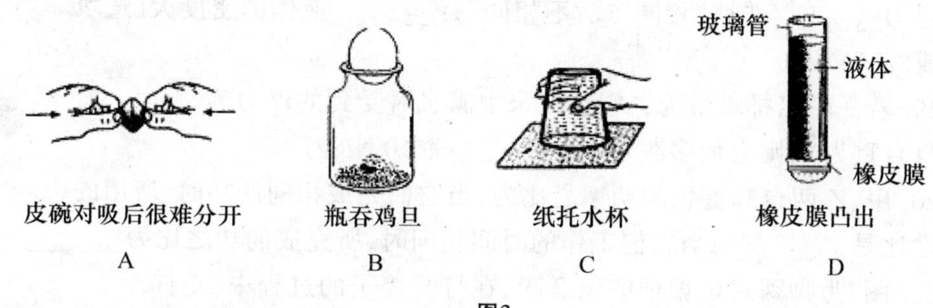


皮碗对吸后很难分开 A　　瓶吞鸡旦 B　　纸托水杯 C　　橡皮膜凸出 D

图3

12. 下列说法中正确的是(　　)。

A. 功率大的机械比功率小的机械做功快　　B. 做功时间越长,机械功率越大

C. 机械做功越快,机械效率越高　　D. 做功越多机械效率越高

13. 如图4在水平力$F$的作用下,使重为$G$的木棒绕固定点沿逆时针方向转动,在棒与竖直方向的夹角逐渐增大的过程中,下列说法中正确的是(　　)。

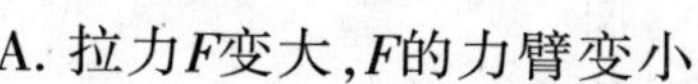

A. 拉力$F$变大,$F$的力臂变小

B. 拉力$F$不变,$F$的力臂变大

C. 重力$G$不变,$G$的力臂变小

D. 重力$G$变小,$G$的力臂变大

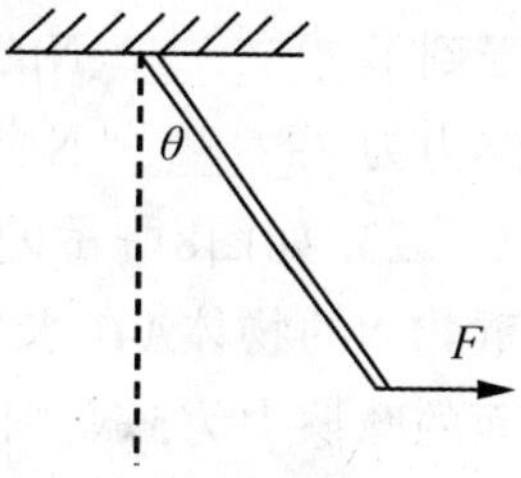

图4

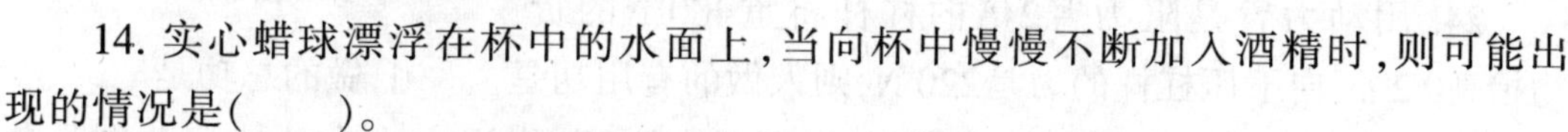

14. 实心蜡球漂浮在杯中的水面上,当向杯中慢慢不断加入酒精时,则可能出现的情况是(　　)。

A. 蜡球向下沉一些,所受浮力增大

B. 蜡球向下沉一些,所受浮力不变

C. 蜡球悬浮于液体中,所受浮力不变

D. 蜡球沉到杯底,所受浮力减小

**三、填空题。**(每小题2分,共24分)

15. 螺丝刀的刀柄上刻有花纹是为了增大______;切菜刀的刀刃要磨得锋利是为了增大______。

16. 图5所示,浸没在水中小球所受浮力的方向应为图中______的方向(选填序号),这是因为______。

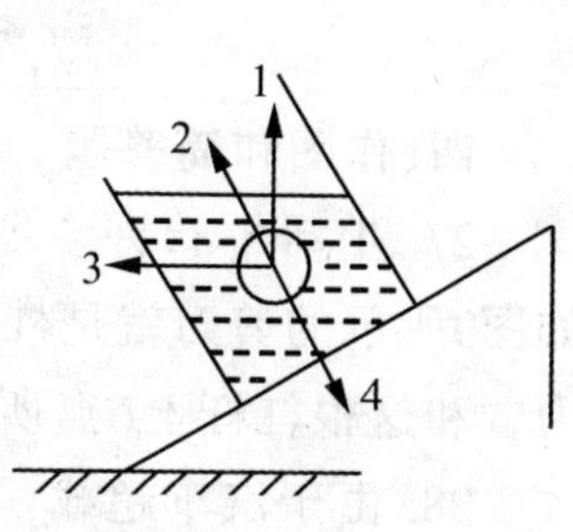


图 5

17. 热气球内充入的是热空气,它是利用加热、停止加热的方法来改变气球的______,达到改变气球所受

大小的目的,从而实现升降的。

18. 将同一个密度计先后放入甲、乙两种不同的液体中,液体表面位置分别在密度计的$A$、$B$处,如图6所示,则此密度计在甲、乙两种液体中所受的浮力______(选填“相同”或“不相同”);______液体的密度大(选填“甲”或“乙”)

图 6

19. 若一轮船排水量为,它在河水中满载时受到的浮力为______N,若船身自重为N,则它最多载货______t。($g$取10 N/kg)

20. 甲、乙两台起重机的功率之比为,当它们完成相同的功时,所用的时间之比是______;当它们工作的时间相同时,所完成的功之比为______。

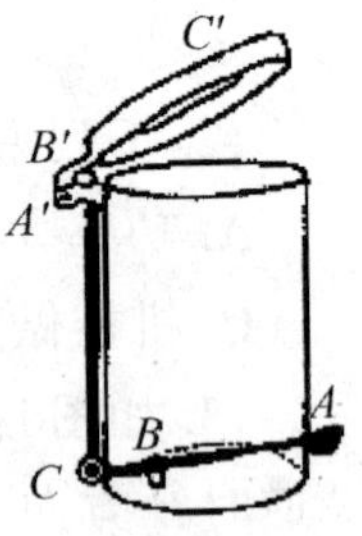

21. 图7为脚踩式垃圾桶的示意图,在打开盖子的过程中,是杠杆$ABC$和杠杆在起作用,其中$B$、$C$分别为两个杠杆的支点,则杠杆$ABC$是______杠杆,杠杆是______杠杆。(选填“省力”、“费力”或“等臂”)

图 7

22. 重5 N的金属球,浸没在水中时,排开了4 N的水,则金属球受到了______N的浮力,若将其放入足量的水银中,它所受到的浮力为______N。

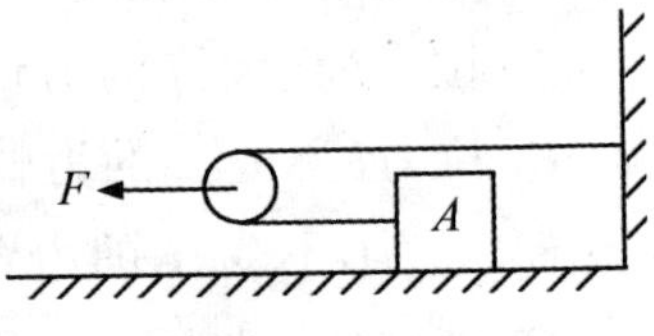

23. 如图8所示的装置,在水平方向力$F$作用下,使重40 N的物体A在水平方向上匀速移动5 m,已知A受地面的摩擦力为5 N,则拉力$F$的大小为______N,拉力$F$做的功为______J。(滑轮、绳重及绳之间的摩擦不计)

图 8

24. 用动力臂是阻力臂2倍的杠杆将重400 N的货物抬高0.2 m,向下压杠杆的力是220 N,则人做的有用功是____J,做的总功是____J。

25. 两个体积相同的实心球,当它们漂浮在水面时,浸在水中的体积分别是总体积的1/3和2/3,则这两个球的密度之比是______;当它们漂浮在煤油面时,它们浸在煤油中的体积之比是______。

26. 用一段细线将粗细均匀的直铁丝吊起后,直铁丝在水平位置处于平衡状态;若将右端折叠一段,将出现的现象是______________,你判断此现象的依据是______________。

**四、作图和简答题。**(每小题4分,共8分)

27. 生活中有许多器械是利用杠杆原理来工作的,如图9所示的剪刀就是杠杆。请画出这把剪刀的动力$F$的力臂和这根杠杆上$B$点所受阻力的大致方向。

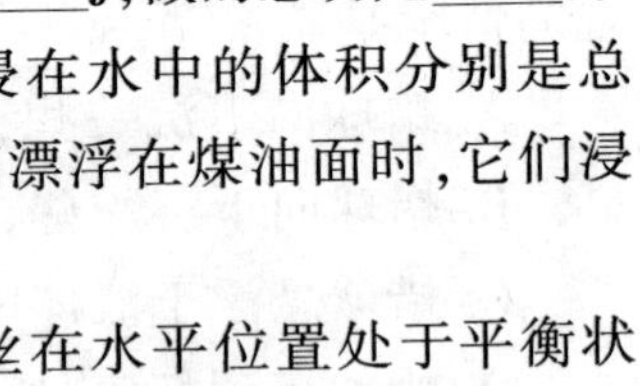

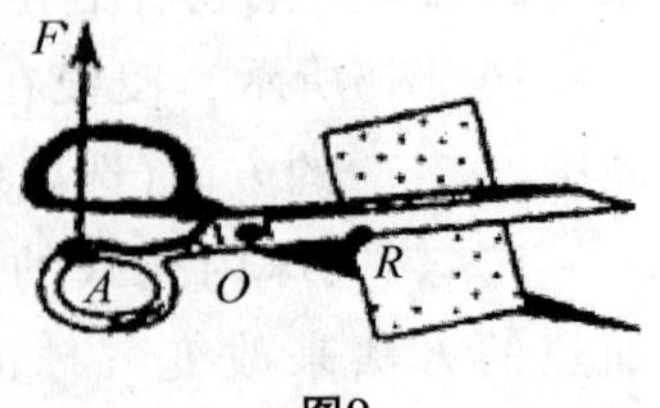

图9

28. 由于汽车超载,每年给我国公路造成的损失超过300亿元。汽车载质量超过标准载质量的一倍时,如果在混凝土公路上行驶一次，对路面的损坏程度相当于标准载质量时行驶65536次，由此可见，治理超载营运刻不容缓。请你从两个方面解释：汽车超载为什么会加快路面损坏？

**五、实验题。**（普通校做29、30题，重点校做29、31题，共10分）

29. 如图10为测量滑轮组机械效率的实验装置，每个钩码重1 N。

（1）实验时要竖直向上______拉动弹簧测力计，由图可知拉力大小为______N。若弹簧测力计向上移动15 cm，则钩码上升的高度为______cm，该滑轮组的机械效率为______。

（2）若仅增加钩码的个数，该滑轮组的机械效率将______（选填“增大”、“减小”或“不变”）。

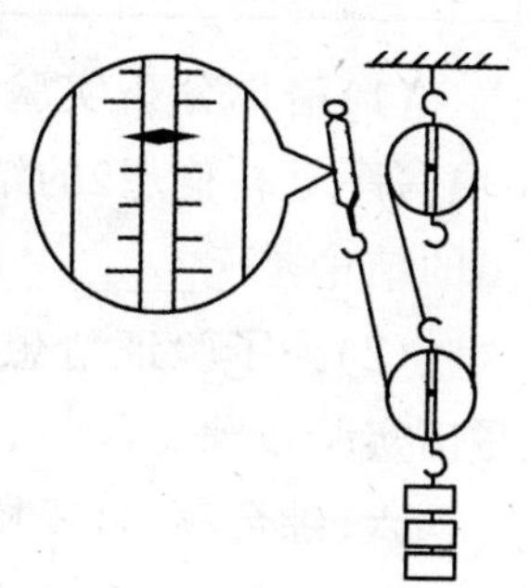

图 10

30.（只普通校做）某同学使用水和酒精（$\rho_{酒精}=0.8\times10^3$ kg/m³）做“研究液体内部压强规律”的实验，实验记录的数据如下表。

（1）分析表中1、2、3或4、5、6次实验的数据可以得出的结论是______；

（2）对比表中1、4两次实验的数据可以得出的结论是______。

| 次数 | 液体 | 液体的深度(cm) | 液体内部压强(Pa) |
|---|---|---|---|
| 1 | 水 | 10 | $0.98\times10^3$ |
| 2 | 水 | 20 | $1.96\times10^3$ |
| 3 | 水 | 30 | $2.94\times10^3$ |
| 4 | 酒精 | 10 | $0.78\times10^3$ |
| 5 | 酒精 | 20 | $1.56\times10^3$ |
| 6 | 酒精 | 30 | $2.34\times10^3$ |

31.（只重点校做）为了探究“液体内部压强与哪些因素有关”，部分同学提出如下猜想：

猜想1：液体内部的压强，可能与液体的深度有关；

猜想2：同一深度，方向不同，液体的压强可能不同；

猜想3：液体内部的压强，可能与液体的密度有关。

为了验证上述猜想1和猜想2，他们用压强计研究水内部的压强，得到的数据如下表：

| 序号 | 1 | 2 | 3 | 4 | 5 | 6 | 7 | 8 | 9 |
|---|---|---|---|---|---|---|---|---|---|
| 深度(cm) | 5 | 5 | 5 | 10 | 10 | 10 | 15 | 15 | 15 |
| 橡皮膜方向 | 上 | 下 | 侧 | 上 | 下 | 侧 | 上 | 下 | 侧 |
| 压强计液面高度差(cm) | 4.3 | 4.3 | 4.3 | 9.2 | 9.2 | 9.2 | 13.8 | 13.8 | 13.8 |

(1)请你分析实验数据并回答:为了验证猜想1,应选序号为_____的实验数据(填写序号);猜想2的结论______(选填"正确"或"不正确"),根据数据的分析,可得出的结论是__________;

(2)为了验证猜想3是否正确,在上述实验的基础上,请你设计实验探究方案,写出实验步骤。

**六、综合题**(普通校做32、33、34、35题,重点校做32、33、34、36题,共26分)

32. (6分)一台抽水机的功率是1.2 kW,它在5 min内可以做多少功?这些功可以把重多少牛的水抽到20 m高的水塔上去。

33. (6分)用如图11所示的滑轮组来拉动钢锭,已知钢锭与地面间的摩擦力为1200 N,若此时滑轮组的机械效率为80%;

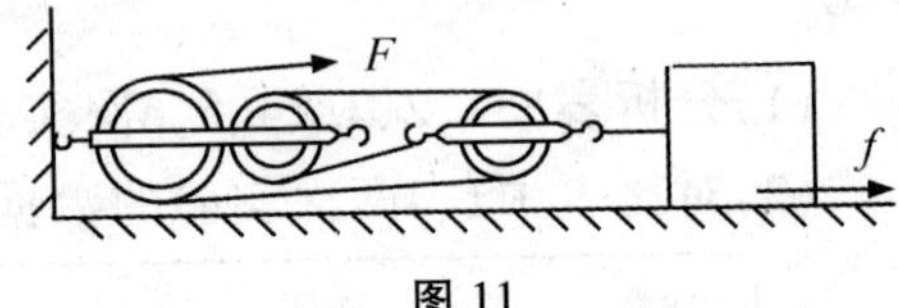

图 11

(1)求拉绳子的力$F$为多大?

(2)在不改变钢锭与地面间摩擦力大小的条件下,如果想用更小的力拉动钢锭,请你提出一条可行的建议。

34. (7分)如图12所示是小明为防止家中停水而设计的贮水箱。当水箱中水深达到1.2 m时,浮子A恰好堵住进水管向箱内放水,此时浮子A有1/3体积露出水面(浮子A只能沿图示位置的竖直方向移动)。若进水管口水的压强为,管口横截面积为,浮子A重10 N。求:($g$取10 N/kg)

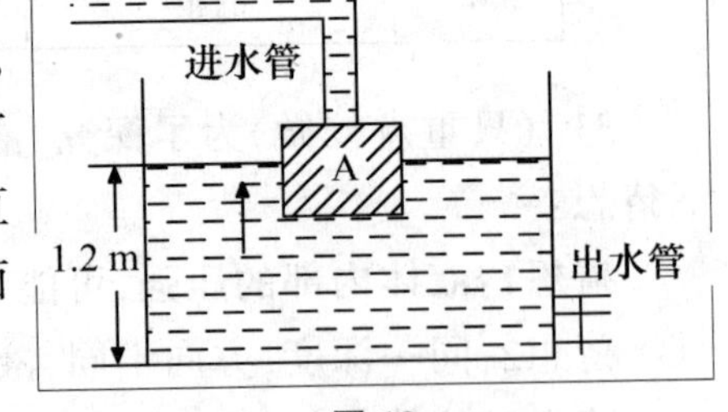

图 12

(1)水达到最深时对贮水箱底部的压强;

(2)出水管口的水对浮子A的压力;

(3)浮子A的体积。

35.(只普通校做,7分)学校组织同学们到农村参加社会活动,小强第一次学习挑担子,他做了以下的实验,请你根据要求回答问题。(扁担的质量忽略不计)

(1)他先在长为1.2 m扁担的两端各挂上50 N的重物,担子很快就被水平地挑起来,这时他的肩膀应放在扁担的什么位置?

(2)接着,他又在扁担的$A$端加上50 N的重物,如图13所示,但他掌握不好担子的平衡,请你帮助他计算出肩膀应距$B$端多远,担子才能重新在水平位置平衡?

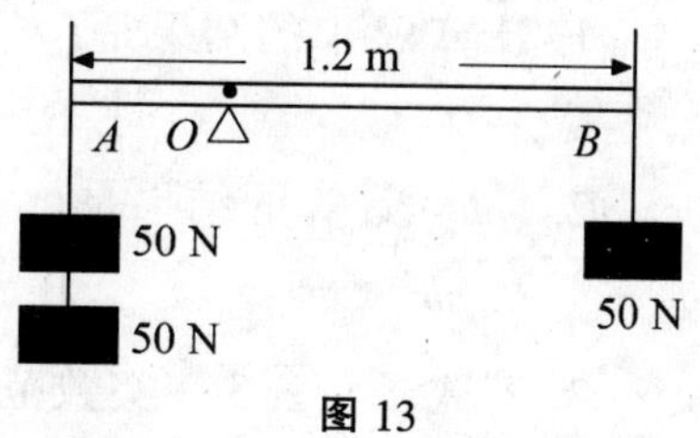


图 13

36.(只重点校做,7分) 如图14是汽车起重机从某深坑中起吊重物的示意图,$A$是动滑轮,$B$是定滑轮,$C$是卷扬机,$D$是油缸,$E$是柱塞。作用在动滑轮上共三股钢丝绳,在卷扬机带动下每股钢丝绳上的拉力均为8500 N,被吊起的重物质量为2 t。吊臂$OFB$为一杠杆,若在本次起吊中吊臂$OFB$始终水平,柱塞与吊臂的连接点$F$与支点$O$的距离为吊臂全长的1/3,吊臂、定滑轮、钢丝绳的重忽略不计,动滑轮$A$的重不能忽略,起吊中卷扬机总功率为12 kW,重物上升的速度为0.45 m/s。(取)求:

(1)柱塞对吊臂的支持力;

(2)滑轮组$AB$的机械效率;

(3)整个起吊装置的机械效率。

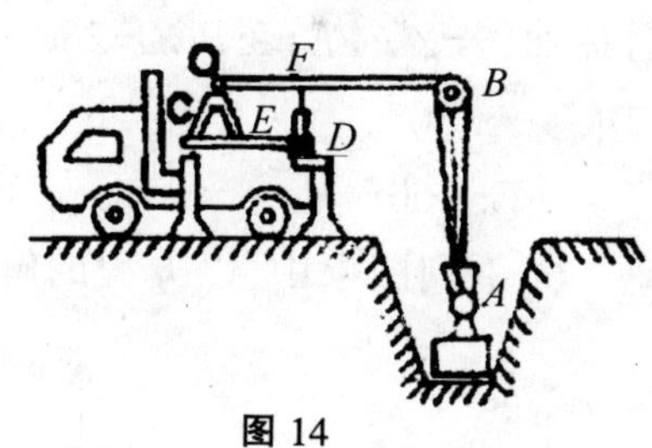


图 14

## 2010—2011学年度第一学期八年级数学期末试卷

班级:__________ 姓名:__________ 得分:__________

**一、选一选，比比谁细心。**（每小题3分，共36分，在每小题给出的四个选项中，只有一项是符合题目要求的）

1. 计算$\sqrt{4}$的结果是(　　)。

A. 2　　B. ±2　　C. −2　　D. 4

2. $(ab^2)^3$计算的结果是(　　)。

A. $ab^5$　　B. $ab^6$　　C. $a^3b^5$　　D. $a^3b^6$

3. 若式子$\sqrt{x-5}$在实数范围内有意义,则$x$的取值范围是(　　)。

A. $x>5$　　B. $x\geqslant 5$　　C. $x\neq 5$　　D. $x\geqslant 0$

4. 如图所示,在下列条件中,不能判断$\triangle ABD\cong\triangle BAC$的条件是(　　)。

A. $\angle D=\angle C,\angle BAD=\angle ABC$

B. $\angle BAD=\angle ABC,\angle ABD=\angle BAC$

C. $BD=AC,\angle BAD=\angle ABC$

D. $AD=BC,BD=AC$

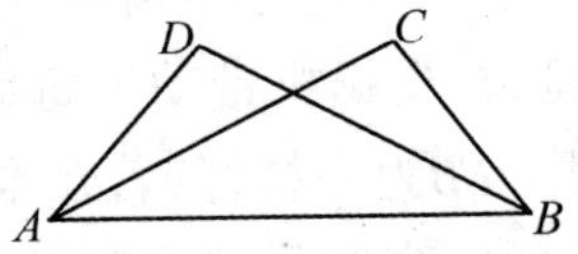

5. 如图,六边形$ABCDEF$是轴对称图形,$CF$所在的直线是它的对称轴,若$\angle AFE+\angle BCD=280°$,则$\angle AFC+\angle BCF$的大小是(　　)。

A. 80°　　B. 140°

C. 160°　　D. 180°

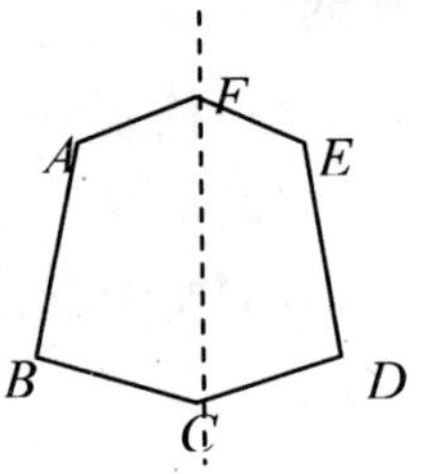

6. 下列图象中,以方程的解为坐标的点组成的图象是(　　)。

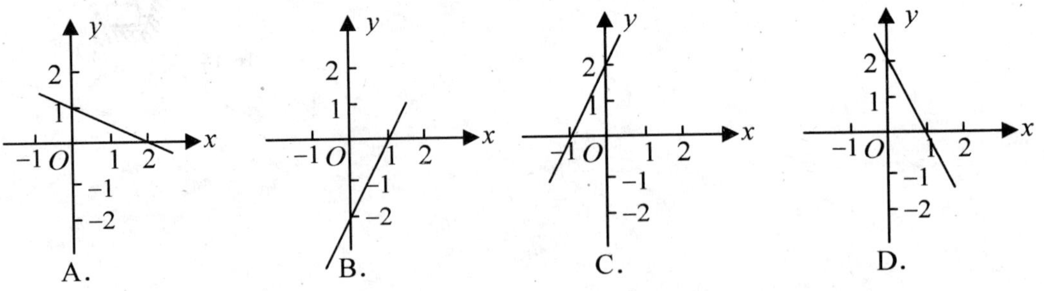

A.　　B.　　C.　　D.

7. 任意给定一个非零实数,按下列程序计算,最后输出的结果是(　　)。

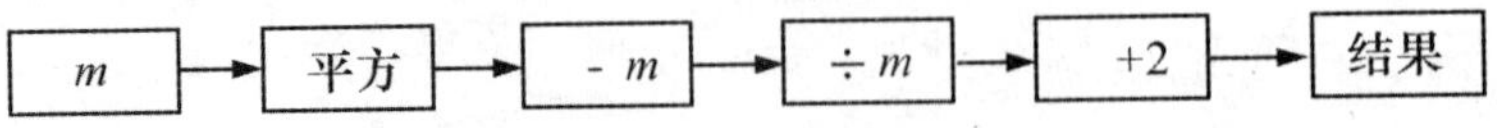

$m$ → 平方 → $-m$ → $\div m$ → $+2$ → 结果

A. $m$　　B. $m+1$　　C. $m-1$　　D. $m^2$

8. 已知一次函数的图象如图所示，那么的取值范围是（　　）。

A. $a>1$　　B. $a<1$　　C. $a>0$　　D. $a<0$

9. 若$a>0$且$a^x=2$，$a^y=3$，则的值为（　　）。

A. $-1$　　B. 1　　C. $\frac{2}{3}$　　D. $\frac{3}{2}$

10. 如图，已知$\triangle ABC$中，$\angle ABC=45°$，$AC=4$，$H$是高$AD$和$BE$的交点，则线段$BH$的长度为（　　）。

A. $\sqrt{6}$　　B. $2\sqrt{3}$　　C. 5　　D. 4

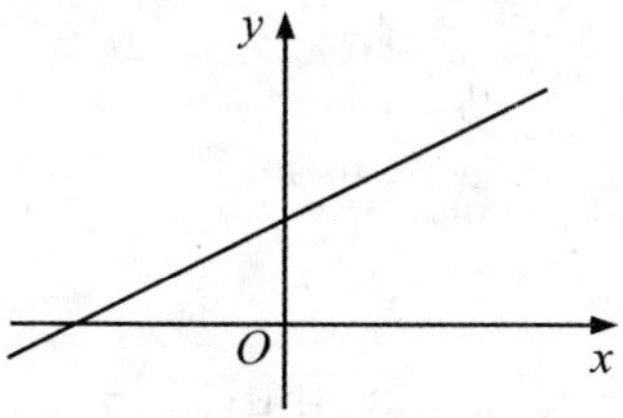

y
O
x

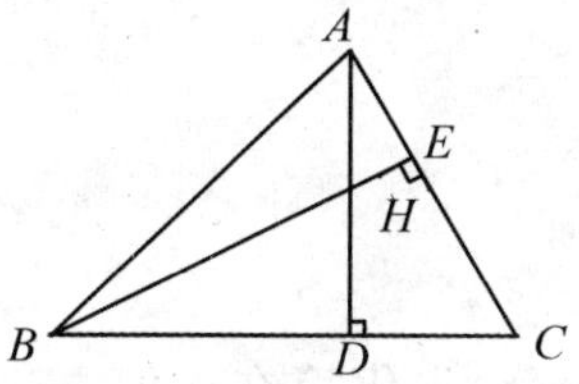

A
E
H
B
D
C

11. 如图，是某工程队在"村村通"工程中修筑的公路长度（米）与时间（天）之间的关系图象。根据图象提供的信息，可知该公路的长度是（　　）米。

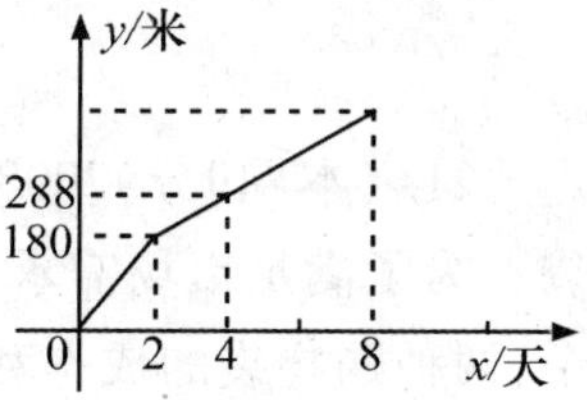

y/米
288
180
0
2
4
8
x/天

A. 504　　B. 432

C. 324　　D. 720

12. 直线$y=kx+2$过点$(1,-2)$，则$k$的值是（　　）。

A. 4　　B. $-4$　　C. $-8$　　D. 8

**二、填一填，看看谁仔细。**（每小题3分，共27分，请你将最简答案填在"____"上）

13. 一个等腰三角形的一个底角为40°，则它的顶角的度数是______。

14. 观察下列各式：$(x-1)(x+1)=x^2-1$；$(x-1)(x^2+x+1)$；$(x-1)(x^3+x^2+x+1)=x^4-1$；……

根据前面各式的规律可得到$(x-1)(x^n+x^{n-1}+x^{n-2}+\cdots+x+1)=$________。

15. 计算：$-28x^4y^2\div7x^3y=$________。

16. 若$a^4\cdot a^y=a^{19}$，则 $y=$________。

17. 计算：$(\frac{2}{5})^{2008}\times(-\frac{5}{2})^{2009}\times(-1)^{2007}=$__________。

18. 已知点$A(-2,4)$，则点$A$关于$y$轴对称的点的坐标为__________。

19. $2-\sqrt{2}$的相反数是________，绝对值是________。

20. 0.01的平方根是________，$-27$的立方根是________。

21. 16的平方根为________。

## 三、解一解，试试谁更棒。（共72分）

17. （本题4分）计算：$(x-8y)(x-y)$

18. （本题5分）分解因式：$x^3-6x^2+9x$

19. （本题5分）已知：如图，$AB=AD$，$AC=AE$，$\angle BAC=\angle DAE$.求证：$BC=DE$。

20. （本题4分）先化简在求值，$y(x+y)+(x+y)(x-y)-x^2$，其中$x=-2$，$y=\frac{1}{2}$。

21. （本题9分）2008年6月1日起，我国实施“限塑令”，开始有偿使用环保购物袋。为了满足市场需求，某厂家生产两种款式的布质环保购物袋，每天共生产4500个，两种购物袋的成本和售价如下表，设每天生产A、B两种购物袋$x$个，每天共获利$y$元。

| | 成本(元/个) | 售价2.3(元/个) |
|---|---|---|
| A | 2 | 3.3 |
| B | 3 | 2.5 |

(1)求出$x$与$y$的函数关系式；

(2)如果该厂每天最多投入成本10000元，那么每天最多获利多少元？

22.（本题10分）如图，在平面直角坐标系中，函数的图象是第一、三象限的角平分线。

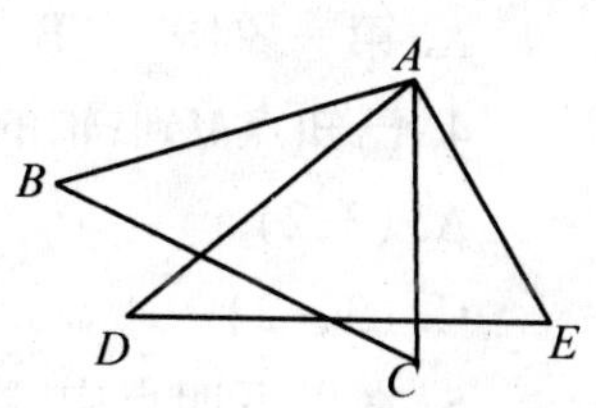


实验与探究：由图观察易知$A(0,2)$关于直线的对称点的坐标为$(2,0)$，请在图中分别标明$B(5,3)$、$C(-2,5)$关于直线的对称点$B'$、$C'$的位置，并写出它们的坐标：

$B'$________、$C'$______。

归纳与发现：结合图形观察以上三组点的坐标，你会发现：坐标平面内任一点$P(m,n)$关于第一、三象限的角平分线的对称点的坐标为________。

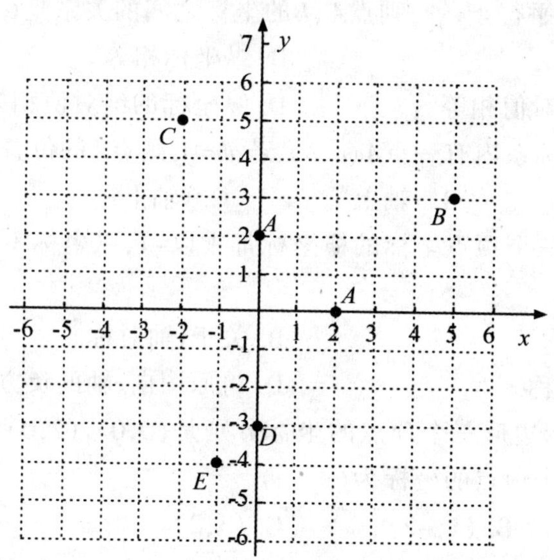


## 第五章　位置的确定单元检测题

**一、选择题。**（每小题3分，共30分）

1. 在平面内，确定一个点的位置一般需要的数据个数是（　　）。

A. 1　　B. 2　　C. 3　　D. 4

2. 如图，已知校门的坐标是$(1,1)$，那么下列对于实验楼位置的叙述正确的个数为（　　）。

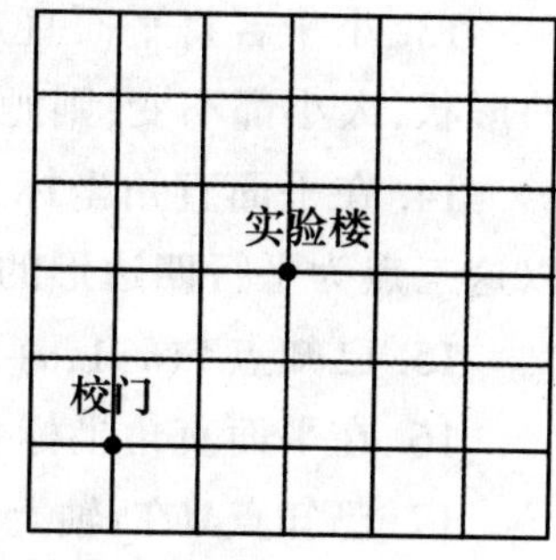


①实验楼的坐标是3

②实验楼的坐标是$(3,3)$

③实验楼的坐标为$(4,4)$

④实验楼在校门的东北方向上，距校门200米

A. 1个　　B. 2个

C. 3个　　D. 4个

3. 在平面直角坐标系中，点$P(-1,1)$关于$x$轴的对称点在（　　）。

A. 第一象限　B. 第二象限　C. 第三象限　D. 第四象限

4. 已知点$M$到$x$轴的距离为3，到$y$轴的距离为2，则M点的坐标为(　　)。

A. (3,2)　B. (-3,-2)

C. (3,-2)　D. (2,3)，(2,-3)，(-2,3)，(-2,-3)

5. 在以下四点中，哪一点与点(-3,4)的联结线段与$x$轴和$y$轴都不相交(　　)。

A. (-2,3)　B. (2,-3)　C. (2,3)　D. (-2,-3)

6. 过点$A$(2,-3)且垂直于$y$轴的直线交$y$轴于点$B$，则点$B$坐标为(　　)。

A. (0,2)　B. (2,0)　C. (0,-3)　D. (-3,0)

7. 如果直线$AB$平行于$y$轴，则点$A$，$B$的坐标之间的关系是(　　)。

A. 横坐标相等　B. 纵坐标相等

C. 横坐标的绝对值相等　D. 纵坐标的绝对值相等

8. 平面直角坐标系内有一点$A(a,b)$，若$ab=0$，则点$A$的位置在(　　)。

A. 原点　B. $x$轴上　C. $y$轴上　D. 坐标轴上

9. 将△$ABC$的三个顶点坐标的横坐标都乘以-1，纵坐标不变，则所得图形与原图的关系是(　　)。

A. 关于$x$轴对称　B. 关于$y$轴对称

C. 关于原点对称　D. 将原图向$x$轴的负方向平移了1个单位

10. 一个平行四边形三个顶点的坐标分别是(0,0)，(2,0)，(1,2)，第四个顶点在$x$轴下方，则第四个顶点的坐标为(　　)。

A. (-1,-2)　B. (1,-2)　C. (3,2)　D. (-1,2)

**二、填空题。**(每小题3分，共30分)

11. 点$A$(3,-4)到$y$轴的距离为__________，到$x$轴的距离为________，到原点距离为________。

12. 与点$A$(3,4)关于$x$轴对称的点的坐标为_____________，关于$y$轴对称的点的坐标为__________，关于原点对称的点的坐标为__________。

13. 小华若将平面直角坐标系中一只猫的图案向右平移了3个单位长度，而猫的形状，大小都不变，则她将图案上的各点坐标__________。

14. 在平面直角坐标系中，$A$，$B$，$C$三点的坐标分别为(0,0)，(0,-5)，(-2,-2)，以这三点为平行四边形的三个顶点，则第四个顶点不可能在第__________象限。

15. 已知点$A(a-1,a+1)$在$x$轴上，则$a$等于__________。

16. 在平面直角坐标系中，点$(-1,m^2+1)$一定在第__________象限。

17. 已知点$M$在$y$轴上，点$P$(3,-2)，若线段$MP$的长为5，则点M的坐标为______。

18. 若$\sqrt{a-3}+(b+2)2=0$，则点$M(a,b)$关于$y$轴的对称点的坐标为__________。

19. 在海战中,欲确定每艘战舰的位置,需要知道每艘战舰相对我方潜艇的__________和__________。

20. 平面直角坐标系中一条线段的两端点坐标分别为(2,1),(4,1),若将此线段向右平移1个单位长度,则变化后的线段的两个端点的坐标分别为________;若将此线段的两个端点的纵坐标不变,横坐标变为原来的2倍,则所得的线段与原线段相比________;若将此线段的两个端点的横坐标不变,纵坐标分别加上1,则所得的线段与原线段相比________;若横坐标不变,纵坐标分别减去3,则所得的线段与原线段相比________。

**三、解答题。**(每小题8分,共40分)

21. 已知$P_1(a-1,5)$和$P_2(2,b-1)$关于$x$轴对称,求$a,b$的值。

22. 如图,正方形$ABCD$以(0,0)为中心,边长为4,求各顶点的坐标。

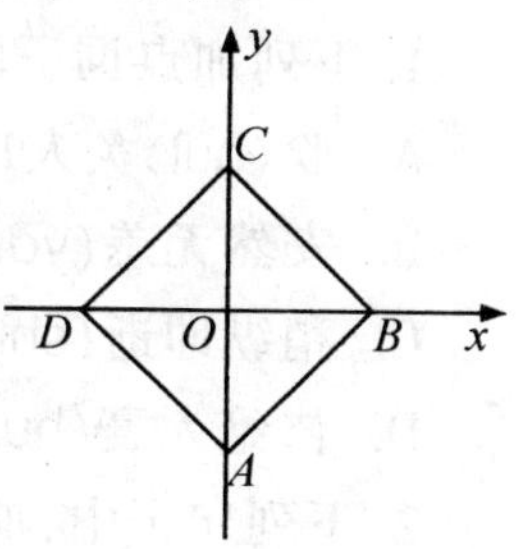


23. 已知等边△$ABC$的两个顶点坐标为$A(-4,0)$,$B(2,0)$,求:(1)点$C$的坐标;(2)△$ABC$的面积。

24. 如图,在$OABC$中,$OA=a$,$AB=b$,$\angle AOC=120°$,求点$C$,$B$的坐标。

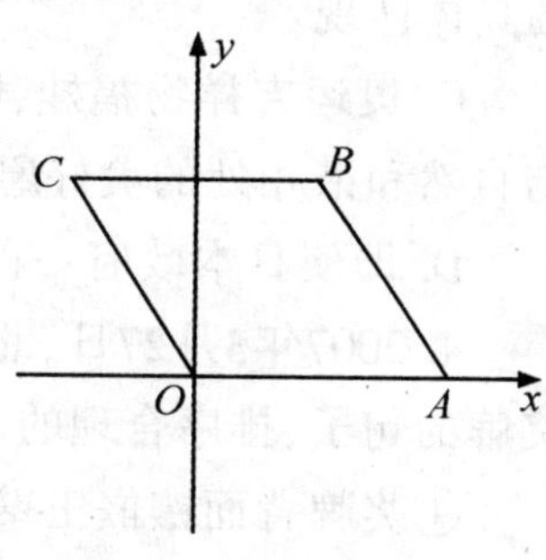

25. 如图，以$ABCD$的对称中心为坐标原点，建立平面直角坐标系，$A$点坐标为$(-4,3)$，且$AD$与$x$轴平行，$AD=6$，求其他各点坐标。

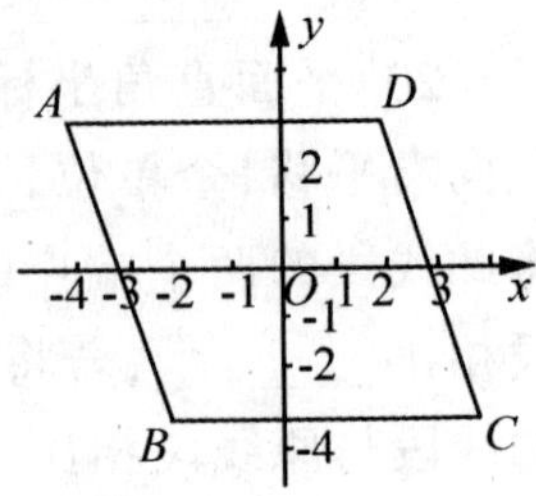


## 八年级语文期末模拟试题

导语：亲爱的同学，当你铺开这张试卷后，请仔细审题，冷静思考，认真答题！相信你能考出自己的最好成绩！

**一、基础知识积累与运用。**（含1~7题，共14分）

1. 下列加点词语的读音完全正确的一项是(　　)(1分)

A. 脍(huì)炙人口　　瞬(shǔn)息万变　　相形见绌(zhuó)

B. 安然无恙(yàng)　　风调(diào)雨顺　　焕(huàn)然一新

C. 稍纵即逝(shì)　　高深莫测(cè)　　文质彬(shān)彬

D. 惨绝人寰(huán)　　骇(hài)人听闻　　义愤填膺(yīng)

2. 下列句子中，加点的词语使用恰当的一项是(　　)(1分)

A. 回到故乡，见到亲人，在外漂泊多年的他，终于忍俊不禁，流下了辛酸的泪水。

B. 在学习上，他虚心好学，见异思迁，因此取得了优异成绩。

C. 富有创造性的人总是孜孜不倦地汲取知识，使自己学识渊博。

D. 这份试卷中的第1小题他花了10分钟时间才完成，真是小题大做。

3. 下列句子没有语病的一项是(　　)(1分)

A. 在学习过程中，我们应该注意培养自己解决、分析、观察问题的能力。

B. "生产发展、生活宽裕、乡风文明、村容整洁、管理民主"，是社会主义新农村的具体体现。

C. 奥运吉祥物福娃，以它憨态可掬的形象，向人们传递着友谊、和平，传递着人与自然和谐相处的美好愿望。

D. 即使日本政府一再美化侵略行径，但是不能掩盖历史真相。

4. 2007年3月27日，北京奥组委发布了北京2008年奥运会奖牌式样。下面介绍奖牌的句子，排序合理的一项是(　　)(1分)

①奖牌背面镶嵌玉璧

②即站立的胜利女神和希腊潘纳辛纳科竞技场全景
③奖牌正面使用国际奥委会统一规定的图案
④奖牌的挂钩由中国传统玉双龙蒲纹璜演变而成
⑤玉璧正中的金属图形上镌刻着北京奥运会的会徽。

A. ①②④③⑤　　B. ③⑤①④②　　C. ①⑤④③②　　D. ③②①⑤④

5. 下列作品人物情节搭配有误的一项是（　　）(1分)

A.《水浒传》　林冲　倒拔垂杨柳

B.《鲁滨孙漂流记》　鲁滨逊　智救“星期五”

C.《骆驼祥子》　祥子　拉车北平城

D.《海底两万里》　尼摩　建造诺第留斯号潜艇

6. 根据语境和句式仿写(2分)

也许,是什么意思？你会觉得自己很苍白,你会懊恼;也许,在浩瀚的大海面前,你会觉得自己很渺小,你会自卑;也许____________,____________,____________;然而,你却不知道,你可以有白云的飘逸,有浪花的轻快,____________。

7. 根据要求或提示默写(7分)

(1)沉舟侧畔千帆过,____________。(《酬乐天扬州初逢席上见赠》)

(2)不畏浮云遮望眼,____________。(《登飞来峰》)

(3)《饮酒》中表现自己在俯仰之间悠然自得,与自然融为一体的句子是____________,____________。

(4)当你的同学在学习和生活中遇到挫折灰心丧气时,你可以用李白的《行路难》的句子是____________,____________来勉励他。

(5)“忽如一夜春风来,千树万树梨花开”描绘了____________景象,抒发了作者____________的感情。

(6)苏轼在《水调歌头》中表达词人对亲人的怀念、祝愿和安慰的句子是____________,____________。

(7)《过零丁洋》写出国家和个人境遇的句子是____________,____________。

**二、综合性学习探究。**(共5分)

8. 十几年来,也许你与母亲朝夕相处,母亲一直无微不至的关心着你,但是,沐浴在母爱中的你真正了解自己的母亲吗？试完成下面有关内容。

(1)母亲的生日是____________;

(2)生日这天你将为母亲安排一项活动,活动的主题是____________;

(3)这次活动你要做的准备工作有____________;

(4)你将为母亲说的生日贺词是＿＿＿＿＿＿＿；

(5)活动中，你一定收集了很多歌颂母爱的诗歌或名句，请写出两句，并注明出处。

**三、阅读理解。**(含9~33题，共51分)

(一)阅读下面的文章，按要求完成问题(含9~16题，15分)

①有一天，本级的学生会干事到我寓里来了，要借我的讲义看。我检出来交给他们，却只翻检了一通，并没有带走。但他们一走，邮差就送到一封很厚的信，拆开看时，第一句是：

②“你改悔罢！”

③……其次的话，大略是说上年解剖学试验的题目，是藤野先生讲义上做了记号，我预先知道的，所以能有这样的成绩。末尾是匿名。

④我这才回忆到前几天的一件事。因为要开同级会，干事便在黑板上写广告，末一句是“请全数到会勿漏为要”，而且在“漏”字旁边加了一个圈。我当时虽然觉到圈得可笑，但是毫不介意，这回才悟出那字也在讥刺我了，犹言我得了教员漏泄出来的题目。

⑤我便将这事告知了藤野先生；有几个和我熟识的同学也很不平，一同去诘责干事托辞检查的无礼，并且要求他们将检查的结果，发表出来。终于这流言消灭了，干事却又竭力运动，要收回那一封匿名信去。结末是我便将这托尔斯泰式的信退还了他们。

⑥中国是弱国，所以中国人当然是低能儿，分数在60分以上，便不是自己的能力了：也无怪他们疑惑。但我接着便有参观枪毙中国人的命运了。第二年添教霉菌学，细菌的形状是全用电影来显示的，一段落已完而还没有到下课的时候，便影几片时事的片子，自然都是日本战胜俄国的情形。<u>但偏有中国人夹在里边：给俄国人做侦探，被日本军捕获，要枪毙了，围着看的也是一群中国人；在讲堂里的还有一个我。</u>

⑦“万岁！”他们都拍掌欢呼起来。

⑧这种欢呼，是每看一片都有的，但在我，这一声却特别听得刺耳。此后回到中国来，我看见那些闲看枪毙犯人的人们，他们也何尝不酒醉似的喝彩，——呜呼，无法可想！但在那时那地，我的意见却变化了。

⑨到第二学年的终结，我便去寻藤野先生，告诉他我将不学医学，并且离开这仙台……

⑩我离开仙台之后，就多年没有照过相，又因为状况也无聊，说起来无非使他失望，便连信也不敢写了……但不知怎地，我总还时时记起他，在我所认为我师的之中，他是最使我感激，给我鼓励的一个。有时我常常想：他的对于我的热心的希

望，不倦的教诲，小而言之，是为中国，就是希望中国有新的医学；大而言之，是为学术，就是希望新的医学传到中国去。他的性格，在我的眼里和心里是伟大的，虽然他的姓名并不为许多人所知道。他所改正的讲义，我曾经订成三厚本，收藏着的，将作为永久的纪念……他的照相至今还挂在我北京寓居的东墙上，书桌对面。每当夜间疲倦，正想偷懒时，仰面在灯光中瞥见他黑瘦的面貌，似乎正要说出抑扬顿挫的话来，便使我忽又良心发现，而且增加勇气了，于是点上一支烟，再继续写些为"正人君子"之流所深恶痛疾的文字。

9. 以上选文内容的作者______我国伟大的______、______、______。(2分)

10. 请概括选文①~⑧段的内容。(1分)

答：________________________________________

11. "这种欢呼，是每看一片都有的，但在我，这一声却特别听得刺耳。"为什么觉得刺耳？(1分)

答：________________________________________

12. "中国是弱国，所以中国人当然是低能儿，分数在60分以上，便不是自己的能力了：也无怪他们疑惑。"这句话针对______事件而言的，运用了______修辞手法，表达了作者________________________的感情。(3分)

13. "我的意见却变化了"指的是什么？为什么作者改变意见？从作者的人生选择中给你什么启示？第①~⑧段所写的两件事与此有什么内在关系？请简要分析。(2分)

答：________________________________________

14. 第⑥段画线句改为"但偏有包括讲堂里的我在内的中国人夹在里边；给俄国人做侦探，被日本军捕获，要枪毙了，围着看的也是一群中国人"可以吗？为什么？(2分)

答：________________________________________

15. "每当夜间疲倦，正想偷懒时，仰面在灯光中瞥见他黑瘦的面貌，似乎正要说出抑扬顿挫的话来，便使我忽又良心发现，而且增加勇气了。"句中"似乎"一词能否删去？为什么？"良心发现"在句中是什么意思？"正人君子"是什么意思？(2分)

答：________________________________________

16. 以上文段选自《藤野先生》，有人认为选文①~⑧段与写藤野先生无关，偏离主题，属于取材不当。对此，你怎么看呢？请联系选文内容简要阐明你的观点及理由。(2分)

答：________________________________________

(二)阅读下面文言文，按要求完成问题(含17~23题，共20分)

【甲】若夫淫雨霏霏，连月不开，阴风怒号，浊浪排空；日星隐曜，山岳潜形；商旅不行，樯倾楫摧；薄暮冥冥，虎啸猿啼。登斯楼也，则有去国怀乡，忧谗畏讥，满目萧然，感极而悲者矣。

至若春和景明，波澜不惊，上下天光，一碧万顷；沙鸥翔集，锦鳞游泳；岸芷汀兰，郁郁青青。而或长烟一空，皓月千里，浮光跃金，静影沉璧，渔歌互答，此乐何极！登斯楼也，则有心旷神怡，宠辱偕忘，把酒临风，其喜洋洋者矣。

嗟夫！予尝求古仁人之心，或异二者之为，何哉？不以物喜，不以己悲；居庙堂之高则忧其民；处江湖之远则忧其君。是进亦忧，退亦忧。然则何时而乐耶？其必曰"先天下之忧而忧，后天下之乐而乐"乎。噫！微斯人，吾谁与归？

【乙】至于负者歌于途，行者休于树，前者呼，后者应，伛偻提携，往来而不绝者，滁人游也。临溪而渔，溪深而鱼肥，酿泉为酒，泉香而酒洌，山肴野蔌，杂然而前陈者，太守宴也。宴酣之乐，非丝非竹，射者中，弈者胜，觥筹交错，起坐而喧哗者，众宾欢也。苍颜白发，颓然乎其间者，太守醉也。

17. 甲文选自《__________》 乙文作者是____________(2分)

18. 解释选文中加点的字。(2分)

归____________ 颓然____________

蔌____________ 觥筹____________

19. 翻译下面句子。(3分)

(1)不以物喜，不以己悲。

(2)登斯楼也，则有去国怀乡，忧谗畏讥，满目萧然，感极而悲者矣。

(3)山肴野蔌，杂然而前陈者，太守宴也。

20. 甲文第一段中"感极而悲者"是指哪些人？他们感极而悲的原因是什么？(2分)

21. 甲文中的"古仁人之心"是指____________________；"二者之为"是指____________________________；乙文中写了__________、__________、__________、__________四个场面。(6分)

22. 从表达方式看，甲文以______为主，乙文以________为主。甲文表达了作者______________的政治抱负，甲文表达了作者______________的思想。(3分)

23. 想一想，两位作者表达的思想感情有哪些地方是值得我们学习的？(2分)

（三）阅读下面的短文，按要求完成问题（含24~28题，共8分）

握住母亲的脚（节选）

①一位名牌大学的毕业生到一家颇具实力的公司应聘面试，主考官只对这位才华横溢的大学生提了一个问题："你抱过母亲的脚吗？"

②年轻大学生被主考官的提问弄愣了，满脸绯红。主考官接着又说："明天这个时候，请你再来一次，不过有一个条件，你必须抱抱你母亲的脚。"

③青年红着脸走了。他弄不明白主考官的用意，但无论如何，自己也要按主考官的要求抱抱母亲的脚。

④青年大学生早年丧父，贫寒的家里只有他与母亲相依为命，母亲靠替人做佣人才供他读完了大学。(A)青年大学生其实是理解母亲的，也很爱他的母亲。但他压根儿没抱过母亲的脚，他不知抱母亲脚时心头会是一种什么样的滋味。

⑤青年回到家里，母亲还没有归来。他想，母亲长年在外奔波，那双脚一定很疲乏，今晚，我一定要替她洗洗脚，然后轻轻按摩一番。

⑥母亲很晚了才回来。青年请母亲坐下，然后端来一盆热水，右手拿毛巾，左手握母亲的脚。陡然间，他发现母亲的脚竟然像木棒一样坚硬。青年大学生顿时潸然泪下，紧紧将那双脚拥在怀里，久久地不肯松开。

⑦(B)那晚，青年大学生终于理解了母亲。

⑧第二天，青年如约去那家公司，心情沉重地对主考官说："我现在才真正明白，做人是那么不容易，成才又是何等的艰难。你让我明白了一个极其简单的道理，一个人只有理解了母亲，他才可能善待自己！"

⑨主考官这时笑了，点点头说："你明天来公司上班吧！"

⑩主考官旨在考验年轻大学生的悟性，岂料却让一个人的灵魂获得了升华。

⑪年轻大学生从此铭记着母亲的艰辛，也一刻不忘自己肩负的责任。没几年，他便成长起来，而且做了一家大公司的老板。

⑫故事一度让我感动，也令我深深羞愧。

⑬许多年以来，当我终于长成一棵大树，当我坐在偌大的教室里给那些虔诚地唤我老师的朋友谈创作体会的时候，我就告诉他们：一个人要想读懂人生真谛，不妨回去握握母亲的脚，那是一部比任何经典教材都具震撼力的巨著，读懂了它，你就读懂了整个人生。

⑭握母亲的脚在手，其实握着的是自己一生的命运。

24. 本文通过叙述一个故事，揭示了人生的真谛，贯穿全文的线索是________________________________。(1分)

25. 下列说法不符合文意的一项是(　　)(1分)

A. 文中画线的(A)句和(B)句中的两个加点词语"理解"的含义相同。

B.“那是一部比任何经典教材都具震撼力的巨著”是比喻句，突出说明母亲的奉献精神对儿女的教育作用之大。

C. 第④段第一个句子是插叙，交代了青年的身世，为下文埋下了伏笔。

D. 本文记叙、抒情、议论相结合，首尾照应，中心突出。

26. 青年大学生握母亲的脚时为什么 “潸然泪下”？他的灵魂获得了怎样的升华？(2分)

答：________________________________________

27. “握母亲的脚在手，其实握着的是自己一生的命运。”你怎样理解这句话的含义？(2分)

答：________________________________________

28. 从文中选出一个你喜欢的语句，然后说明喜欢的理由。(2分)

答：________________________________________

(四)阅读下面的短文，按要求完成问题(含29~32题，共8分)

磁悬浮列车

①磁悬浮列车的原理并不深奥。它是运用磁铁“同性相斥，异性相吸”的性质，使磁铁具有抗拒地心引力的能力，即“磁性悬浮”。科学家将“磁性悬浮”这种原理运用在铁路运输系统上，使列车完全脱离轨道而悬浮行驶，成为“无轮”列车，时速可达几百公里以上。这就是所谓的“磁悬浮列车”，亦称之为“磁垫车”。

②由于磁铁有同性相斥和异性相吸两种形式，故磁悬浮列车也有两种相应的形式：一种是利用磁铁同性相斥原理而设计的电磁运行系统的磁悬浮列车，它利用车上超导体电磁铁形成的磁场与轨道上线圈形成的磁场之间所产生的相斥力，使车体悬浮运行的铁路；另一种则是利用磁铁异性相吸原理而设计的电动力运行系统的磁悬浮列车，它是在车体底部及两侧倒转向上的顶部安装磁铁，在T形导轨的上方和伸臂部分的下方分别设反作用板和感应钢板，控制电磁铁的电流，使电磁铁和导轨间保持10~15毫米的间隙，并使导轨钢板的吸引力与车辆的重力平衡，从而使车体悬浮于车道的导轨面上运行。

③磁悬浮列车与当今的高速列车相比，具有许多无可比拟的优点：

④由于磁悬浮列车是轨道上行驶，导轨与机车之间不存在任何实际的接触，成为“无轮”状态，故其几乎没有轮、轨之间的摩擦，时速高达几百公里；

⑤磁悬浮列车可靠性大、维修简便、成本低，其能源消耗仅是汽车的一半、飞机的四分之一；

⑥噪音小，当磁悬浮列车时速达300公里以上时，噪声只有656分贝，仅相当于一个人大声地说话，比汽车驶过的声音还小；

⑦由于它以电为动力，在轨道沿线不会排放废气，无污染，是一种名副其实的

绿色交通工具。

29. 本文的说明对象是什么？(1分)

30. 浮列车的原理是什么？根据这个原理它有哪几种相应的形式？(2分)

31. ④段中的“几乎”能不能删去？为什么？(2分)

32. 用了多种说明方法，试举一例，并说说它的作用。(2分)

33. 科技的发展，人类环保意识的加强，绿色交通工具将不断涌现，你想发明怎样的绿色交通工具？(1分)

**四、作文。**(以下两题任选一题作文，共30分)

(1)请以“让__________在心底长驻”为题写作。将题目补充(可以是友情、幸福、感动、善良……)完整后作文，不少于600字。

(2)奥运冠军刘翔说：“生命是一个赛程，谁都有机会拿自己的冠军，做最好的自己，我能！”是的，我能刻苦学习，我能战胜自己，我能帮助他人，我能关注社会——因为我能，微笑在我脸上；因为我能，未来在我手中。

请以“我能”为话题写一篇文章。

要求：

①除诗歌外，文体不限；

②可以记叙经历、抒发感情、发表见解等；

③字迹工整，书写规范，字数在600以上。

# 测评分析与讲评　课目5

测评是考查学生知识和能力的一种重要手段。考后的分析有助于获得充分的教学反馈信息,了解学生掌握知识的情况,找出学生学习存在的问题,从而为改进教学提供依据。考试后的讲评是提高教学质量不可缺少的重要环节,对于澄清学生的模糊概念,完善认知结构,提高分析问题的能力以及查漏补缺,激发求知欲,都起着不可低估的作用,甚至可以说,试后的讲评比考试本身更有意义。

【教学目标】

能对提供的受测者答卷从结构、测况、质量、问题等方面分别进行描述和评判(分析),写出分析报告。

【学习时间】

4学时。

【支持材料】

中学教材、课程标准文本、10份答卷、纸笔、黑板或演示媒体。

【学生练习】

在教师的指导下,对所给答卷进行分析和讲评。

【导练材料】

测评分析也叫试卷分析,是考试结束以后,教师对试卷结构、学生考试状况的一种综合分析。试卷的分析和讲评同时也是对教师前一阶段教的情况的反思,对学生前一阶段学的情况的反思,对本次考试的反思,对教师命题水平的反思。试卷分析与讲评的目的是反馈信息,寻找教与学中存在的问题,探讨今后学习的思路和应考的技能,帮助学生强化巩固已有的知识并不断构建新的知识体系,从而增强继续学习的信心。

## 一、试卷的分析

试卷分析包括试卷评价、成绩统计及分析、查找问题、改进措施等。

### (一)试卷评价

试卷评价的内容有三个部分:一是试卷结构分析——试卷有多少类题型,各种题型所占分值比重是多少,哪些内容为测试的重点且所占分值较大;二是命题覆盖范围分析——各种题型在教材中的分布情况,哪些内容在试卷中所占比例较大,考试内容是否与课程标准的要求一致,是否兼顾到基础知识与基本技能的测试;三是题量大小与难度分析——学生在规定时间内完成的试卷内容是多少,试卷中的基本题、有一定难度的题、提高题(难度较大)所占比重是否合理,有无偏题、怪题等。

(二)成绩统计及分析

主要包括几个方面:一是"一分、三率"统计——班级平均分是多少,及格率、优秀率、低分率各是多少;二是分数段统计——最高分、最低分各是多少,各个分数段有多少人;三是各题得分及在学生成绩中的体现——每道题的得分、失分(或正确率)是多少,各分数段的学生在这种题型中的得失分情况,是否带有普遍性;四是难度分析——全班学生的平均分除以试卷总分就是全卷的实际难度值,难度值在命题评价上又叫难度系数,难度系数一般设定在0.7~0.8为宜。

(三)查找问题

主要从两个方面查找分析问题:一是通过学生的分数查找教学中存在的问题。从平均分看,与以前考试及平行班比较,如果低于正常值或有较大差距,教师就要反思自己的教学和班级管理等方面的问题;从"一分、三率"看,如果低分人数多,高分人数少,说明教师在教学中对补差和提优工作不够重视;从最高分看,一般在平行班中优秀生的发展是比较均衡的,如果本班的最高分与平行班比相差较大,教师就要反思自己的教学哪里有疏漏,学生哪些知识点掌握不够;从分数段看,可以了解到本班学生在各个层次上的分布情况,教师可以有针对性地进行查漏补缺。二是通过试卷情况查找学生的具体问题。通过学生的答卷,可以诊断出学生在学习中存在哪些问题(知识问题还是能力问题,个性问题还是共性问题,教材问题还是命题问题,学的问题还是教的问题等);不同的题型,诊断的功能不同,从中可看出学生思考的误区;通过卷面的整洁度,可以看出学生的学习态度和学习习惯。

(四)改进措施

找到了问题就要制订出切实可行的改进计划,要有相应的改进措施。首先,要适当降低教学难度。起点要求高,教学进度快、难度大,师生负担重,是教学中带有普遍性的问题。应改进为:老师教得少一点、浅一点,让学生学得好一点。这不是降低标准,而是提高质量。只有老师教得少一点、浅一点,学生才有可能学得好一点,才能提高成绩。其次,要提高中低难度题的正确率。学生没见过、完全不会做的题是少数,多数题目学生见过、做过、能做、会做,但是丢分。因此,复习工作的重点应是指导学生提高中低难度题的正确率,会做的题要保证做对,在不太难的题上少丢分。再次,对学生提供适当地学习策略指导。帮助学生梳理知识结构体系,设计联系生活实际的拓展性问题,提供检测学习效果的适当材料,激发学生的发散性思维和创造性思维;要按教学规律和学生认识规律,对学生分类指导,对不同的学生要有不同的策略、不同的要求、不同的进度、不同的安排。

## 二、试卷的讲评

试卷的讲评应在测试后未上新课之前。这个时候,教师刚刚阅完卷,做完试卷分析,对学生存在的问题了如指掌。学生对测试的知识点还比较熟悉,且急于知道分数和准确答案,求知欲正强。试卷讲评的内容主要有如下几个方面:

（一）激励与鞭策

激励和鞭策兼顾是讲评要做的首要工作。在基础教育阶段，学生心理的自我调整能力还不强，部分学生因成绩不佳会产生心理闭锁，情绪低落。试卷讲评时要以激励为主，要合理评价学生。评价要注重学生自身的纵向比较，淡化横向比较，切忌损害他们的自尊心。对学习上感到困难的学生，哪怕是微小的进步都要加以表扬，让他们体验成功的快乐，增强其学习的信心；对一直较好的学生要激励他们找准差距；对进步大的学生要激励他们更上一层楼。通过讲评，使各类学生都能看到自己在学习上的进步，充分调动他们学习的情感意志、兴趣爱好等多方面积极因素。

（二）错误典型与错因

试卷讲评不能从头讲到尾，面面俱到，应有所侧重，有所选择。讲评前要根据学生的答题情况，分析各题的错误率，弄清哪些题目错的多，错在哪里，为什么会在这道题上犯错误等，定下较典型的错题做分析，细致诊断学生的解答，找出错误的症结。

（三）审题与答题思路

讲评试题的题型特点与答题思路，就是要引导学生思考试题在考查哪些知识点，这些知识点之间有什么联系，答题突破口在哪里。学生掌握了基础知识后能否迅速答题的关键，在于思路是否清晰，方法是否得当。因此，不能只讲“应这样答题”，而应该讲“为什么这样答题”。教师要给学生讲解答题的基本思路，使学生逐步掌握答题的基本方法与技巧。这样，学生就能够明确解答问题所必备的知识，认清自己学习中的不足，注意查漏补缺，确定今后的学习目标。

（四）方法与技巧

试卷讲评时要在题型分类、错误归类的基础上，总结出答题的一般方法与技巧，如选择题中的直选法、排除法等，简答题中的抓审题、抓关键字词、筛选信息、准确表述等方法技巧，要有意识地指导学生掌握。对一些出错率高的题目，可提示解题方法、思路，再给学生一个答题的机会，让其主动寻求答案。在答案订正过程中应重在要求学生对知识的理解，对答题方法和思路的领会，而不应停留在简单对答案上。

（五）变化与创新

试卷讲评时不能就题论题，要借题发挥，善于将原题变形，对某知识点从多角度、多侧面、多层次和不同的起点进行提问。如可以把试题的提问方式和题型进行改变，从某一原题衍生出更多新题目，把几个题目组合在一起或把某一题目分解为几个小题等，培养学生举一反三、灵活运用知识的能力。在试卷讲评时要鼓励学生大胆发表不同于书本和教师的见解，激发学生的创新思维，同时要引导学生通过答题后的回顾与反思，实践再发现或再创造。实际上，学生运用知识和方法独立解决自己未曾解决过的问题，或对问题给出独特解答的思维，并非创新，但就获得成果的整个思维过程而言却带有创新性。通过试卷讲评可以为学生提供再发现、再创造的机会，使学生的创造性思维得到发展。

# 学习评价表的使用　课目6

教学评价是依据教学目标对教学过程及结果进行价值判断并为教学决策服务的活动，是对教学工作质量所做的测量、分析和评定。有效的教学评价应该具备诊断作用、激励作用、调节作用和教学作用。教学评价是一把“双刃刀”，若运用得当，会激发学生的学习热情，促进学生的发展；若运用不当，则会降低学生的学习动机，减弱学生的学习兴趣，甚至会降低学生的学习期望，对学生造成严重的伤害。教学评价的内容很多，其中之一是对学生学习的评价。

【教学目标】

通过教师讲、学生练的教学，学会使用学习评价表，评价学生的学习状况。

【学习时间】

4学时。

【支持材料】

中学教材、课程标准文本、纸笔、黑板或演示媒体。

【学生练习】

在教师的指导下，用提供的学习评价表，评价学生的学习状况。写出活动过程、结果、存在问题及改进的措施。

【导练方式】

1.以学生为对象，用量表测量的方式对自己和他人的学习进行评价，并写出评价报告。评价表附后。

2.在使用评价时，教师要对每个要观测的因素逐一进行解释说明，对表的构成及使用给予说明。

3.根据量表测量评价的要求和方法，用课堂评价量表，到附近学校去听课并进行学习评价，回来后交流体验，写出活动过程、结果、存在问题及改进的措施。

**表35　学习过程性评价量表**

评价时间__________　班级__________　姓名__________

| 评价项目 | 自评等级 | 他评等级 | 评价项目 | 自评等级 | 他评等级 |
|---|---|---|---|---|---|
| 学业的进步 | A B C D E | A B C D E | 学习笔记 | A B C D E | A B C D E |
| 知识的积累 | A B C D E | A B C D E | 小组合作 | A B C D E | A B C D E |
| 学习方法掌握 | A B C D E | A B C D E | 课堂参与 | A B C D E | A B C D E |
| 课外阅读 | A B C D E | A B C D E | 活动获奖 | A B C D E | A B C D E |
| 自我反思 | | | | | |
| 同学提醒 | | | | | |
| 老师寄语 | | | | | |

使用说明：评价等级分为ABCDE五个等级，在符合的等级上划"√"，在"自我反思"栏目里具体写出各评价项目上的状况，在"同学提醒"栏目里写出同学的建议，在"老师寄语"栏目里写出教师的看法、建议和希望。

**表36　学习能力品质评价表**

班级________　姓名________　日期____年____月____日

| 学习能力 | 品　　质 | 自评 | 他评 | 发展等级 | 反思与对策 |
|---|---|---|---|---|---|
| 观察能力 | 1.主动性　2.条理性　3.准确性<br>4.敏锐性　5.仔细性 | | | | |
| 思维能力 | 1.广阔性　2.深刻性　3.敏捷性<br>4.发挥性　5.逻辑性　6.灵活性<br>7.独立性　8.创造性(求异性) | | | | |
| 记忆能力 | 1.快速性　2.持久性　3.准确性<br>4.规律性　5.巧妙性 | | | | |
| 阅读能力 | 1.理解的深刻性　2.良好习惯<br>3.善于发现　4.理解创新性 | | | | |
| 表达能力 | 1.语言准确性　2.语言流畅　3.艺术性<br>4.语言的逻辑(条理)性　5.生动形象 | | | | |
| 注意能力 | 1.注意的稳定性　2.注意广度<br>3.注意分配　4.注意转移 | | | | |
| 自控能力 | 1.自觉性　2.广泛性　3.敏感性<br>4.自我反思　5.控制和调整的及时性 | | | | |

使用说明：评价等级分为ABCDE五个等级，全部达到者为A，其余减少一项降一等；发展等级与上期相比，增加一项为B，两项以上为A；减少一项为D，减少两项为E，不增不减为B。"反思与对策"栏目里写说明等级变化的原因和提升办法。

**表37 课堂观察测评表**

| 项目 | 因素 | a | b | c | 说明 |
|---|---|---|---|---|---|
| 情感与态度 | 1.举手发言 | | | | a___积极;b___一般;c ___不积极 |
| | 2.参与活动 | | | | |
| | 3.认真情况:作业、讨论、思考 | | | | a___认真;b___一般;c___不认真 |
| | 4.对所学学科的好奇心与求知欲 | | | | a___强;b___一般;c___没有 |
| | 5.克服困难的意志与自信心 | | | | a___有;b___很少;c___没有 |
| | 6.对所学学科的价值、与人类生活联系的认识、感悟 | | | | a___较深;b___一般;c___没有 |
| 知识与技能 | 7.描述知识特征,说明由来,阐述此对象与有关对象的区别与联系 | | | | a___能<br>b___基本能<br>c___不能 |
| | 8.在理解的基础上把所学知识用于新情境 | | | | |
| | 9.综合应用知识,灵活、合理选择恰当的方法解决有关实际问题和学科问题 | | | | |
| 思维与方法 | 10.思维的创造性:独立思考,从不同角度提出问题,用不同方法解决问题 | | | | a___能<br>b___一般<br>c___不能 |
| | 11.思维的条理性:表述清楚,做事有计划 | | | | |
| | 12.解决问题的策略、方法 | | | | a___较好;b___一般;c___不好 |
| 交流与合作 | 13.认真听取别人的意见并询问<br>14.积极表达自己的意见<br>15.完成小组分配的任务 | | | | a ___能;<br>b___一般;<br>c___不能 |
| 总评 | | | | | |

使用说明:

(1) 在课堂上要注意观察各个学生行为特质的程度,选择学生最突出的一两个方面,在课堂观察测评表中用a、b、c把各种不同的水平记录下。记录时在相关栏目里打个"√"。

(2)每节课记录2~3名学生的情况,一学期对每个学生进行3~4次评价记录,最后根据几次的检测情况,综合得出学生一学期的整体课堂学习过程的评价。

(3)课堂测评应在测评记录过程中,对学生及时地进行反馈、鼓励,发挥评价激励与调节的作用。

**表38 课堂教学等级达标评价表(教师自评或他评)**

学科____________学校____________________姓名________

| 课题 | | | | |
|---|---|---|---|---|
| 评价项目 | 评价要点 | 分值 | 得分 | 小计 |
| 教学目标确定(8分) | 1.符合课程标准的要求,符合认知规律和学生实际 | 4 | | |
| | 2.教学设计关注学生情感与态度、知识与技能、过程与方法 | 4 | | |
| 教学内容组织(16分) | 3.观点正确,阐释清楚,重点突出,注意知识的整体构建 | 4 | | |
| | 4.教学训练精当,容量适度,接受性好 | 4 | | |
| | 5.深入挖掘教材,实现情感与态度、知识与技能、过程与方法的同步提高 | 4 | | |
| | 6.内容适当延伸,联系学生生活经验、社会热点及科技发展 | 4 | | |
| 教学实施(35) | 7.情境创设好:学生兴趣浓厚,教学重点突出 | 5 | | |
| | 8.探究式教学运用:课堂教学结构合理,学生自主学习得到体现 | 5 | | |
| | 9.善于培养学生思维能力:设疑导思、质疑问难、适度发散 | 5 | | |
| | 10.注重培养学习习惯,指导学习方法 | 5 | | |
| | 11.面向全体,分层教学,分类指导,学生全员参与 | 5 | | |
| | 12.使用发展性、激励性评价,使教学评价成为学生情感、知识、能力的增长点 | 5 | | |
| | 13.综合使用教具、学具、现代教育技术等各种教学媒体,实效性强,做到媒体与学科教学内容的有机整合 | 5 | | |
| 学生状态(24分) | 14.学生兴趣盎然,思维活跃 | 6 | | |
| | 15.人人动手动口,主动探索 | 6 | | |
| | 16.善于思考,勇于提问,有独到的见解和感受 | 6 | | |
| | 17.联系实际,有创新意识 | 6 | | |
| 教师素养(10分) | 18.仪表端庄,充满激情,举止得当,语言规范准确,生动形象,逻辑严谨,板书工整美观,布局合理,重点突出 | 2 | | |
| | 19.课堂应变、控制能力强 | 2 | | |
| | 20.试验操作规范,媒体使用熟练 | 2 | | |
| | 21.态度和蔼,师生平等相处,尊重爱护每一个学生 | 2 | | |
| | 22.大胆创新,教学有特色 | 2 | | |
| 教学反思(7分) | 23.课后主动反思,问题找得准,措施得当实效性强 | 7 | | |
| 总分(100分) | | | | |

| 定性 | 不合格(59分以下) | 合格(60~79分) | 良好(80~89分) | 优秀(90分以上) |
|---|---|---|---|---|
| | | | | |

# 参考文献

[1]陈孝均,郦泺静. 教学设计:技能的构成与形成[M]. 北京:光明日报出版社,2009.

[2]刘娟娟. 小学数学教学技能(高等院校小学教育专业教材)[M]. 上海:华东师范大学出版社,2011.

[3]郭英,张雳. 教学技能训练教程[M]. 北京:科学出版社,2012.

[4]蔡伟. 语文课堂教学技能训练[M]. 上海:华东师范大学出版社,2009.

[5]王彦才,郭翠菊. 现代教师教学技能[M]. 北京:北京师范大学出版社,2010.

[6]李冲锋. 教学技能应用指导[M]. 上海:华东师范大学出版社,2007.

[7]彭小明,郑东辉. 课堂教学技能训练[M]. 北京:高等教育出版社,2012.

[8]郑金洲. 新编教学工作技能训练[M]. 上海:华东师范大学出版社,2007.

[9]赵鹤龄. 教育学——问题与实践的新视角[M]. 哈尔滨:黑龙江教育出版社,2006.

[10]加涅,等. 学习条件和教学论[M]. 上海:华东师范大学出版社,1999.

[11]加涅,等. 教学设计原理[M]. 上海:华东师范大学出版社,1999.

[12]傅道春,齐晓东. 新课程中教学技能的变化[M]. 北京:首都师范大学出版社,2003.